高速公路管理绩效考核实务

GAOSUGONGLUGUANLI
JIXIAOKAOHESHIWU

朱永亮　王海燕 / 主编

人民交通出版社
China Communications Press

内 容 提 要

本书以“绩效考核”为中心，将绩效考核的相关理论与河南高速公路发展有限责任公司高速公路管理实践相结合，系统地阐述了高速公路绩效管理基础、绩效管理流程、绩效考核指标体系设计、绩效管理工具及河南高速公路发展有限责任公司绩效考核评价体系。

本书可供从事高速公路行业绩效考核管理工作的相关人员阅读参考。

图书在版编目(CIP)数据

高速公路管理绩效考核实务 / 朱永亮，王海燕主编
— 北京 ：人民交通出版社，2013.6
ISBN 978-7-114-10697-2

Ⅰ. ①高… Ⅱ. ①朱… ②王… Ⅲ. ①高速公路—运输企业—企业管理—人事管理—河南省 Ⅳ. ①F542.6

中国版本图书馆 CIP 数据核字(2013)第 121022 号

书　　名：高速公路管理绩效考核实务
著 作 者：朱永亮　王海燕
责任编辑：孙　玺　黎小东
出版发行：人民交通出版社
地　　址：(100011)北京市朝阳区安定门外外馆斜街 3 号
网　　址：http://www.ccpress.com.cn
销售电话：(010)59757973
总 经 销：人民交通出版社发行部
经　　销：各地新华书店
印　　刷：北京市密东印刷有限公司
开　　本：787 × 960　1/16
印　　张：18.75
字　　数：328 千
版　　次：2013 年 6 月　第 1 版
印　　次：2013 年 6 月　第 1 次印刷
书　　号：ISBN 978-7-114-10697-2
定　　价：45.00 元

《高速公路管理绩效考核实务》

编写委员会

主　任： 吉维凡

副主任： 贺中献　金　雷

成　员： 周观紫　范文圣　付国兴　胡仁东　刘前进

范新忠　李永建　赵元庆　王登科　宋　皓

周洪文　李小重　李宏志　郭学鹏　潘　渊

田燕斌　王志钢　史红斌　余曙光　郭伦远

李晓萍　王会敏　柴　昊

主　编： 朱永亮　王海燕

副主编： 侯强东　娄　娜　徐　强　马为民　邓书勤

陈庆喜　潘珍亮　李宏辉　许英莲　江　帆

校　稿： 李宏辉　潘珍亮　许英莲

序

自1984年我国首条高速公路——沪嘉高速公路建成以来，我国高速公路建设进入了跨越式发展的快车道，至2012年年末，全国已建成通车的高速公路通车里程达9.9万公里，到2015年年末，高速公路总里程将达到10.8万公里，覆盖90%以上城镇人口超过20万的城市。高速公路的快速发展，有力地推动和促进了沿线经济的发展，为国民经济和区域经济的持续发展，构筑了一系列新的经济增长点，显示了巨大的生命力。与此同时，高速公路营运管理的好坏，成为交通行业主管部门和社会的热门话题。如何通过管理的手段提升管理质量，也成为交通行业主管部门和高速公路投资者研究的课题。绩效管理作为一种高效、现代的管理手段，被引入高速公路的运营管理中，指导高速公路事业科学发展、安全发展、和谐发展，具有非常重要的意义。

河南"地处中原、九州通衢、连南贯北、承东启西"的区位优势，正以其便利的高速公路交通网络而日趋凸显。河南省已逐渐成为全国交通网络的枢纽中心。河南省《中原经济区发展规划纲要》明确提出，至2015年，高速公路建设方面，"以豫西地区高速公路及跨省通道为重点，继续加快高速公路建设，建成全省高速公路规划网，完成京港澳、连霍高速河南段拓宽改造，适时拓宽改造其他高速公路拥挤路段，建设县城至高速公路快速通道，实现所有县城（市）30分钟以内上高速公路，形成内联外通的高速公路网。"截至到2012年，河南高速公路通车里程达5800公里，连续第七年位居全国第一，并实现了全省95%的县（市）20分钟上高速公路，进一步促进了新型城镇、产业集聚区、新型农村社区的快速发展和区域经济协调发展。

河南高速公路发展有限责任公司（以下简称"高发公司"）作为河南省政府从事高速公路投资建设和经营管理的大型国有独资企业，截至2012年年底，建成通车的高速公路已突破3000公里，直接管理高速公路里程达2100公里。这对推动和促进河南社会、经济发展发挥着至关重要的作用。为不断提升高速公路的管理水平，使高速公路这一现代交通的基础设施在国民经济中发挥积极作用，高发公司较早地引入绩效考核作为运营管理的手段，建立了完善的绩效考核评价体系，通过多年来的不断学习、探索、实践，将高发公司绩效考核管理的经验汇编成册——《高速公路管理绩效考核实务》。该书以绩效考核为中心，将绩效考核的相关理论与高发公司高速公路管理实践相结合，系统地阐述了高速公路绩效管理基础、绩效管理流程、绩效考核指标体系设计、绩效管理工具和高发公司绩效考核评价体系。作为高速公路行业绩效考核管理领域的专业化书籍，本书的出版将有助于推动行业内关于绩效考核管理工作的学习和交流，对高速公路行业推行绩效管理和绩效考核具有一定的借鉴指导意义。

2013 年 5 月

目　录

第一章 高速公路绩效管理基础

高速公路是全封闭、多车道、具有中央分隔带、全立体交叉、集中管理、控制出入、多种安全服务设施配套齐全的高标准汽车专用公路。高速公路是交通基础设施的重要组成部分,具有行驶速度快、通行能力强等特点,是社会经济发展的物质基础。国际经济发展表明,基础设施的发展状况是决定国家或地区竞争力的关键因素。

随着我国社会、经济的发展和繁荣,高速公路在社会生活和国民经济中所占的地位越来越重要,相应地对从事于投资建设与营运管理中的高速公路管理者提出了更为严格的要求。绩效管理作为有效的管理工具,对提高高速公路企业管理水平,适应现代化交通和经济高速发展的需要,满足公民对道路安全、信息服务、便利出行、应急保障等的诉求,能够起到重要作用。同时,绩效管理也是高速公路企业对内强化员工管理、对外增强行业竞争力的有效途径。

河南高速公路发展有限责任公司(以下简称"高发公司"),是河南省人民政府授权省交通运输厅组建的国有独资企业,主营高速公路、特大型独立桥梁等交通基础设施的开发建设、养护和经营管理。经过二十多年的探索和发展,当前高发公司已形成了一套层次清晰、分类明确、指标科学、奖惩得当的全面绩效考核评价体系。高发公司绩效考核体系的有效实施,对满足社会对高速公路越来越高的出行要求,创建安全、畅通、舒适、文明、快捷的高速公路体系,调动广大企业员工的工作积极性和创造性,增强企业竞争力,推进企业战略目标的达成,提供了内部管理保障。

本书将从绩效管理的基本理论着手,结合绩效管理操作实务,系统地分析和介绍高发公司绩效管理的具体做法和评价标准,其中,绩效管理理论部分共分四章,包括高速公路绩效管理基础、战略性绩效管理流程、绩效考核指标体系设计、战略性绩效管理工具;实践部分则详细介绍高发公司绩效考核评价的具体操作办法。

第一节 绩效、绩效管理、战略性绩效管理

现代社会是一个高度组织化的社会。人们在一定的社会环境条件下,为实

现特定的目标,通过分工协作结合起来形成的相对稳定的群体称为组织。组织的存在是为了达成特定的组织目标,而特定组织目标的达成离不开组织成员个人的努力。由于组织成员工作能力、工作态度等差异,每个工作成员在达成组织目标的过程中,其贡献是存在差异的。为了对组织成员进行激励,不断提高组织及员工个人绩效,就必须对员工的绩效进行管理。

通过绩效管理,明确哪些行为是组织不提倡的或组织严禁发生的,哪些行为是组织所提倡的,对达成组织目标是有利的,以此引导、管理、规范员工的行为,并最终达成组织目标。从这种意义上讲,组织绩效管理就是组织的一根指挥棒。

一、绩效的内涵

1. 绩效的概念

绩效(Performance)是指经过评价的工作行为、方式和结果。

这一定义明确指出绩效是工作结果,但又不只是工作结果,工作结果中被组织所认可的部分(即被评价的部分)才可视为绩效的一部分;此外,达成工作结果的行为和方式也都是绩效的一部分。绩效的这一概念说明了为什么有些员工自己认为自己工作很努力,取得的工作成果很多,但是却得不到组织的认可,不被组织评价的工作结果对员工来说是无效的结果。这也反映了组织绩效标准的重要性,组织设定的绩效标准,就是员工努力工作的方向。因此有管理者提出,管理就是你想要什么样的结果,你就考查什么。

绩效是组织期望的结果,是组织为实现其目标而展现在不同层面上的有效输出。它包括个人绩效和组织绩效两个方面。组织绩效是建立在企业个人绩效实现的基础上的,但个人绩效的实现并不一定保证组织是有绩效的。当组织的绩效按一定的逻辑关系被层层分解到每一个工作岗位以及每一个人的时,只要每一个人都达成了组织的要求,组织的绩效就会实现。

古语道:“川积细流,海纳百川。”这正为我们揭示了绩效的内涵。组织绩效来源于各团队绩效的整合,而团队绩效则来源于每个员工所创造的合力。追本溯源,每个层次的绩效均来源于员工绩效。万丈高台,起于垒土,员工绩效即是根基。同时,员工个人的表现又不能脱离组织和团队的导航,否则将无绩效可谈。

2. 绩效的性质

对绩效性质的把握对我们更好理解并管理绩效是很有帮助的。绩效具有多因性、多维性和动态性。

绩效的多因性是指绩效的优劣并不是取决于单一因素，而是受到主客观的多种因素的影响。这些影响因素可概括为四个方面：技能（Skill）、激励（Motivation）、环境（Environment）、机会（Opportunity），即绩效是技能、激励、环境、机会的函数[$P=F(\mathrm{S},\mathrm{M},\mathrm{E},\mathrm{O})$]。技能是员工的工作技巧和能力水平。激励是组织根据员工个人的需要结构、个性等因素所设计的激励手段和方式。环境包括组织内部环境和组织外部环境，内部环境包括劳动场所的布局和物理条件、工作设计的质量及工作任务的性质，公司的组织结构和政策等；外部环境包括社会政治、经济状况、市场的竞争度等。机会是工作中的偶然因素，有时偶然因素也将对绩效产生重大的影响。

以某收费站收费员甲的绩效为例，首先，收费员甲的工作态度、工作技能是影响其工作绩效的主观因素，假设收费员甲昨天刚刚获得“五星级收费员”称号，今天必然工作热情高涨，对工作绩效产生积极影响；其次，收费系统的运作状况、公司的激励制度、办公环境甚至天气情况等，则是影响其工作绩效的客观因素。收费员甲的绩效是受主观、客观因素共同作用的结果。

绩效的多维性是指需要从多个维度去分析和评价绩效。如对管理公司二级考核中收费管理考核标准的制定，既要考虑到财务指标的完成情况，还要考虑到站容站貌、工作纪律、站务管理及票据票款等的管理，并根据组织发展战略，对每个评价维度赋予不同的权重。

绩效的动态性是指绩效会因时间的推移而发生变化，因而不能用一成不变的思维来对待绩效。确定合理的绩效周期，能够保证组织及时、充分地掌握员工的绩效情况，有利于促进绩效目标的达成。高发公司在考核中，针对不同考核层级的工作特点规定，三级考核实行日考核月排名，二级考核实行月考核季排名，一级考核实行半年度、年度考核。这种考核方式保证了对绩效动态发展过程的管理和控制。

二、绩效管理概述

1. 绩效管理的概念

有管理学家提出，管理就是绩效管理。这是因为管理者管理工作的全部职能——计划、协调、组织、领导、控制，都是围绕提高员工工作绩效，进而提高组织绩效，达成组织目标而展开的，这是从广义上探讨的绩效管理的概念。而在具体管理工作中，我们将绩效管理（Performance Management，简称 PM）定义为管理者用来确保员工的工作活动和工作产出与组织目标保持一致的手段及过程。这是从狭义上探讨绩效管理的概念，也是本书研究的主要对象。

2. 绩效管理与绩效考核的区别

绩效管理与绩效考核是管理工作中常见的两个概念,这两个概念都被广泛的使用,但是内涵有所不同。

首先,绩效管理是确保员工的工作活动和工作产出与组织目标保持一致的手段及过程。绩效管理通常包括绩效计划、绩效监控、绩效考核、绩效反馈四个环节。绩效考核是绩效管理系统中的一个环节,虽然这一环节很重要,但却不是绩效管理的全部。

第二,绩效考核是评定和估价员工个人工作绩效的过程和方法,是形成员工绩效的有效工具。员工的工作结果本身是一个客观存在,但这种客观结果只有经过外部评价(通常是管理者的评价),才形成绩效,并对管理实践产生影响和作用。绩效考核的目的是向员工和组织提供有关情况的真实信息并据此做出相关决策。

第三,绩效管理的目的是为了管理并提升员工个人绩效进而提升组织绩效,绩效考核的目的也是为了按既定的标准对员工在考核周期内的行为给予评价;绩效管理的关注点在于管理的过程和结果,而绩效考核的关注点在于结果;此外,绩效管理关注未来绩效的达成,而绩效考核关注过去的绩效。

综上,绩效管理和绩效考核在范畴、目的、关注点上都存在一定差异。绩效考核只是绩效管理系统的一个部分。

3. 高速公路绩效管理概念的界定及意义

高速公路绩效管理是指在市场经济条件下,依据绩效管理的基本理论,根据国家可持续发展战略对高速公路发展的具体要求,通过高速公路绩效计划、绩效的监控与管理、绩效考核以及绩效反馈,运用协调、调节、规划、预测控制等多种手段,对高速公路从业人员进行有效管理和激励,达到组织既定目标的过程。

当前,我国高速公路的建设已步入高峰期,每年正以上千公里的建成速度发展。高速公路作为重要的公共资源,其利益相关者众多,因而高速公路绩效管理受到政府、社会、公众、消费者等多方面的关注。在高速公路迅猛发展的同时,如何提升高速公路管理的水平、提高高速公路的运营效率,已成为摆在广大高速公路管理者面前的重要课题。科学的绩效管理体系对于调整公路企业更好地推进基础设施建设,为公众提供良好的产品和服务,保证高速公路协调健康发展等,能够起到重要作用。

河南省地处中原腹地,是我国重要的交通枢纽,高发公司作为省内最大的高速公路经营管理企业,经过不懈努力,在高速公路管理方面均取得了长足进步,表现为：通行费征收持续增长、养护质量明显提高、沿线开发初见成效、路产路权得到有效维护、精神文明建设和党风廉政工作卓有成效。所有这些成就的取得都与高发公司全面、科学、详尽的绩效考核体系密不可分。

三、战略性绩效管理

20世纪80年代以后，随着国际竞争的加剧，人们逐渐意识到竞争无常规，没有普遍通行的战略，无法单独通过普遍通行的战略和企业特征来解释企业表现的差异，研究者从而转向寻找企业竞争优势的源泉。研究者提出“企业的资源和能力是异质的”，强调组织持续竞争优势的获取主要依赖组织内部的一些关键性资源，而这些资源必须是有价值的、稀缺的、难以替代的、不可模仿的，而这些特征恰恰是人力资源所具有的特征。战略性人力资源的概念随之萌芽并发展起来。战略性人力资源管理定位于支持企业的战略中“人”的作用和角色，是组织中关于“人”的管理的一种新视野，被欧、美、日等国家和地区企业的管理实践证明是获得长期可持续竞争优势的战略途径。

战略性绩效管理是战略性人力资源体系中的绩效管理，它承接组织的战略，通过识别、衡量和传达有关员工工作绩效的信息，使组织战略得以实现，由绩效计划、绩效监控、绩效评价和绩效反馈四个环节构成的永续循环系统。

战略性绩效管理的概念突出了“战略”在绩效管理中的指导作用，明确了绩效管理的方向性。前面我们谈到绩效管理是管理者用来确保员工的工作活动和工作产出与组织目标保持一致的手段及过程，但是随着社会发展速度的急剧提高，短期的组织目标已不能满足公司应对外界迅猛变化的需求，必须有一个长期的、宏观的发展战略来对日常的绩效管理进行引导，即战略性绩效管理。因而，战略性绩效管理是一种用战略性思维重新定位的绩效管理。企业通过战略整合来保持企业战略与绩效管理战略的一致性，从而以绩效管理的方式促进企业战略在实践中得以有效执行。绩效管理本身所具有的人力资源开发功能又促进了企业人力资源竞争力的提升，培养了企业的竞争优势。

第二节　战略性绩效管理系统

研究表明，不论采用何种形式，一个科学、有效的战略性绩效管理体系应该包括以下内容：三个目的、四个环节和五项关键决策。具体来说，绩效管理是组织为实现其战略目的、管理目的和开发目的而建立的一个完整系统，由绩效计划、绩效监控、绩效考核和绩效反馈四个环节形成一个永续循环系统，考核什么、多长时间考核一次、谁来考核、使用什么考核方法和考核结果如何应用这五项关键决策始终贯穿于四个环节之中，对绩效管理的实施效果起着决定性的作用。由此，可构建出战略性绩效管理系统的"目的、环节、关键决策模型"，见图1-1。

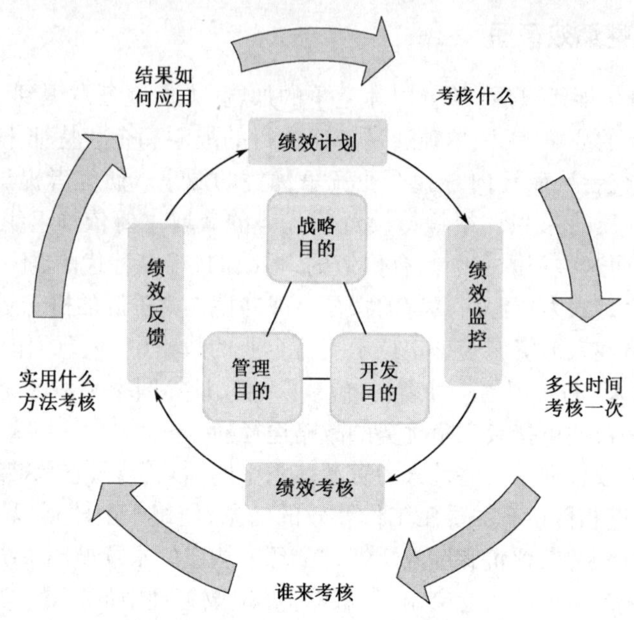

图1-1　战略性绩效管理系统模型

一、绩效管理的三个目的

绩效管理的目的在模型中处于中心位置，即一切绩效管理工作都是围绕目的展开的，偏离了目的，绩效管理工作就会失去存在的价值和意义。绩效管理的目的一般有以下三个。

1. 战略目的

战略性绩效管理系统将员工的工作活动状况与组织的战略目的联系起来。通过对组织战略的层层分解，制订每个部门每个层级的考核指标体系，使每个部门、每个员工的考核指标都不是孤立的、无序散乱的，而是由各个部门、各个员工的考核指标所构建起来的一个严密的、协调一致的、指向组织战略的绩效考核体系。这一承接组织战略的绩效考核体系，对组织战略达成意义重大，它明确地告诉各层级、各部门、各员工什么是组织期望的行为和结果，什么是组织不允许的行为和结果，从而确保每个部门、每个员工能最大限度地展现出组织期望的特征，做出组织期望的行为并创造出组织期望的结果。在绩效管理系统的作用下，通过提高员工的个人绩效来提高组织的整体绩效，从而实现组织的战略目标。由此可见，组织战略的实现离不开绩效系统，而绩效管理系统也必须与组织的战略目标密切联系才具有实际意义。高发公司建立了总公司、分公司、员工三级绩效考核体系，利用这一绩效考核体系来保证公司战略由上至下的有效分解，从而保证了公司战略目的的达成。

2. 管理目的

绩效管理本身就是一种管理手段。绩效考核中形成的对员工工作行为和工作结果的考核，其考核结果将作为对员工进行奖惩的依据，影响员工的薪资决策、晋升决策、雇佣或解雇决策等。而这些奖惩决策对员工行为产生规范性约束，使绩效管理在维持和提高组织的有效性方面，起着不可替代的作用。高发公司为了避免绩效考核流于形式，将绩效考核的结果与员工的奖金、评先和晋升结合，从而保证了管理目的的达成。

3. 开发目的

绩效管理中的绩效反馈和绩效沟通，将帮助员工获得关于个人工作表现的客观评价，即优势和不足。绩效管理的开发目的表现在绩效管理不仅仅是指出优势和不足，还要帮助员工发挥所具有的优势，改进不足之处，从而有效地提高员工的知识、技能和综合素质，促进员工个人发展，实现绩效管理的开发目的。

综上可知，一个科学有效的绩效管理系统应该将员工的活动与组织的战略目标联系在一起，并为组织对员工所做出的管理决策提供准确的信息，同时向员工提供客观的绩效反馈，以实现开发目的。

二、绩效管理的四个环节

绩效管理包括绩效计划、绩效监控、绩效考核和绩效反馈四个环节。四个环节相互影响、紧密相连，缺少任何一个环节都不能构成完整的绩效管理系统。

1. 绩效计划

绩效计划是绩效管理的起点，是各级管理者及其员工在该绩效周期内的工作标准和目标在充分沟通的基础上，达成一致意见，并形成契约的过程。其中，充分的双向沟通是保证绩效计划有效实施的关键。绩效计划的内容除了包括最终的个人绩效目标外，还包括为了达到计划中的绩效结果，双方应做出什么样的努力，应采用什么样的方式，应进行什么样的技能开发等内容。

2. 绩效监控

绩效计划一旦形成，员工的任务就是努力达到计划要求并及时反馈，而管理层的任务则是及时掌握员工的工作进展，对员工的工作情况进行激励和辅导。绩效监控是绩效管理中耗时最长的一个环节，其运作的好坏会直接影响着绩效管理的有效性。那种认为员工在了解了绩效计划后就能正确地执行计划，管理者可以等到绩效周期结束后再进行绩效考核的想法，是十分错误的，这种做法忽略了管理者必须履行的"监督并控制员工的绩效，促进绩效计划得以实现"的重要管理职能。从绩效监控的手段看，管理者与员工之间进行的双向沟通是实现绩效监控目的的一项非常重要的手段。为了实现对员工绩效的监控，绩效管理系统中应该包括一个管理者与员工相互交流绩效信息的沟通计划或模式，以帮助管理者指导并鼓励下属员工提高工作绩效。

3. 绩效考核

绩效考核是指在绩效周期结束时，由管理者和员工使用既定的合理的评价方法和衡量技术，对员工的工作绩效进行评价的过程。绩效考核是绩效管理的核心环节，是管理者和员工双方就考核周期内工作绩效进行全面回顾和总结的过程。

4. 绩效反馈

绩效反馈就是绩效周期结束时，管理者与员工就绩效考核结果进行面谈，使员工充分了解和接受绩效考核的结果，并由管理者指导员工在下一周期如何改进绩效的过程。实际上，绩效反馈贯穿于绩效管理的整个周期内，在绩效周期结束时进行的绩效反馈是一个正式的绩效沟通过程。由于绩效管理的目的不仅是为了得到一个考核结果，更重要的是要提高员工的绩效，确保员工的工作活动和工作产出与组织目标的一致，从而实现组织的目标。因而，管理者如何通过绩效反馈使员工充分了解如何对今后的绩效进行改进，是绩效管理目标能否实现的重要影响因素。

三、绩效管理的五项关键决策

为实现绩效管理的三个目的，组织在实施战略性绩效管理的四个环节中，必须把握以下五项关键决策。

1. 考核什么

所谓"考核什么"，是指如何确定员工个人的绩效考核指标、指标权重及其目标值。广义的考核指标通常包括工作业绩类指标、态度类指标和能力类指标。

态度类、能力类指标通常情况下在考核工作标准中进行界定，工作业绩类指标则需要根据组织战略和部门职责具体分析确定。要支持组织战略目标的实现，就要在绩效管理过程中，将组织的战略目标转化为员工的具体行动，也就是考核的内容应当承接组织的战略目标，将组织战略目标实现的责任落实到各个部门和每个员工。绩效考核指标的设计是绩效管理中技术较强的工作之一。高发公司绩效考核的实施主要通过单位考核和单位负责人考核来进行。单位考核主要从经营业绩、党群工作和反腐倡廉工作三个方面进行。年度负责人考核主要从经营业绩、个人贡献、素质和能力四个方面进行。

2. 多长时间考核一次

所谓“多长时间考核一次”，是指如何确定绩效考核的周期。考核周期的设置应尽量合理，既不宜过长，也不宜过短。如果绩效考核周期过长，考核结果会出现严重的“近期误差”，即由于人们对最近发生的事情记忆深刻，而对以前发生的事情印象浅显，所以考核人员会用被考核人的近期表现来评断其整个绩效周期的表现，而且这种做法不利于个人的绩效改善。如果周期太短，一方面工作量很大，另一方面许多工作绩效尚无法体现出来。一般说来，考核周期与考核指标、企业所在行业的特征、职务职能类型、绩效实施的时间等因素有关。高发公司明确规定三级考核实行日考核月排名，二级考核实行月考核季排名，一级考核实行半年度考核。

3. 谁来考核

所谓“谁来考核”，是指如何正确地选择绩效考核主体，即对考核对象做出考核的人。考核主体与考核内容相匹配是一个非常重要的原则，即根据考核的内容和指标来选择考核主体。根据这一原则，考核主体对被考核的职位应有所了解，既要了解所考核职位上的人，也要了解该职位的工作内容。只有这样，考核才能有助于实现一定的管理目的。

高发公司结合公司点多线长、情况复杂的特点，在公司绩效管理中构建了三级绩效考核系统。

高发公司成立了绩效考核管理委员会作为高发公司绩效考核的领导机构，负责公司考核评价工作的统一部署和协调。高发公司绩效考核管理委员会下设绩效考核领导小组，负责对高发公司全面考核工作的具体指导和协调。绩效考核小组下设考核督察办公室，为高发公司的一级考核机构，负责高发公司所属单位全面考核工作的实施；各管理公司、经营公司、项目公司分别成立本单位的绩效考核管理委员会，下设考核督察办公室，为高发公司的二级考核机构，负责本单位全面考核工作的实施;各管理公司、经营公司、项目公司下属基层单位成立考核小组,为高发公司的三级考核机构,负责本单位考核工作的实施。在对单位负责人实施的年度民主测评中,采取单位领导、管理部门负责人和职工代表测评相结合的多维度测评方式。

4. 使用什么考核方法

所谓绩效考核方法,是指在考核员工个人工作绩效时所使用的具体方法。绩效考核方法选择原则是:根据所要考核的指标特点选择考核方法。高发公司采取明察、暗访的形式,通过收集现场资料、检查相关记录和台账、专项检测等方法取得数据和信息,并与单位年度工作报告和单位负责人述职述廉报告相结合的方式,综合评定员工的工作绩效。

5. 考核结果如何应用

在管理实践中,绩效考核结果主要用于两个方面:一是通过分析绩效考核结果,诊断员工存在的绩效问题,找出产生绩效问题的原因,制订绩效改进计划,以提高员工的工作绩效;二是将绩效考核结果作为其他管理决策的依据,如薪资决策、晋升决策、培训与开发等。如果绩效考核结果没有在管理中得到相应的应用,就会产生绩效管理的"空转"现象,导致绩效管理流于形式,失去应发挥的作用。

高发公司绩效考核结果与荣誉称号、绩效工资发放、干部选拔任用挂钩。如对竞争性单位年度绩效工资发放总额,以公司年初核定的年度绩效工资预算总额为基准,并与年度经营业绩考核评价结果挂钩。其计算公式如下:

$$\text{年度绩效工资发放总额} = N \times \text{年度绩效工资预算总额}$$

其中,N 为竞争性单位年度绩效工资浮动系数,取值范围为 0 ~ 1.42。当经营业绩考核分数为 95 ~ 100 分时,$N = 1$,年度绩效工资预算总额全额发放;当经营业绩考核分数大于 100 分时,采用二级等差数列形式确定上浮系数,N 的范围为 1 ~ 1.42;当经营业绩考核分数小于 95 分时,同样采用二级等差数列形式确定上浮系数,N 的范围为 0 ~ 1。

第二章　绩效管理流程

第一节　绩效计划

一、绩效计划的概念、目的和内容

1. 绩效计划的概念

作为绩效管理系统的第一个环节，绩效计划是指在新的绩效周期开始时，管理者和员工在一起讨论，对在新的绩效周期将要做什么、为什么做、需要做到什么程度、何时应做完、员工的决策权限等问题进行识别、理解并达成绩效目标的过程。也就是说，绩效计划是管理者和员工就工作目标和标准达成一致意见，形成契约的过程。

2. 制订绩效计划的目的

1)保证组织、部门目标的贯彻实施

个人的绩效计划、部门的绩效计划、组织的绩效计划是依赖和支持关系。一方面，个人的绩效计划支持部门的绩效计划，部门的绩效计划支持组织整体的绩效计划；另一方面，组织绩效计划的实现依赖于部门绩效计划是否实现，部门绩效计划是否实现依赖于个人绩效计划的实现。在制订组织、部门和个人绩效计划过程中，通过协调各方面的资源，使资源向对组织目标实现起瓶颈制约作用的地方倾斜，促使各级绩效计划的实现，从而保证组织目标的实现。

2)为员工提供努力的方向和目标

绩效计划包含绩效考核指标、绩效目标或绩效标准。这对员工的工作提出了具体明确的要求和期望，同时明确表达了员工应该在哪些方面取得成就会获得组织的奖励。一般情况下，员工会选择向组织期望的方向努力。在制订绩效计划时，需要员工对所处环境和自身条件进行通盘考虑，这样有利于员工发现自己的优势所在和不足之处，有利于员工知道在工作中可以得到什么样的支持，能够得到哪些资源，便于和相关部门人员沟通，取得认同和帮助。员工在分析了自身的优劣势、机会和威胁后，将这些信息反馈给管理者，有利于管理者了解工作情况,给予下属及时的支持和引导,采取必要措施防范风险,对员工的薄弱环节着重进行工作指导、对工作进展进行控制。

3)提供对组织和员工进行绩效考核的依据

绩效管理是由制订绩效计划、绩效监控、绩效考核、绩效反馈四个环节组织的一个系统,制订切实可行的绩效计划,是绩效管理的第一步,也是最重要的一个环节。有了绩效计划,考核期末就可以根据由员工本人参与制订并做出承诺的绩效计划进行考核。对于出色完成绩效计划的组织和个人,绩效考核会取得优异评价并会获得奖励;对于没有完成绩效计划的组织和个人,上级领导应帮助下属分析没有完成绩效计划的原因并帮助下属制订绩效改进计划。

4)降低变化的冲击

当今世界唯一不变的就是变化,而能够有效应对变化、适应变化的恰恰是计划。绩效计划的目的之一便是降低变化带来的冲击,给出行动方向,减少浪费和冗余。

3. 绩效计划的内容

绩效计划过程中,由上级管理者和下级管理者之间、管理者和员工之间根据组织的目标,对以下内容进行协商:

(1)员工在本绩效周期内的主要工作内容和职责是什么;

(2)应达到何种工作效果;

(3)这些结果可以从哪些方面去衡量,评判的标准是什么;

(4)员工的各项工作的权重如何;

(5)员工在本绩效周期将如何分阶段地实现各种目标,从而实现整个绩效周期的工作目标;

(6)员工在完成工作任务时拥有哪些权利,决策权限如何;

(7)员工从事该工作内容的目的和意义何在;哪些工作是重要的,哪些是次要的;

(8)管理者和员工计划如何对工作的进展情况进行沟通,如何防止出现偏差;

(9)为了完成工作任务,员工是否有必要接受某一方面的培训或通过自我开发的手段掌握某种工作技能。

二、绩效计划的关键点

1. 绩效计划必须与组织战略相承接

战略性绩效管理的战略性集中体现在绩效管理的实施要支持组织战略,体现在作为绩效管理制度核心的绩效评价系统设计要匹配组织战略,即关于绩效管理的五项关键决策都要服务于企业战略目标的实现。具体到绩效管理的绩效计划环节,就是要将企业的战略目标清晰、明确地转化为部门直至每个员工个人的绩效目标,使每个员工的工作行为、方式和结果都能够有效促进组织绩效的改进。因此,绩效计划的核心是确保各个部门和工作团队中每个职位的员工的绩效目标与组织战略目标协调一致。

2. 绩效计划应当面向考核

绩效管理是一个完整严密的体系,在绩效周期之初所制订的绩效计划将作为绩效监控和绩效考核的依据。因而,所制订的绩效计划必须是面向考核的。这就要求在绩效计划阶段不仅要制订出绩效目标,还需对绩效监控和考核中的考核什么、使用什么方法考核、多长时间考核一次做出说明,使员工清晰地认识到被考核的指标、指标权重及目标值,这将是员工工作的方向和驱动力。而考核方法和考核周期的明确,可使员工对于自己的工作做出详尽的安排,并使未来绩效考核结果更容易为员工所接受。

高发公司将绩效考核评价的考核指标、考核内容、目标值和评分方法都明确下来,整理成册,发放到各个部门、各个员工,使各分公司及其所属员工对于工作的目标和标准有清楚认识,从而明确努力的方向。

3. 绩效计划过程中的员工参与和承诺

绩效计划是一个双向沟通的过程,通过管理者与员工的沟通,来确定绩效标准,制订员工的工作目标和计划。根据目标设置理论,员工参与的一个主要优势在于提高了员工对于工作目标的接受性和认同度,从而增加了绩效目标的可执行性,有利于工作目标的实现。

社会心理学家多伊奇和杰勒德认为,做出了公开承诺或较强私下承诺的人非常倾向于坚持最初的意见。研究发现,人们坚持或改变态度的可能性主要取决于两种因素:一是在形成态度时的卷入程度,即是否参与了态度形成的过程;二是他是否为此进行了公开表态,即做出正式承诺。在绩效计划阶段,通过沟通,管理者和员工对绩效目标达成共识,签订正式的绩效计划,就是为了让员工对自己的绩效目标做出强公开承诺,促使他们履行自己的工作计划。

高发公司提出经营业绩目标值的确定应遵循规定与协商原则。各项指标所占的权重和基本指标值由高发公司确定,分类指标、特性指标由高发公司根据所属单位行业特点,针对所属单位的管理需要,综合考虑所属单位经营管理水平、可持续发展能力及风险控制能力等因素，经与各单位协商确定。这一协商的过程有效地体现了员工参与原则。

三、绩效目标制订的原则

绩效计划的核心工作是确定各个职位在评价周期的绩效标准和该职位上的每个员工的绩效目标。绩效标准反映了组织对该职位工作的要求，是对该职位上每个员工工作赋予的基本目标值，是评价该职位的员工的绩效基准。只有在确定绩效标准的基础上，才能够根据每个员工的具体情况，有针对性地制订出详细的绩效目标和计划。这里所说的绩效目标即部门或员工个人在绩效考核周期内应达到的目标值。

绩效目标大致有三个主要来源：一是源于企业的战略目标或部门目标，体现出对企业或部门绩效的支持。绩效目标在设定过程中通常是对企业发展战略进行层层分解，直至员工个人，唯有如此，才能保证每个员工都按照企业制定的发展战略去努力，企业的战略目标才有可能实现。二是源于职位职责。职位职责描述了一个职位在组织中扮演的角色，即这个职位对组织有什么贡献或产出。职责依附于职位，相对比较稳定，除非该职位本身从根本上发生变化。而绩效目标是对一定条件下、一定时间范围内所达到的结果的描述，也就是说，绩效目标具有一定的时间性和阶段性。三是来源于内外客户的需求。组织的产出是通过流程生产的，而流程的目标和手段是由内外部客户的需求驱动的，因此，在为员工设定绩效目标时，一定要兼顾内外部客户的需求。

1. 制订绩效目标的 SMART 原则

制订考核周期内员工的绩效目标是绩效计划环节的主要工作，经典管理理论认为，制订绩效目标应遵循以下五条原则，即 SMART(聪明)原则。

S(Specific)：**即绩效目标应该是明确具体的**。所谓明确，就是要用具体的语言清楚地说明要达成的行为标准。明确的目标是绩效管理工作成功的前提，如果目标定的模棱两可，或没有将目标有效的传达给员工，员工就会不知所措。

例如，高发公司对管理公司二级考核中路政管理的考核中，明确制订外勤管理的绩效目标为："在巡逻过程中向驾乘人员及时提供帮助和服务，接到事故报警和救助电话后，巡逻车应及时赶赴现场，白天 5 分钟、夜间 10 分钟出警。"

实施要求：目标设置要有衡量标准、达成措施、完成期限以及资源要求，使考核人能够很清晰地知道部门计划要做哪些事情，计划完成到什么样的程度。

M(Measurable)：**即绩效目标应该是可衡量的**。所谓可衡量，就是可将员工实际的绩效表现与绩效目标相比较，最好使用明确的数据，作为衡量是否达成目标的依据。

例如,在对监控分中心管理规范的考核工作标准中,明确规定“负责分中心监控室干净整洁,消防设施和防鼠措施正常使用。保持温湿度正常(温度:22～26℃,相对湿度:40%～70%)”。

实施要求:目标的衡量标准应是一种可比较的标准,使标准制定者与被考核者有一个统一的、标准的、清晰的可度量的标尺,杜绝在目标设置中使用形容词等概念模糊、无法衡量的描述。

A(Attainable):**即绩效目标应是可达到的**。制订的绩效目标应是能够被员工所接受的,通过员工的努力可以达到的。如果管理者强行将所制订的目标分配给下属,下属可能会产生抗拒心理,当绩效目标不能完成时,会寻找各种借口推卸责任,最终影响组织目标的达成。

例如,高发公司在制订考核目标值时明确规定,“所属单位根据考核目标值,同时结合宏观经济形势、单位实际发展状况,科学合理制定预算。”

实施要求:绩效目标的设置要从实际出发,结合自身发展状况,科学制订绩效目标,使绩效目标对于工作既具有激励性,又避免盲目性,不切实际,难以完成。

R(Realistic):**即绩效目标应该是切实可行的**。所谓切实可行,不仅强调不应该制订过高的不切实际的目标,还应强调根据员工的工作潜力制订出具有一定挑战性但是通过努力可以实现的目标。目标制订得过高会使员工失去信心和动力,目标制订得过低则无法激励员工发展进步。

例如,高发公司规定,“年度考核目标值原则上不低于上年指标及前三年考核指标实际完成值的平均值,同时结合宏观经济形势、单位实际发展状况,以及当年的预计增长额。有行业标准值的考核指标原则上不低于全国同行业同规模单位前三年的平均值。行业标准值为国务院国资委定期公布的单位绩效评价标准值。”

实施要求:组织目标要得到组织成员的通力配合,就必须让每一位组织成员参与到工作目标的制订中去,使个人目标与组织目标达成认识一致,目标一致,既要有由上到下的工作目标协调,也要有员工自下而上的工作目标的参与。

T(Time and Resource Constrained):**即绩效目标应该是受时间和资源限制的**。这种时间和资源的限制实际上是对目标实现方式的一种引导。时间和资源限制对于不同职级、职位的员工来说是不同的,但是对任何职位来说都是必不可少的。对于整体目标亦是如此,不论是整个绩效计划中的总目标,还是分阶段的分目标,都应受到时间和资源的限制。

例如,高发公司在管理公司收费管理考核工作标准暨评分标准中规定:收费广场安全岛完好无破损,广场内各类标志标牌、标线洁净、完好无破损。收费大棚顶洁净无破损,收费大棚柱子洁净无破损。广场防护栏、隔离墩(栅)摆放整齐、完好、洁净。收费站区必须向驾乘人员公示"五公开"(收费标准、批准机关、监督电话、社会承诺、收费单位)。而同样的考核工作标准,对于不同级别的收费站评分标准不同,如:省界站和市级站的收费广场安全岛破损、斑马线油漆脱落严重、有杂物、大棚破损、标志标牌、标线破损或不洁净的一处扣1分,其他各站区一处扣3分,广场防护栏、隔离墩(栅)摆放不整齐一处扣3分,不完整一处扣3分。

实施要求:目标设置要具有时间限制,根据工作任务的权重、事情的轻重缓急,拟定出完成目标项目的时间要求,定期检查项目的完成进度,及时掌握项目进展的变化情况,以方便对下属进行及时的工作指导,以及根据工作计划的异常情况变化及时地调整工作计划。

2. 制订绩效目标的 SMART Cake 原则

我国管理学者蔡征云在长期管理实践的基础上,结合经典 SMART 原则,提出新的绩效目标设计原则——SMART Cake(聪明蛋糕)原则。

S(Strategic):**战略性的,与组织战略相适应的**。绩效目标首先来源于组织战略,同时也必须服从于组织战略。这条原则要求在制订绩效目标时,应对组织战略有清晰明确的界定,同时在分解、衍生过程中,要避免推演不当制造出看似漂亮但对于组织战略无益甚至适得其反的绩效目标。

高发公司在对项目建设公司管理业绩考核中明确规定,对投资及进度的考核:①严格执行上级批准的概算;②编制年度投资的月度分解计划,完成上级单位下达的年度投资计划;③按期通车(年度计划通车项目);④编制节点目标、形象进度计划并有效控制。这些规定反应了绩效标准对于组织发展战略的承接性。

M(Measurable):**可衡量的、可测定的**。绩效目标是否达成、达成程度如何,必须有可以准确判定的、便于测量、不易产生争议的尺度标准和衡量办法。

在上例中,对项目建设公司管理"投资及进度"的评分标准为:①编制分年度、半年度的概算控制计划并检查执行情况,没有分解计划的扣5分,没有定期考核的一项扣1分;②按月度进行年度投资任务的分解与控制,没有编制投资分解计划的扣1分;投资计划完成率得分 $=35\times A\%$(A 为项目完成投资计划的百分比),最高得40分;年度投资计划完成率小于80%,评为E级;③不能按期通车的,实行一票否决;④没有节点目标、形象进度计划的一项扣1分;有节点目标、形象进度计划,未完成的扣2分。评分标准将考核工作标准细化为可衡量的、可测定的,从而保证绩效目标的有序达成。

A(Ambitious):富有挑战性和激励意义的。绩效目标的设置,应该是积极进取的,具有成长突破性,体现出超越对手、超越自我的竞争意识,这是现代商业社会的必然要求。

高发公司在制订绩效目标时,结合国内、省内同行领先水平,并综合考虑国家经济形式、单位实际发展状况,科学合理制订预算,使绩效目标富有挑战性,激励员工不断进取前进。

R(Realistic):现实的、可实现的。这一条和上一条挑战性原则互为补充、互为制约。脱离市场环境和自身基础、不切合实际的绩效目标,非但不能起到引导和激励作用,反而可能打击士气、迷失方向。

高发公司制订绩效目标值时,通常综合四方面信息:上一考核年度指标值、前三年考核指标实际完成值的平均值、宏观经济形式及当年的预计增长额、单位实际发展状况。综合后确定的绩效目标具有现实性,更容易被员工接受。

T(Time-bounded):有时间限定的。任何一项绩效目标,必须有明确的时间规定要求,没有时限要求的目标,等于没有设定目标。

高发公司项目建设公司的考核分为年度、半年度、季度和日常考核,并根据节点计划及形象进度完成情况对工程实体质量、内业资料、材料准入、工程管理等进行抽查,充分反应了绩效目标的时间限定原则,从而有效保障绩效目标的按时达成。

C(Consistent):一致性的、一贯性的。绩效目标的一致性,包括上下一致、左右一致和前后一致,这是对战略性原则的补充和强调。上下一致,指的是下级目标要服从上级目标;左右一致,指的是同级或相关联岗位的目标要相互衔接和彼此配合;前后一致,指的是目标设计的延续性和相对稳定性。

A(Agreed):共同讨论、协商一致的。绩效目标必须有一个相关主体相互讨论、共同认可的过程,这种沟通不仅使绩效目标设计更加准确合理,对更好地达成目标也有积极促进作用。这一点对绩效目标最终达成极其关键。

K(Key):关键的、重要的。绩效目标的设计和选择,应在战略性原则下,遴选出起关键作用的、对组织目标达成起主要作用的重点和关键目标,避免目标设置过多,目标过多等于没有目标。

高发公司绩效考核评价办法中,关于绩效考核内容、考核工作标准及评分标准,是在企业发展战略指导下,结合多年绩效管理工作的经验,广泛征求员工的意见,以此为基础筛选对企业发展最重要的绩效目标作为考核内容。

E(Each):个人的、个体的。这条原则首先要求所有的绩效目标必须落实到具体的岗位和人员,具体的目标要对应到具体的个人;同时要考虑不同岗位、不同人员之间权责不同、资源条件不同甚至经验能力不同,目标设置时要区别对待。

高发公司在制定考核原则时,提出"按照企业所处的不同行业、资产经营的不同水平和主营业务等不同特点,实事求是、公开公正,实行科学的分类考核"。也即在设置绩效目标时结合各路段、各地区、各分公司的具体情况区别设置绩效目标,同理,在将绩效目标分解到员工个人时,也同样需要结合员工个人情况区别设置。

四、制订绩效目标的方法和程序

在战略性绩效管理系统中,需要对绩效计划的步骤和方法做出明确的规定,围绕组织战略制订绩效计划,以确保制订的计划引导员工沿着实现组织战略目标的方向前进。

1)准备阶段

在新的绩效周期开始之前,由高层管理者组成一个战略委员会,对新的组织战略和具体的目标进行规划。当组织新战略及目标形成时,新一轮的绩效周期也拉开了序幕,这一阶段的主要工作是交流信息和动员员工。需要向员工传达的信息主要包括三个方面:组织战略及发展目标、部门目标、岗位信息。首先,需要让员工了解组织战略、组织当期发展目标、经营目标、经营计划等,一般说来,员工所了解的组织信息越多,就越能将个人目标与组织目标结合起来。传达这些信息的途径可能是动员大会、各种文件通知、企业内部网及企业内部刊物。如高发公司网站上的快报和电子刊物《大道》等,都对宣传企业战略、企业目标等起到重要作用。其次,组织目标可分解为部门目标,管理者与员工对部门目标了解与否也直接影响组织目标的实现。高发公司将发展目标分解为管理分公司绩效目标、经营公司绩效目标和项目建设公司绩效目标。最后是岗位信息,岗位信息包括两个方面:岗位工作的具体描述以及员工上一绩效期间的绩效评估结果。工作描述规定了岗位任职者的主要工作职责,是进行工作目标分解的主要依据;员工在每个绩效期间的工作目标通常是连续的或有关联的,在制订新的工作目标时,需参考员工上一绩效周期的绩效考核结果。

2)沟通阶段

绩效计划是一个双向沟通的过程,如果员工能够成功地参与计划的制订,他们会认为自己是计划的参与者而不仅仅是被动执行的机器,从而产生满足感和自豪感。绩效计划并不是一纸空文,而是日后的行动纲领和行为规范,如何达成契约对绩效计划的实施有着非常重要的意义。管理者和员工对计划的形成都要作出自己的贡献,双方在计划绩效时都负有责任,这种责任必然会转化为计划实施过程中对计划目标的责任。也就是说,员工参与自己的绩效目标和标准的计划过程,这样就会形成一种心理承诺,有利于员工在绩效周期中有效地执行计划。高发公司在绩效管理过程中非常强调绩效沟通,这种沟通通常从绩效周期的伊始阶段就开始了。

3)制订计划阶段

经过严密的准备和与员工的充分沟通后,绩效计划就初步形成了,但仍需对绩效计划进行再次审定,确定组织目标是否已有效地得到落实。当绩效计划阶段结束时,应该得到如下结果:

(1)员工的工作目标与企业目标紧密相连,并且员工清楚地知道自己的工作目标与组织整体目标的联系。

(2)员工的工作职责和描述已经按照现有的组织环境进行了修改,可以反映本绩效周期内主要的工作内容。

(3)管理者和员工对员工的主要工作任务、各项工作任务的重要程度、完成任务的标准、员工在完成任务过程中享有的权限等,都已达成了共识。

(4)管理者和员工都十分清楚在完成工作目标的过程中可能遇到的困难和障碍,并且明确管理者所能提供的支持和帮助。

(5)形成了一个经过双方协商讨论的文档,该文档中包括员工的工作目标、实现工作目标的主要工作结果、衡量工作结果的指标和标准、各项工作所占的权重。

最后需要注意的是,要保证计划的时效性和灵活性,当企业的内外部环境发生巨大变化时,必须调整或修改整个计划或部分计划。

高发公司规定,考核指标一经确定,自然年度内一般不予调整。如遇国家宏观政策及其他政策性因素、市场条件发生重大变化,对单位经营发生重大影响的,或者重大自然灾害,又或者涉及合并、分立、股权重组、资产转让,导致单位法律结构或经济结构重大改变等情况确需调整的,经高发公司绩效考核管理委员会同意,可在年度内对基本指标值或具体分类指标权重调整一次,调整需遵循特定程序。

第二节 绩 效 监 控

一、绩效监控的目的和内容

绩效监控是绩效管理的第二个环节，是连接绩效计划和绩效考核的中间环节，也是耗时最长的一个环节。在整个绩效周期内，管理者采用恰当的领导行为，积极指导下属工作，与下属进行持续的绩效沟通，预防或解决绩效周期内可能发生的各种问题，以期达到更好完成绩效计划的目的，这就是绩效监控。对于绩效监控应正确认识，不能将之简单理解为监督员工、迫使员工工作的贬义词，而应将绩效监控视为管理者关注员工的各项工作活动，发现工作中存在的问题并和员工一起解决问题，纠正偏差，保证它们按计划进行的一项管理功能。

1. 绩效监控的目的

绩效监控的目的在于通过对员工工作情况的监督控制，保证绩效计划有序进行，并最终达到组织既定的绩效目标。优秀的管理者必须通过绩效监控，采取恰当的领导行为，进行持续有效的沟通，指导下属的工作，提高其绩效水平。

高发公司为保证绩效计划的顺利进行，扎实有效地做好绩效监控工作，在各级考核单位中成立了考核督察办公室，负责对所属单位考核目标任务完成情况进行不定期抽查和监督，确保公司绩效目标的最终达成。

2. 绩效监控的内容

绩效监控的内容和目的具有高度一致性。绩效监控的内容通常是指在确定的绩效周期内，员工按绩效计划进行工作中的态度、行为及其结果。具体而言，就是指在绩效计划环节所确定的评价要素、评价指标和绩效目标，同时这些信息又将作为绩效考核阶段对员工进行绩效考核的依据。这样就保证了绩效管理体系的一致性和连贯性。

二、绩效监控的关键点

绩效管理的监控过程是否有效、判断管理者的绩效监控是否成功，取决于以下三个关键点。

首先，持续有效的绩效沟通。通过绩效沟通发现工作中存在的问题，通过沟通协调来解决问题。只有管理者和员工之间就各种绩效问题不断进行沟通，才可能保证绩效计划的有序进行，并最终达成绩效目标。

其次,积极的绩效辅导。管理者需要针对不同下属的特点和工作特征、工作环境,积极开展绩效辅导,通过绩效辅导提高员工的工作技能,保证员工绩效目标的达成。

最后,绩效评价信息的有效性。绩效监控过程是整个绩效管理周期中历时最长的一个环节,在这一过程中持续、客观、真实地搜集、积累工作绩效信息,对于评估绩效计划的实施情况,客观、公正地评价员工工作,实现绩效管理目的具有重要意义。

高发公司的各级管理者和考核督察人员坚持持续的绩效沟通,定期或不定期到各部门对绩效目标进行宣传、对绩效计划的进展情况持续、客观、真实地搜集工作绩效信息,确保绩效目标的达成,并为绩效考核积累绩效信息。

三、绩效沟通

绩效沟通是指管理者与员工在共同工作的过程中,分享各类与绩效有关的信息的过程。绩效沟通也可理解成对提高员工绩效有益的各类管理者与员工的沟通。

在工作场所相对固定、工作内容也相对固定的情况下,员工往往只需要根据既定的工作计划,按照明确的工作流程按部就班,就能够实现职位对他的要求。只要员工掌握了工作所需的知识和技能,绩效沟通就不那么重要。然而,在科技迅猛发展、信息日益膨胀的今天,人们的工作性质发生了重大的变化。竞争的需要迫使企业不断地调整战略及生产和经营的模式,职位说明书的更新速度越来越快,企业员工不得不面对随时会发生的变化,对他们的工作方式和工作内容进行相应的调整。在这种情况下,对于工作计划的调整及工作内容的安排等,已成为管理者与员工之间必须经常交流的问题。不论是管理者还是员工,都面临着一个不断变化的工作环境。为了适应这种变化,管理者和员工都需要通过双方间的沟通,解决各自面临的种种问题。沟通能够帮助我们应对各种变化,即使没有变化,我们也需要获得信息来确保在发生变化的时候能够及时应变。

2012 年 8 月,国务院办公厅公布了《关于重大节假日免收小型客车通行费实施方案》。但在高速公路免费通行的首日,全国部分路段出现拥堵。交通运输部随即做出决定,从 2012 年 10 月 4 日 12 时起,对符合免费政策的七座及以下小型客车不再采取发卡措施,各收费站对免费车辆应抬杆放行,从而确保高速公路交通的畅通有序。由此可见,在管理工作中对绩效信息进行及时反馈,有利于决策者针对变化的环境信息尽快做出管理决策。

管理者通过绩效沟通,可以得到有关下属员工工作情况的各种信息,以更好地协调下属员工的工作,保证部门绩效目标的达成。当下属员工工作中出现问题的时候,管理者应及时掌握情况,并进行处理。此外,管理者还应该有意地收集一些绩效考核和绩效反馈时所需信息,从而在绩效考核中有据可依。

通过与管理者的沟通,员工可以了解到自己的表现获得了什么样的评价,以便于保持工作的积极性,并更好地改进工作。另外,员工还需要通过沟通了解管理者是否知道自己在工作中遇到的各种问题,并从中获得有关如何解决问题的信息。

由此可知,绩效沟通的目的是保证在任何时候,每个人都能够获得改善工作绩效所需的各类信息。为了进行有效的绩效沟通,沟通前管理者和员工首先要明确双方间沟通的具体内容,具体如下:

(1)作为管理者,为了更好地履行职责,我必须从员工那里获得什么信息;

(2)作为普通员工,为了更好地完成工作职责,我需要哪些信息。

通过绩效沟通,管理者和员工应该获取以下一些信息:

(1)工作进展情况如何;

(2)绩效目标和计划是否需要修正;如果需要,如何进行修正;

(3)工作中有哪些方面进展顺利,为什么;

(4)工作中出现了哪些问题,为什么;

(5)员工遇到了哪些困难,应如何帮助他们克服困难;等等。

四、绩效信息的收集

1. 收集绩效信息的目的

在绩效监控阶段,管理者收集和记录信息的目的主要有两个:一是通过持续不断地收集信息,特别是记录员工在实现绩效目标过程中的关键事件,保证绩效考核时有明确的依据,避免出现传统绩效评价中根据主观臆断或通过对绩效表现的回忆来评价员工的现象,以确保评价结果的公正性及可信度;二是通过持续地收集信息,记录关键事件,有助于诊断员工的绩效,进而通过绩效监控、绩效评价和绩效反馈过程中的有效沟通达到改进绩效的目的。

2. 信息收集的内容

在收集绩效信息的过程中,应当有针对性地收集与绩效管理有关的信息,主要包括:目标完成情况、证明绩效水平的具体证据、对解决问题有帮助的数据、关键事件的具体描述等。

收集的信息一般有三种类型:关键事件、文档信息以及第三方意见。

关键事件是指一些比较极端或比较有代表性的行为或具体事件。当这类事件发生时,要及时做好记录。记录的内容应当包括事件具体发生的时间、当时的情况、员工具体的行为及最后的结果等,总之,应尽可能具体地列出当时的经过。但是,在做关键事件记录时,不应当加入任何主观的判断和修饰,应当仅仅描述当时的事件经过。

文档信息主要是指管理者跟踪和记录与单个员工有关的数据、观察结果、沟通结果和决策情况的过程。工作表现记录,又称工作表现备忘录,通过记录员工日常工作情况来帮助管理人员更好地掌握员工工作进展、工作表现,并为绩效考核提供依据。

第三方意见主要是指通过第三方(如客户、供应商等)所获取的关于员工的绩效信息。依据第三方意见,可以更全面地了解员工的工作情况,帮助员工发现工作中存在的问题,并在今后的管理中加以解决。

例如,高发公司在对党群工作考核评价中规定,考核评价内容包括:党的建设和思想政治、精神文明和企业文化、工会建设、团的建设,以及高发公司党群部门安排的专项工作和检查。这一考核内容最终将通过本绩效考核周期内所发生的一些关键事件(如理解、学习党的最新精神、公司举办的各项能体现企业文化的文娱活动)、文档信息(如企业员工的先进事迹、各项比赛中取得的优异成绩)、第三方意见(如群众的反映、媒体的报道)等体现出来。

3. 信息收集的方法

管理者为了获得员工绩效的信息,可以采用以下方法:

(1)定期安排与员工会面来评价他们的绩效。

(2)对照事先建立的职位说明书或行动计划检查工作的进展和执行情况,考查绩效目标的达成情况。

(3)到各处巡视工作的进展情况,并与员工进行非正式的讨论。

(4)从与员工共事的其他人那里得到对员工本人的反馈(正式或非正式的)。

(5)检查工作的产出和结果,以检查其质量或者准确性。

(6)要求员工做工作进展报告。

(7)提出要求后,检查任务完成情况,或者看是否有需要帮助员工解决的问题。

(8)分析工作结果、讨论改进方案,评价工作任务或绩效目标完成情况。

(9)关注顾客的投诉和满意度(内部或外部),以便评价、检查员工的绩效。

当然,绩效考核主管也可以通过其他不同的信息渠道获得信息。主要的信息渠道有:员工的主管、员工自身、下级、同事及与被收集者有关的外部人员等。由于管理者的时间精力有限,不可能事事都观察或监控到,所以需要从多方面收集员工的绩效信息,从而保证信息的全面性、客观性、公正性。

例如,高发公司在对党群工作考核评价中规定,考核评价方法可采取明查与暗访相结合。明查即对照工作标准和评分标准,采取听取组织汇报、征求党内外群众意见、查看日常原始记录的方式进行考核,并现场提取影像、记录等资料;暗访以现场实地查看的方法来获取日常工作开展情况的信息。

第三节 绩效考核

一、绩效考核的概念

考核是对人或事物的价值做出判断的一种观念性的活动。绩效考核是一个收集信息、整合信息、做出判断的过程。绩效考核是对员工在现任职务中的表现情况以及担任更高一级职务的潜力,进行有组织的、定期的并且尽可能客观的评价。绩效考核是绩效管理中技术性最强的环节之一,也是最为组织成员关注的内容。在进行绩效考核时,通常要经过五个过程,具体如图 2-1 所示。

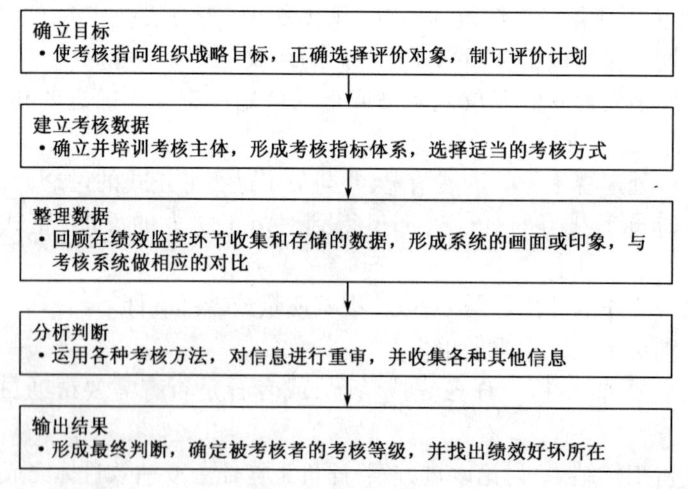

图 2-1　绩效考核过程

二、绩效考核的行为导向功能

绩效考核体系设计的一个基本思想是如何通过绩效考核起到行为引导的作用,从而使员工的行为与企业的发展目标保持一致。绩效考核体系对员工的行为引导作用体现在以下四个方面。

1. 考核主体对员工行为的引导作用

组织内外很多人都能够为绩效考核提供相关的信息,但并不是所有的信息提供者都能成为绩效考核的主体。"谁作为考核主体"将对被考核员工的行为起到引导作用。"谁是考核主体"就意味着员工必须注意那些人对自己的工作期望,努力使自己的工作表现令他们满意。在高发公司的绩效考核体系中,明确规定了在各级组织中成立绩效考核领导小组,负责本组织的绩效考核工作的组织和实施,组长由各级组织的一把手担任,副组长由其他班子成员担任,从而保证了管理上的责任与权利相统一原则。

2. 考核周期对员工行为的引导作用

绩效考核周期对员工行为同样具有引导作用。考核周期实际是在向员工传达"组织给员工多长的时间进行某项绩效改进"或"员工具有多大的权限来决定如何安排自己工作的进程"等有关工作时间的信息。例如,高发公司绩效考核周期根据职位、等级的不同而有所不同,对分公司总经理的考核周期为一年,分公司各科室的考核周期为半年,基层单位的考核周期为一个季度,基层员工的考核周期为一个月。这在一定程度上引导分公司总经理在一年内合理安排工作进程,实现公司计划对他的要求;而基层员工则一个季度之内实现绩效改进。再比如,对于流动性高的销售人员,有的企业的做法是实行月销售情况的绩效评价,以激励销售人员努力追求每个月都能够达到较高的销售业绩。

3. 考核指标对员工行为的引导作用

绩效考核中使用哪些指标、如何定义这些指标,其实质是向员工传达了"企业重视员工什么方面的品质及行为"、"企业希望自己的员工具有哪些能力和什么样的工作态度"等信息。例如,在高发公司制定的管理公司三级考核工作标准中,关于工作纪律明确规定"收费员在岗期间必须衣着规范整洁,仪容端庄整洁","严禁工作时间喝酒、打毛衣、看杂志、三人以上聚堆聊天(含三人)等做与工作无关的事情,严禁携带与收费工作无关的物品(书籍、报刊等)进入收费亭,当班收费人员工作期间要保持精神饱满,坐姿端正"等。

4. 考核标准对员工行为的引导作用

组织使用的考核标准也会对员工的行为起到一定的引导作用。高发公司通过对管理公司、经营公司、项目公司和公司机关评选“金杯”、“银杯”奖的方式，评选出模范单位，并在公司内通报表扬，以此让公司上下按照模范的标准来严格要求自己，以模范的行为作为标准，对每位员工的日常表现进行考核。这种方式不但可以引导员工改进自己的工作，还可以引导员工重视集体荣誉，增强团队的凝聚力。

三、绩效考核的内容

通常绩效考核的内容可分为工作业绩考核、工作能力考核、工作态度考核和工作潜力考核四个方面。这四个方面相互联系，共同为绩效目标的达成作贡献。高发公司对所属单位负责人进行考核时，将考评内容分为素质、能力、个人贡献和经营业绩四个方面，突出了考核的全面性、科学性。

1. 业绩考核

所谓业绩是指员工职务行为的直接结果。业绩考核就是对员工职务行为的直接结果进行评价的过程。业绩考核的过程不仅是评价各级员工的工作完成情况，更重要的是，通过考核指导员工有计划地改进工作，达到组织发展的目的，即高发公司提出的“用考核评价工作，用考核促进工作”。

业绩考核不论对于管理者还是员工个人来说，都是非常重要的。对管理者来说，他们希望员工通过职务行为促进组织完成既定的经营目标，对员工业绩的考核能直接反映实现组织经营业绩的过程，并对这一过程进行控制。对于员工来说，他们都希望自己的工作业绩能够得到承认，因而需要通过业绩考核的结果客观反映自己的贡献。

高发公司将经营业绩考核分为所属单位经营业绩考核和所属单位负责人经营业绩考核。考核指标包括基本指标、分类指标和特性指标三大类。一般竞争性单位、竞争性单位基本指标包括利润总额、成本费用利润率；分类指标包括总资产周转率（次）、销售（营业）增长率、应收账款周转率、财务资产管理、审计、信息管理、人力资源管理；特性指标包括专项工作、安全生产以及其他工作。

对员工工作业绩的考核，可从工作完成的数量、质量和效率三方面进行衡量，高发公司服务区管理分公司的绩效考核评价方法中，将单位负责人半年度经营业绩考核比重设为70%，体现了对经营业绩的重视。需要注意的是，业绩考核是相对于一个人所担当的工作而言的，即员工对承担工作的结果或履行职务的结果情况。然而,一个员工对组织的贡献程度不仅取决于业绩考核结果,还取决于工作本身对于组织的贡献程度。

2. 能力考核

战略性绩效管理的目的是为了达成企业战略而不仅仅是企业当期经营管理目标。单纯进行业绩考核不利于对员工的行为进行长期的、有效性的引导,因而,绩效考核中还必须包括对员工工作能力的评价。这里能力考核特指考核员工在工作中显示出来的能力。根据在工作中表现出来能力,参照一定的标准,做出强或弱、大或小的判断。对于不同的职位,能力考核的维度也有所不同,这是因为不同职位对能力的要求不同,因而能力考核应根据考核目的和职位特征有针对性地进行评价。

高发公司下属单位负责人考核评价要点中,对负责人能力的考核分为决策能力、执行能力和创新能力三个方面。其中,"决策能力"的考核标准为:思路清晰、有前瞻性,善于把握国际国内经济趋势和行业发展规律,具有战略意识和发展眼光;决策科学民主,能够针对形势变化,及时调整思路和对策;对重大问题和突出事件,反应敏捷,判断准确。

3. 态度考核

高能力是不是一定带来高绩效呢?答案是不确定的,因为在能力和工作业绩之间还存在一些调节变量,如工作态度。能力相同的人因工作态度不同将会产生不同的业绩,因而在绩效考核时,还必须关注员工的工作态度考核。通过对工作态度的考核引导员工改善工作态度,促进员工达成绩效目标。态度考核与能力考核不同,态度考核不论员工的职位高低,也不管员工的能力大小,只是考核员工是否努力、认真的工作,工作中是否有干劲、有热情,是否遵守各种规章制度等。一般来说,对工作态度的考核往往采用过程评价的方式进行。

高发公司下属单位负责人考核评价要点中,对负责人工作态度的考核体现在"综合素质"的考核中。综合素质考核分为政治素质、职业素质、廉洁从业。其中"职业素质"的考核标准为:爱岗敬业,具有强烈的事业心和责任感,有开拓精神,品德端正,具有良好的职业道德,遵守法律法规和公司章程;熟悉现代企业管理,具备扎实的业务知识和丰富的管理经验。

4. 潜力考核

潜力考核是通过各种手段了解员工的潜力,找出阻碍员工发挥潜力的原因,更好地将员工的工作潜力发挥出来,将潜力转化为现实的工作能力。能力考核是对员工通过职务行为反映出来的能力进行评价,而潜力考核针对的则是如何评价员工在现任工作中没有机会发挥出来的能力。潜力考核的结果可作为工作轮换、升迁等人事决策的依据。

四、绩效考核中的常见误差

绩效考核的重要性以及如何开展这项工作,已经被大多组织成员所认同,然而在绩效考核具体实施过程中,还会出现各种事先无法预料的情况,如果处理不好就会造成绩效结果的误差,严重时甚至引发员工的抵制和离职。美国的一家管理咨询公司的调查表明,80%以上的员工对本公司的绩效考核制度不满意。美国著名管理专家戴明甚至认为,绩效考核是管理的七大致命痼疾之一。绩效管理为什么如此之难呢?一方面是由于绩效考核内涵及外延广泛,它并不像想象中那样只是上级领导给下属打一个分数了事这般简单、容易;另一方面在于绩效考核中任何微小的失误,都有可能导致管理上显著的不良后果。因此,绩效管理过程中常见的绩效考核误差需要引起管理者的重视,并努力克服。

1. 信息不对称带来的考核误差

企业领导者不可能对所有员工的信息资料做到详细了解与掌握,也不可能详细了解每一位员工的工作内容和绩效标准。这样造成了绩效考核中的信息不对称,由此也会带来误差。造成这种误差的原因是:一方面,考核者并不一定深入了解员工工作的特点、绩效的体现、努力的难点等内容,在考核过程中,考核者就可能对被考核者给出不合适的分数;另一方面,员工有时也可能不全面了解企业对自己的期望和要求,因此在工作中搞错了努力的方向,或者不知道自己该如何提高绩效。管理中可通过多方面、多方位考核,来规避信息不对称带来的考核误差。

2. 绩效考核标准不明确

工作绩效考核标准不清是造成工作绩效考核工具失效的常见原因之一。有些考核工具看上去似乎很客观,但是它却很可能会导致不公正的评价。因为一张考核表对每一评价要素及其好坏程度的解释是开放式的,也就是考核者会对同等标准产生截然不同的理解与解释。解决这个问题的一种办法是:用一些描述性的语言对绩效考核要素加以界定,这样就会使评价更具连贯性,并且使评价人更容易对评价结果进行解释。

高发公司对组织内重点岗位、典型岗位的绩效考核标准都做了详细描述,从而保证绩效考核标准的一致性,使绩效考核工作按照"公开公平公正"的原则有效执行。

3. 晕轮效应

在绩效评价中,晕轮效应是指由于对被考核者个别特性的评价而影响整体考核结果的倾向。有关晕轮效应的例子在我们的日常生活中经常发生,人们往往有根据某一局部印象得出整体印象的倾向。在绩效考核中,晕轮效应也十分常见。例如,某位管理者对某位下属的某一绩效要素(如,口头表达能力)的评价较高,导致其对这位员工其他所有绩效要素的评价也较高。反之,员工一般会对那些对下属和颜悦色、比较客气的上级有好感,这样的上级工作能力也许不强,但员工往往倾向于对该上级的其他方面给予较高的评价。晕轮效应会影响绩效考核的有效性。

4. 宽大化倾向

宽大化倾向是绩效考核中常见的另一种考核误差。受这种行为倾向的影响,评价者对评价对象所作的评价往往高于其实际成绩。这种现象产生的原因主要有以下几方面:

(1)评价者为了保护下属,避免留下不良绩效的书面记录,不愿意严格地评价下属;

(2)评价者希望自己下属的成绩优于其他部门员工的成绩;

(3)评价者对评价工作缺乏自信心,尽量避免引起评价争议;

(4)评价要素的评价标准不明确;

(5)评价者想要鼓励工作表现有所提高的员工。

在宽大化倾向的影响下,绩效评价的结果会产生极大的偏差。具体而言,对绩效出色的员工来说,他们会对评价的结果产生强烈的不满,从而影响他们的工作积极性。而对于绩效很差的员工来说,一方面,他无法了解自己需要提高哪一方面的绩效,只能继续维持现状,导致绩效得不到提高,绩效管理的目的无法得到实现;另一方面,由于该员工有一个令人满意的评价记录,即使管理人员想解雇他,也会由于缺乏理由而无法实现。

5. 严格化倾向

严格化倾向是与宽大化倾向相反的另一种评价者误差行为,是指评价者对员工工作业绩的评价过分严格的倾向。在现实中,有些评价者在评价其下属时,喜欢采用比企业标准更加严苛的标准。

严格化倾向产生的原因有以下几方面:

(1)评价者对各种评价因素缺乏足够的了解;

(2)为了惩罚一个顽固的或难以对付的员工;

(3)为了促使一个有问题的员工主动辞职；

(4)为有计划地裁员提供证据；

(5)为了缩减凭业绩提薪的下属数量；

(6)为了遵守组织的规定(组织不提倡管理者给出高评价)。

由此,我们可以看出,如果一名部门的管理者对整个部门评价过分严格,该部门的员工在加薪和提升方面都将受到影响;如果对某一特定的员工评价过分严格,则有可能受到歧视员工的指控。因此,人力资源管理者必须采取措施,使评价者明白如何避免这种情况的发生。

6. 居中趋势

在确定评价等级时,许多管理人员都很容易有一种中心化倾向。这种倾向是指评价者对一组评价对象做出的评价结果相差不大,或者都集中在评价尺度的中心附近,导致评价成绩拉不开差距。例如,在图示量表法中,设计者规定了从第一等级到第五等级的五个评价等级。管理者很可能会避开较高的等级(第五等级)和较低的等级(第一等级),而将他们的大多数下属都评定在第二、三、四这三个等级上。

中心化倾向产生的原因有以下几方面:

(1)人们往往不愿意做出“极好”、“极差”之类的极端评价;

(2)对评价对象不甚了解,难以做出准确的评价;

(3)评价者对评价工作缺乏自信心;

(4)评价要素的说明不完整,评价方法不明确;

(5)有些组织要求评价者对过高或过低的评价写出书面鉴定,以免引起争议。

7. 近因效应

近因效应是指评价者只凭员工的近期行为表现,即员工在绩效评价期间的最后阶段绩效表现的好坏,进行评价,导致评价者对其在整个评价期间的业绩表现得出相同的结论。例如,有的组织一年进行一次绩效评价,当评定某一个具体的评价要素时,评价者不可能回想起在整个评价阶段中发生的与该评价要素相关的员工行为,这种记忆衰退就会造成近因效应。另外,由于员工往往会在评价之前的几天或几周里表现积极,工作效率明显提高,因而评价者对近期行为的记忆往往要比对过去行为的记忆更加清晰。这种情况会使绩效评价得出不恰当的结论。例如,有的员工在最近一个月内表现不良,因而得到了较差的评价,实际上,他在之前的若干个月内都保持着优异的绩效记录。

8. 似我效应

评价者个人偏见是指评价者在进行各种评价时，可能在员工的个人特征，如种族、民族、性别、年龄、性格、爱好等方面存在偏见，或者偏爱与自己的行为或人格相近的人，造成人为的不公平。

评价者个人偏见可能表现在以下两个方面：

(1)对与自己关系不错、性格相投的人会给予较高的评价；

(2)对女性、老年人等持有偏见，给予较低的评价等。

我们应通过对评价者进行培训，要求评价者从企业发展的大局出发，抛弃自己的个人偏见，进行公正的评价。

9. 溢出效应

溢出效应是指因考核对象在评价期之前的绩效失误而降低其评价等级。例如，某位生产线上的员工在该绩效评价周期之前出现了生产事故，影响了他上一期的工作业绩，在本考核期间他并没有再犯类似的错误，但评价者可能会由于他上一个评价期间的表现不佳而在该期的评价中给出较低的评价等级。对于上一个评价期间表现不良的员工来说，在评价中出现溢出效应是很不公平的，将挫伤员工继续提高工作绩效的积极性。因此，为了避免这种评价误区的发生，我们应该鼓励评价者记录评价期间发生的关键事件。

第四节　绩 效 反 馈

一、绩效反馈的概念及重要性

绩效反馈就是使员工了解自身绩效水平的各种管理手段。绩效反馈最重要的实现手段就是管理者和员工之间的有效沟通。

心理学家研究发现，反馈是使人产生优秀表现的最重要的条件之一。如果没有及时具体的反馈，人们往往都会表现的越来越差。因为没有反馈，人们无从对自己的行为进行修正，从而无法逐步提高，甚至可能丧失继续努力的愿望。同理，员工绩效表现不佳的一个可能的原因是没有得到及时、具体的反馈。有学者认为，缺乏具体、频繁的反馈是绩效不佳的一个最普遍的原因之一。

法国工业管理学家亨利·法约尔曾经做过这样一个实验：他挑选了20名技术水平相当的工人，把他们分成两组，每组10人，然后在相同的情况下让他们同时进行生产。每隔1小时，他就会去检查一下工人们的生产情况。对第一组工人，只记录各自生产的产品数量，但不告诉工人他们的工作进展速度。对第二组工人，不但记录数据，还告诉他们各自的工作进度。每次考核完毕，法约尔都根据结果，给速度最快的两个工人各插一面小红旗，速度居中的四个人插上小绿旗，给速度最慢的四人插上小黄旗。实验结果表明，第二组工人的生产效率远远高于第一组。

由此可见，绩效反馈是非常重要的，员工通过反馈知道主管对他的评价和期望，从而根据要求不断改进和提高工作绩效；主管通过反馈指出员工的绩效水平和存在的问题，可以有的放矢地进行激励和指导。

二、绩效反馈的目的

绩效反馈的目的主要有以下几点：

(1)使员工认识到自己在本阶段工作中取得的进步和存在的缺点。

(2)对绩效评价的结果达成共识，分析原因，找出需要改进的方面。

(3)制订绩效改进计划，共同协商确定下一个绩效管理周期的绩效目标和绩效计划。

(4)为员工的职业规划和发展提供信息。

三、如何对错误的行为进行反馈

反馈包括反馈信息、反馈源、反馈接受者三个要素。在绩效反馈中，上级为反馈源，员工为反馈接受者，而整个绩效周期内的工作绩效和绩效考核结果是绩效反馈的反馈信息。

绩效反馈的难点是人们倾向于非面对面的评价别人或被别人评价，在面对面的绩效反馈面谈中，参与的双方可能都感到不安。作为反馈源，就需要消除反馈接受者的疑虑，要让对方认识到绩效反馈面谈是帮助自己更好改善绩效的一种手段。由于人们总是不喜欢接受负面信息反馈，因此，要用消除疑虑和赞扬的方式来平衡你的批评。如当你提出批评后，你应当与员工一起探讨提高今后绩效的方法。

建设性沟通是在一种不损害，甚至改善和巩固人际关系的前提下进行的，具有解决特定问题的作用，是具有建设意义的沟通反馈。建设性沟通具有以下三方面的重要原则：一是对事不对人原则。人们在沟通中存在两种导向：问题导向和人身导向。建设性沟通强调问题导向，即关注问题本身，注重寻找问题的方法，这就要求沟通双方针对问题本身提出看法，充分维护他人的自尊，不要轻易对人下结论，从解决问题的目的出发进行沟通。二是责任导向原则。责任导向原则就是在沟通中引导对方承担责任的沟通模式。与责任导向相关的沟通方式有两种——自我显性的沟通与自我隐性的沟通。典型的自我显性的沟通使用第一人称的表达方式；而自我隐性的沟通则采用第三人称或第一人称复数，如“有人说”“我们都认为”等。自我隐性沟通通过使用第三者或群体作为主体，避免对信息承担责任，从而逃避就其自身的情况进行真正的交流。如果不能引导对方从自我隐性转向自我显性的沟通方式，就不能实现责任导向的沟通，不利于实际问题的解决。三是事实导向的原则。事实导向的原则在沟通中表现为以描述事实为主要内容的沟通方式。沟通双方通过对事实的描述避免对人身的直接攻击，从而避免沟通给双方带来的破坏性打击，特别是管理者向员工指出缺点或错误的时候，更应恪守这一原则。

高发公司针对在工作检查中发现的问题，通常采用开具整改通知单、公示、通报的方式反馈给单位或个人。

四、对正确的行为进行反馈

管理者通常更关注对于错误行为的训导，而对正确行为的反馈往往被管理人员忽视。然而，对正确行为的反馈与对错误行为的反馈同等重要，两者的最终目的都是为了提高员工的绩效。对错误行为的反馈是为了将注意力集中于减少不好的行为，而针对正确行为的反馈是为了强化这种正确的行为，合理、有效地运用两者能够有效提高员工的绩效水平。

管理者忽视对员工正确行为的反馈原因很多，比如他们会说很难找到合适的方式进行沟通反馈。实际上，最好的肯定方式就是对员工行为的直接认同和赞扬，如“这件事你做得很好！”这类简单的赞扬往往就能取得很好的效果。下面是管理者进行正面反馈时应遵循的四个原则：

(1)用正面的肯定来认同员工的进步。

(2)明确指出受称赞的行为。

(3)当员工的行为有所进步时，应给予及时的反馈。

(4)正面的反馈中应包含这种行为对团队、部门及整个组织的整体效益。

高发公司对于员工正确行为的反馈通常采用及时口头表扬的方式进行。

第三章 绩效考核指标体系设计与构建

第一节 绩效考核指标

绩效管理的首要关键点是支持组织的战略。要支持组织战略目标的实现，就要在绩效管理过程中，将组织的战略目标转化为员工的具体行动。考核的内容应当承接组织的战略目标，将组织战略目标实现的责任落实到各个部门和每个员工。绩效考核指标是进行绩效考核的基本要素，制订有效的绩效考核指标是绩效考核取得成功的保证。制订绩效考核制度的一个核心工作，就是根据企业的实际情况设计科学的绩效评价指标体系。

一、绩效考核指标概述

1. 绩效考核指标的概念

绩效考核指标即人们要对被评价对象的各个方面或各个要素进行评估，而指向这些方面或要素的概念就是评价指标。只有通过评价指标对员工或组织的工作过程和结果进行评价，评价工作才具有可操作性，而最终形成的评价结果往往是由各个评价指标综合形成的结果。

绩效评价指标一般包括四个构成要素，即：

(1)指标名称，是对评价指标的内容做出的总体概括。

(2)指标定义，指标定义是指标内容的操作性定义，用于提示评价指标的关键可变特征。

(3)标志，评价的结果通常表现为将某种行为、结果或特征划归到若干个级别之一。评价指标中用于区分各个级别的特征规定就是绩效评价指标的标志。

(4)标度，标度用于对标志所规定的各个级别包含的范围做出规定，或者说，标度是用于揭示各级别之间差异的规定。

评价指标举例见表3-1。

标志和标度好比一把尺子上的刻度和规定刻度的标准，二者统称为绩效评价的评价尺度(尺即标志，度即标度)。这使得在一个复杂的绩效考核体系中，

评价指标举例　　表3-1

指标名称	协作性				
指标定义	在与同事一起工作时表现出来的合作				
标志	S	A	B	C	D
标度	合作愉快	肯合作	没能合作	偶尔合作	我行我素

评价工具具有统一性,从而可以在不同的职位考核体系中进行比较和综合。但当标度本身较为简单时,标度和标志往往合二为一。区分评价尺度的关键不在于是否同时具有标志和标度,而在于评价尺度以什么样的形式规定了评价所应依据的标准。评价尺度可分为以下四类。

(1)量词式的评价尺度:这种评价尺度采用带有程度差异的形容词、副词、名词等词组表示不同的等级水平。例如:"较好"、"好"、"一般"、"差"、"较差"。

(2)等级式的评价尺度:这种评价尺度使用一些能够体现等级顺序的字词、字母或数字表示不同的评价等级。例如:"优"、"良"、"中"、"差","甲等"、"乙等"、"丙等"、"丁等"。

(3)数量式的评价尺度:数量式的评价尺度是用具有量的意义的数字表示不同等级水平。数量式的评价尺度包括离散型和连续型两种。下面的两个例子(表3-2、表3-3)分别是离散型的评价尺度和连续型的评价尺度。其中,后者是连续型的评价尺度与量词式的评价尺度混用的做法。

离散型的评价尺度　　表3-2

评价指标	指标定义	标度(尺度)				
计划能力	能否有计划、有步骤地完成领导交给的工作,使本业务领域的工作能与整个部门或所在工作团队的工作目标相匹配	0分	3分	6分	9分	12分

连续型的评价尺度　　表3-3

尺度 评价指标	5~4.5分	4.4~4分	3.9~3.5分	3.4~3分	3分以下
协作性	很好	尚可	一般	较差	极差

(4)定义式的评价尺度:如果指标的评价尺度中规定了定义式的标度,这种评价指标的尺度称为定义式的评价尺度。在定义式的评价尺度中,制度的

设计者针对每一个评价指标的不同标志设定了相应的标度。这种评价尺度体现出的评价标准更加具体,并且更有针对性。定义式的评价尺度制定的方法较为复杂,但能够有效地提高评价的客观程度,更好地实现评价的行为引导作用,因而在绩效考核中得到了越来越广泛的应用。表3-4是定义式尺度的例子。在此例中,设计者根据考核对象的不同,对同一个评价指标设计了不同的定义式尺度。

定义式的评价尺度 表3-4

评价对象	要素定义	分等级说明				
		S	A	B	C	D
部长级	是否重视工作目标的树立并在工作中对部门目标的完成情况进行监控,是否使下属了解目标的重要性,并通过让下属参与目标的制订激发他们的工作热情	重视工作目标的树立并在工作中对部门目标的完成情况进行监控,让下属参与目标的制订,目标切实可行,下属的工作热情很高	重视工作目标的树立并在工作中对部门目标的完成情况进行监控,让下属参与目标的制订,目标基本上切实可行,下属的工作热情较高	了解目标的重要性,但不善于制订目标,所制订的工作目标不能被一部分部门员工接受,在目标的实施过程中有一定困难	在日常工作中有一定的计划性,但往往没有明确的长期或阶段性目标,常常"走一步算一步",下属员工也难以确定自己的阶段性工作目标	工作完全没有计划性,总是在上级或其他部门的要求下被动地组织部门的工作
主管级	是否重视工作目标的树立并在工作中对部门目标的完成情况进行监控,是否使下属了解目标的重要性,并通过让下属参与目标的制订激发他们的工作热情	重视工作目标的树立并在工作中对部门目标的完成情况进行监控,让下属参与目标的制订,目标切实可行,团队成员的工作热情很高	重视工作目标的树立并在工作中对部门目标的完成情况进行监控,让下属参与目标的制订,目标基本上切实可行,下属的工作热情较高	了解目标的重要性,但不善于制订目标,所制订的工作目标不能被一部分部门员工接受,在目标的实施过程中有一定困难	在日常工作中有一定的计划性,但往往没有明确的长期或阶段性目标,常常"走一步算一步",下属员工也难以确定自己的阶段性工作目标	工作完全没有计划性,总是在上级或其他部门的要求下被动地组织本团队的工作

续上表

评价对象	要素定义	分等级说明				
		S	A	B	C	D
普通员工	是否重视工作目标的树立，积极参与个人工作目标的确立，个人目标是否符合部门或团队的工作目标，能否在工作中按照预定的目标落实每一项工作	重视工作目标的树立，积极参与个人工作目标的确立，个人目标符合部门或团队的工作目标，并能够在工作中按照预定的目标落实每项工作	了解工作目标的重要性，参与个人工作目标的制订，个人目标基本符合部门或团队的工作目标，在工作中按照预定的目标落实每一项工作	重视工作目标的树立，但不善于制订目标，不能将自身的目标与部门或团队的目标很好的结合	在日常工作中有一定的计划性，但缺乏一个长期的或阶段性的工作目标，在领导的要求下被动地展开工作	工作完全没有计划性，每天都在被动地完成上级交给的工作

2. 绩效评价指标的基本要求

绩效评价指标是绩效评价制度中的关键内容。在设计绩效评价指标时，应注意满足下面的基本要求。

(1) 内涵明确、清晰。对每一个绩效考核指标都应做出明确的规定，以避免不同评价者对评价指标的内容产生不同的理解，从而减少评价误差的产生。绩效考核指标的表达应明确、清晰，用于定义评价指标的名词应准确，没有歧义，使考核者能轻松地理解它的含义，不会有模棱两可的感觉。

(2) 具有独立性。每一个考核指标均需有独立的内容、含义和界定。

(3) 具有针对性。考核指标应针对某个特定的绩效目标，并反映出相应的绩效标准。因此，应根据岗位职能所要求的各项工作内容及相应的绩效目标和标准来设定每一个绩效评价指标。

二、绩效考核指标的分类

绩效考核指标有多种分类方式，根据不同的分类标准可将绩效考核划分为不同的类型。了解不同类型绩效考核指标的定义和特点，可以帮助考核者在设计和使用绩效考核指标时尽可能做到全面、公平、科学、有效。

1. 根据绩效考核内容进行分类

根据绩效考核内容进行分类，绩效考核指标可分为工作业绩类指标、工作能力类指标和工作态度类指标。

1）工作业绩类指标

所谓工作业绩就是工作行为所产生的结果。对于业绩的考核结果直接反映了绩效管理的最终目的——提高企业的整体绩效，以实现既定目标。

不同行业、不同企业在评定工作业绩时使用的指标是不同的。影响组织成功的关键要素决定了绩效评价中绩效考核指标的选取。绩效考核中所选取的考核指标规定了在考核员工绩效时应强调的工作业绩指标。这些指标可能表现为该职位的关键工作职责或一个阶段性的项目，也可能是年度的综合业绩。在设计工作业绩指标时，通常将业绩指标再细分为完成工作的数量指标、质量指标、工作效率指标和成本费用指标四类。

2）工作能力类指标

组织中有很多职位，这些职位对工作者的要求差异很大，在不同职位上工作的工作者对组织的贡献也有很大差异。不同的职位对人的工作能力要求是不同的，只有在绩效评价体系中加入工作能力方面的评价指标，才可能使评价的结果真正反映出员工的整体绩效。此外，评价指标的设计者还能够通过能力指标的行为引导作用鼓励员工提高与工作相关的工作能力，并通过能力评价的结果做出各种有关的人事调整决定。

具体而言，能力指标包括体能、学识、智能和专业技能等多项内容。体能取决于年龄、性别及健康状况等因素，是属于个人特质的指标。在当前的竞争环境中，企业要求员工拥有充沛的体能投入工作，要反应敏捷，动作快、稳、准，同时还要求员工具有持续的耐力。学识主要包括受教育水平、专业技术水平以及工作经验等项目。智能是指员工认识客观事物、获取知识并运用知识解决实际问题的能力，主要包括认识、记忆、分析、归纳、综合、判断及创新力。在现代企业组织中，关键人才的智能水平尤为重要，它集中地表现在认识客观事物的深刻、正确和完整程度上，表现在人获取和运用知识解决实际问题的速度和质量上，从而影响着组织的整体绩效。专业技能包括计划能力、协调能力、操作能力、沟通交流能力、组织能力和创新能力等，它与员工的岗位有关，各有侧重点。

3）工作态度类指标

工作能力强的员工是否工作业绩一定突出，答案是不确定的，其中一个重要的影响因素就是工作态度，“态度决定一切”。因而，企业中常见这样的现象，工作能力强的员工并没有取得高业绩,而工作能力一般的员工通过自己的努力却取得了不俗的业绩。为了对员工的工作态度进行引导,在绩效管理中必须要对员工的工作态度进行评定。

工作态度指标主要表现为:敬业、勤奋、忠诚、自制、进取、协作和热情等。

高发公司在对各岗位员工的考核指标选取中均考虑到三类指标的均衡。如对单位负责人的考核,包括工作业绩、个人贡献、综合素质、履职能力四个方面。

2. 根据考核依据的主客观性分类

根据考核依据的主客观性,绩效指标可以分为硬指标和软指标两类。

1)硬指标

硬指标是指那些可以以统计数据为基础,把统计数据作为主要的评价信息,建立评价数学模型,以数学手段求得评价结果,并以数量表示评价结果的评价指标。使用硬指标进行绩效评价的优点在于能够减少人为主观因素的影响,客观性和可靠性较高。但当考核所依据的数据可靠性低或考核指标难以量化时,硬指标的客观性和准确性就会降低。此外,硬指标还存在缺乏灵活性等缺点。

2)软指标

软指标指的是通过人的主观评价方能得出考核结果的考核指标。在使用软指标进行评价时,由于各个评价主体的判断标准不同、知识和经验不同、个体偏好不同,甚至评价主体的情绪差异等都可能对考核结果产生影响,产生评价者误差。因而在实际操作中通常使用多个评价者共同对被考核者进行评价,综合多个评价者的得分或意见,以求得到一个客观、公平的结论。

软指标的优点在于不受统计数据的限制,可以充分发挥人的智慧和经验,在评价过程中综合更多的因素,把问题考虑得更加全面,避免或减少统计数据可能产生的片面性和局限性。当考核所需的数据不充分、不可靠或考核指标难以量化时,软指标的考量能做出更有效的判断。软指标的缺点主要表现在对软指标进行评价的结果容易受评价者主观意识的影响和经验的局限,其客观性和准确性在很大程度上取决于评价者的素质。对软指标进行评价得出的评价结果往往缺乏稳定性,尤其在民主氛围不佳的环境中,个人专断性的主观判断经常造成严重的不公平,引起评价对象对评价结果的强烈不满。

3)硬指标和软指标的结合

在实际的绩效考核中,组织在设计绩效考核体系时,往往将硬指标和软指标综合起来应用,以取长补短。在数据比较充足的情况下,以硬指标为主,以软指标为辅;在数据较为缺乏时,以软指标为主,以硬指标为辅。在建立绩效考核指标体系时,应尽量将指标量化,收集相关的统计资料,提高评价结果的精确度。同时,还要考虑评价对象的具体情况,将硬指标和软指标有效结合起来使用。

高发公司规定在绩效考核评价工作中,遵循了定量与定性相结合、结果考核与过程评价相统一、考核结果与奖惩相挂钩的原则。其中定量与定性相结合,反映了硬指标与软指标的结合。如对收费站负责人的考核,工作业绩类指标如通行费收、成本控制等属于硬指标,而德、能、勤等的考核属于软指标。

3. 根据绩效考核指标的性质来分

根据绩效指标的性质,绩效指标可分为行为指标、特征指标和结果指标。

1)行为指标

行为指标主要关注工作的执行,适用于可以通过单一方法或程序化的方式实现高绩效的岗位。行为指标的实施有利于引导行为和绩效改进。由于高绩效行为可以清楚确定,被考核者就更有意愿表现那些导致高绩效的行为。

例如,机电运营维护分中心监控员工的绩效考核内容分监控业务、日常工作、工作纪律三个方面。对监控业务、工作纪律的考核工作标准的描述均是以行为指标为主,如"熟练、正确操作各种监控设施,避免因误操作造成的人为故障和安全事故"、"对监控设备进行日常清洁保养和设备安全检查,设备发生故障及时上报"、"当班期间需查阅各项工作记录,及时发现记录错漏,保持各种记录、资料的准确、完整"、"规范使用文明用语"等。

2)特征指标

特征指标主要关注工作的适应性,适用于对被考核者未来工作潜力的预测。特征指标对于难以对被考核者的行为进行观察的工作,如科研、开发等较为有效;而对于一些可以观察的工作来说,特征指标将注意力集中在短期内难以改变的人的特质上,容易导致考核者主观意志过强,既不利于绩效沟通,也不利于绩效改进。因为没有考虑情景因素,特征指标的预测效度较低,可信度不高,不能有效考核实际工作绩效,容易使员工产生不公正感。

3)结果指标

结果指标主要关注工作的结果,适用于考核可以通过多种方法而不易采取程序化的方式实现高绩效的岗位。结果指标的操作性强,但由于它具有短期性和表面性,对于生产线上的员工比较适合。结果指标容易诱使被考核者为了达到一定的结果而不择手段。以路政大队的绩效评价为例,如果仅仅以超限罚款作为指标来考核超限站或超限检测员的绩效,而不考虑是否有不良社会影响,那就可能导致整个公司的绩效受损。

第二节　绩效考核指标体系设计

单个的指标只能反映绩效的某个方面,因此必须建立一个绩效考核指标体系,来综合考核企业的整体绩效。绩效考核指标体系即根据企业发展战略所制定的,由一组相互关联、各自独立的、能够完整地表达绩效考核目的和运行目标的考核指标所构成。

一、理论基础

1. 系统评价理论

系统评价理论是把评价对象看成一个系统,评价指标、评价权重、评价方法均应按系统最优的方法进行运作。系统论认为,世界上的万事万物,都构成了大大小小的系统,大系统由许多子系统组成,而每个子系统则由更小的子系统组成。通过对系统之间和系统内部的分析,使得许多纷扰复杂的问题层次化、简单化,从而达到解决问题的目的。以系统论来分析绩效评价问题,对提高评价质量有非常重要的现实意义。

首先,每个组织在设计其绩效考核指标体系时,通常都是在实践形成的一个指标库的基础上进行的。该指标库实际上就是围绕着企业的绩效目标和关键成功因素进行分解形成的一个由一定数量的绩效考核指标构成的集合。然后,在这个指标库的基础上,针对所评价职位的特点进行进一步的选择,从而确定与各个职位相对应的考核指标,以形成一个与职位设置相对应的绩效考核指标体系。

指标库实际上就是一个系统,指标库中所有的指标都应为系统的整体总目标服务。指标库的总目标就是对评价对象进行全面、系统的评价。所评价的每个职位就是一个小的子系统,每个职位的职能都将指向一个最终的目标,这个最终的目标应该是绩效评价指标所指向的最重要的评价内容。

2. 目标一致性理论

目标一致性理论指的是在考核系统中,应在系统目标、绩效考核指标和考核目的三者之间保持一致,这是建立有效的绩效考核指标体系的前提条件。三者的关系如图 3-1 所示:

系统目标影响绩效评价的目的和绩效考核指标的设计,绩效考核的目的也影响绩效考核指标体系的设计。

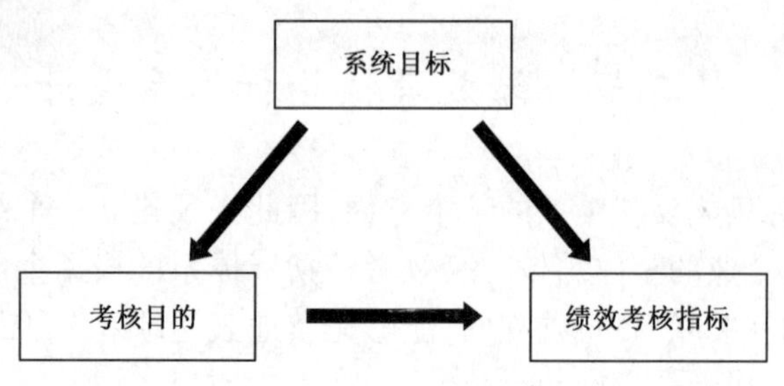

图 3-1　目标一致性理论

二、构建绩效考核指标体系的原则

根据绩效考核的相关理论，在选择绩效评价指标构建绩效评价指标体系时，应遵循以下三条原则。

1. 目标一致性原则

绩效考核指标应与绩效考核的目的和考核对象的系统运行目标保持一致，这是在选择绩效考核指标时应遵循的最重要的原则之一。这种一致性不仅包括内容上的一致性，同时还包括了完整性的含义。考核指标应该能够完整地反映评价对象系统运行总目标的各个方面。

2. 独立性与差异性原则

独立性原则指的是考核指标间的界限应清楚明晰，不会发生含义上的重复。差异性原则指的是评价指标间的内容具有可比性，能明确分清它们的不同之处，在内涵上有明显的差异。考核指标名称的措辞要讲究，使每一个指标的内容界限清楚，避免产生歧义。具体操作中，通过对每个绩效考核指标给出明确具体的定义来避免指标间的重复。例如："沟通协调能力"和"组织协调能力"中都有"协调"一词，但实际应用的人员类型是不同的，这两种协调能力的含义也是不同的，"沟通协调能力"可用于对普通员工的评价，而对于拥有一定数量下属的中层管理人员，则可通过评价他们的"组织协调能力"来评价他们在部门协调和员工协调中的工作情况。

3. 可测性原则

评价指标之所以需要测量和可以测量，最基本的特征就是该考核指标指向的变量具有变异性。具体来说，考核能够产生不同的考核结果，区分被考核者不同的考核档次。在确定绩效考核指标时，还要考虑考核中可能出现的特殊情况，确定获取信息的渠道及是否有相应的评价者能够对该指标做出评价等。考核指标本身的特征和该指标在评价过程中的现实可行性共同决定了评价指标的可测性。

三、构建绩效考核指标体系的选择依据

选择哪些指标进入绩效考核指标体系是困扰绩效管理者的一个常见问题。在实际操作中，通常将绩效考核的目的、被考核者所承担的工作内容和绩效标准作为选择绩效考核指标的依据。另外，从考核的可操作性角度考虑，获取考核所需信息的便利程度也可作为影响绩效考核指标的依据。

根据绩效考核指标的设计原则，企业在设计绩效考核指标过程中，须遵循以下设计依据。

1. 绩效考核指标应与企业的战略目标相一致

在绩效考核指标的拟定过程中，首先应将企业的战略目标层层传递和分解，使企业中每个职位都被赋予战略责任，每个员工都承担各自的岗位职责。绩效管理是战略目标实施的有效工具，绩效考核指标应围绕战略目标逐层分解，不能与战略目标的实施相脱节。只有当员工努力的方向与企业战略目标一致时，企业整体的绩效才可能提高。

2. 绩效考核指标应突出重点

抓关键而不要空泛，要抓住关键绩效指标。指标之间是相关的，有时不一定要面面俱到，通过抓住关键业绩指标将员工的行为引向组织目标的方向。指标一般应控制在 5 个左右，太少可能无法反映职位的关键绩效水平，但太多太复杂的指标只能增加管理的难度和降低员工的满意度，对员工的行为是无法起到引导作用的。

3. 考核被考核者所承担的工作内容和绩效标准

组织中每位员工的工作内容和绩效标准都是对企业战略目标的分解。每位员工都有明确的工作内容和绩效标准，这些工作内容和绩效标准是确保组织顺利运转和组织目标达成的基础。绩效考核指标应体现这些工作内容和标准，从数量、质量、时间上赋予考核指标一定的内涵，使绩效考核指标的名称和定义与工作内容相符，指标的标度与绩效标准相符。

4. 获取评价所需信息的便利程度

在选择绩效考核指标时，还需要考虑资料、数据的可获取性。如果某项考核指标是合理有效的，但却难以获取，选择该考核指标时就必须谨慎。考核信息的来源必须稳定可靠，获取信息的方式必须简单可行，只有这样构建的绩效考核体

系才切实可行，进行绩效考核时才能避免主观随意性，从而增强可靠性，使绩效考核的结果具有说服力，易于为被考核者所接受。获取考核指标的难易程度有时并不是可直观判断的，在绩效考核体系的设计过程中，难免需要不断地在小范围内试行，不断地进行调整。如果信息来源渠道不可靠或相关资料呈现矛盾状态，就应当对考核指标加以调整，从而确保绩效考核指标能够方便、准确地得到评价。

四、绩效考核指标体系的设计原则

绩效考核体系是由一组相互关联、各自独立的，能够完整地表达绩效考核目的和评价对象系统运行目标的考核指标所构成。绩效考核体系通常具有明确的层次性和结构性。

从纵向来看，企业组织是由不同的部门以及不同层次和类别的个体组成的，企业目标分解成部门目标和个体目标后，目标便有了不同的层次，考核目标实现程度的绩效指标也有了不同的层次，这些不同层次的指标便形成了绩效指标体系，整体反映企业的全部经营行为，考核企业的经营业绩状况，并为企业战略的实施提供动力。

从横向来看，根据不同岗位的工作性质分别设立绩效指标，建立科学有效的岗位绩效考核指标体系。每个职位的绩效考核指标具有较强的结构性，如对员工的绩效考核通常包括工作业绩、工作能力、工作态度三个维度，每个维度又结合具体工作实际包含若干考核指标，从而形成一个层次分明的结构。

绩效考核指标体系的设计原则必然包含了绩效考核指标的选择原则。此外，绩效考核指标体系作为绩效考核指标的集合，还应考虑如何使各个考核指标更好地整合起来，以实现绩效考核的目的。因此，在设计绩效考核体系时还须遵循以下原则。

1. 定量指标为主、定性指标为辅原则

在设计绩效考核体系时，管理者通常使用量化的绩效考核指标来确定清晰的标度，提高考核的客观性、准确性。这一原则在对于组织或部门层面的考核中尤其突出，但对于员工层面的考核，由于不同职位职责的差异，指标量化可能是非常困难的。这一设计原则在操作中体现为尽可能对能够量化的指标进行量化，给出量化的标度，而对于定性的评价指标，可运用一些数学工具进行适当处理，使定性指标得以量化，从而提高考核结果的精确性。

2. 少而精原则

少而精原则指在选择绩效考核指标时，要紧扣绩效考核目的，选择能达到绩效考核目的的最有效、最简明的考核指标。简明的考核指标体系能够有效地缩短考核信息的处理过程及整个考核过程,提高绩效考核的工作效率。此外,简明的考核指标体系能够比较容易地被考核对象所接受,当绩效考核出现问题时,考核者与被考核者更容易进行沟通解决。

五、绩效考核指标体系的构建步骤

建立绩效考核指标体系的步骤如下。

1. 确定分层分类的岗位职责,提炼出合适的绩效指标

选择考核指标的一个重要标准,就是被考核人所承担的工作内容和绩效职责。在分层分类考核时,可以对比较复杂的职位进行一定的合并,并根据企业的规模和实际情况,确定管理幅度和管理层次。不同类型的工作内容,或同一类型工作的不同层级,其岗位职责也各不相同。我们要根据考核目的,对被考核对象所在岗位的工作内容、性质、完成这些工作所应履行的岗位职责和应具备的能力素质、工作条件等进行研究和分析,从而了解被考核者在该岗位工作所应达到的目标、采取的工作方式等,初步确定绩效考核指标。

我们可从质量、数量、时间和成本四个维度进行绩效指标的提炼。

质量:一般用比率、考核结果、及时性、满意度、准确性、达成率、完成情况、合格率、不合格率、周转次数等来表示。

数量:一般用个数、时数、次数、人数、项数、额度等来表示。

时间:一般用完成时间、批准时间、开始时间、结束时间、最早开始时间、最迟开始时间、最早结束时间、最迟结束时间等来表示。

成本:一般用费用额、预算控制等来表示。

2. 进行指标有效性的测试,建立绩效指标库

根据绩效指标设计的基本原则,设计者可对提炼出来的绩效指标进行有效性测试,并对所设计的绩效考核指标进行论证,使其具有一定的科学依据。通过指标的有效性测试,剔除不合格的指标后,剩下的有效绩效指标就组成了该岗位的绩效指标库,作为最终入选绩效指标体系的备选指标。需要注意的是,指标库并不一定完全能够涵盖最终确定的每个岗位的绩效考核指标,许多指标往往是在下一个步骤中通过不同的操作方法逐一产生,并补充到这个指标库中的。指标库的建立在很大程度上体现了企业文化的要求。

3. 确定不同指标的权重

决定考核指标权重的因素主要包括三个:一是考核目的,二是考核对象的特

征，三是企业文化的要求。

影响指标权重最重要的因素是绩效考核的目的。根据绩效考核目的的不同，对各个考核指标应赋予不同的权重。但关于权重的这种规定并不需要明确到每个绩效评价指标上。通常的做法是，将评价指标分为业绩评价指标、能力评价指标和态度评价指标三大类，然后根据不同的评价目的，规定这三个评价维度分别占多大的比重。如在员工绩效考核成绩构成中，收费班长个人考核综合成绩权重构成为：本班收费员平均成绩占30%，班长岗位考核占60%，政治学习和廉政教育占5%，民主测评占5%；收费站员工（含实习人员）个人考核综合成绩权重构成为：岗位考核占90%，政治学习和廉政教育占5%，民主测评占5%。

评价对象的特征决定了某个评价指标对于该对象整体工作绩效的影响程度。如“沟通能力”是评价员工工作能力时常用的一个指标。但对于不同种类的员工来说，“沟通能力”这一考核指标的重要程度不同，对于从事服务类工作的岗位来说，沟通能力显然是影响其工作业绩的一个非常重要的能力特质，因而在考核时应被赋予更大的权重。

此外，企业文化倡导的行为或特征也会反映在绩效考核指标的权重上。

第四章　绩效管理工具

第一节　360 度绩效考核

一、360 度绩效考核概述

360 度绩效考核，也叫全方位绩效考核，是由被考核人的上级、同级、下级、本人或考核专家担任考核者，从各个角度对被考核者进行全方位评价的一种绩效考核方法。考核的内容涉及被考核人的管理绩效、专业绩效、业务绩效、工作态度和能力等方面，考核结束后，绩效管理部门通过预先制订的反馈程序，将整理出的考核结果反馈给本人，从而达到改变行为、提高被考核人工作绩效的目的。

360 度绩效考核法产生于 20 世纪 40 年代，最初被运用于英国军方所设立的评价中心，从 50 年代起被推广到工商企业，主要用于工作岗位分析和管理人员的能力评价、筛选与安置。到了 20 世纪 80 年代，360 度绩效考评方法日趋完善，成为跨国公司人力资源管理与开发的重要工具之一。近些年来，以 360 度绩效考评为核心的绩效管理体系开始风靡全球。1994 年，美国《财富》杂志评选的"最受欢迎的 32 家企业"中，有 22 家采用了 360 度绩效反馈体系，1996 年底，《财富》评选的世界 500 强企业已经有 70% 以上采用了该体系。目前，在《财富》杂志排名前 1000 的企业中近 90% 的企业，如 IBM、摩托罗拉、诺基亚、福特、迪斯尼、美国联邦银行等，将 360 度绩效考评方法用于人力资源管理和开发。

二、360 度绩效考核的主体与客体

绩效考核的参与者由多方面人员组成，上级、下属、同事、客户等都可作为绩效考核的参与人员。360 度绩效考核的主体与客体见图 4-1。

1. 上级评价

上级尤其是员工的直接上级在绩效考核时，居于特别重要的位置，应当十分重视直接上级的考核意见。这是因为员工的直接上级是最熟悉下属工作情况的人，而且比较熟悉考核内容。另外，对于直接上级而言，绩效考核作为绩效管理

的一个重要环节,为他们提供了一种监督和引导员工行为的手段,从而帮助他们促进部门或项目团队工作的顺利开展。如果直接上级没有进行绩效考核的权力,将会削弱他们对下属的控制力。但有一点必须说明,即直接上级与被考核员工的接触最多,感情因素往往会影响到考核的客观性与公正性,对平时听话、合得来的下属考核时容易偏宽松,而对合不来的下属考核时则偏严格。因此,有时还需要更高层级的上级做二次考核,以减少偏差。

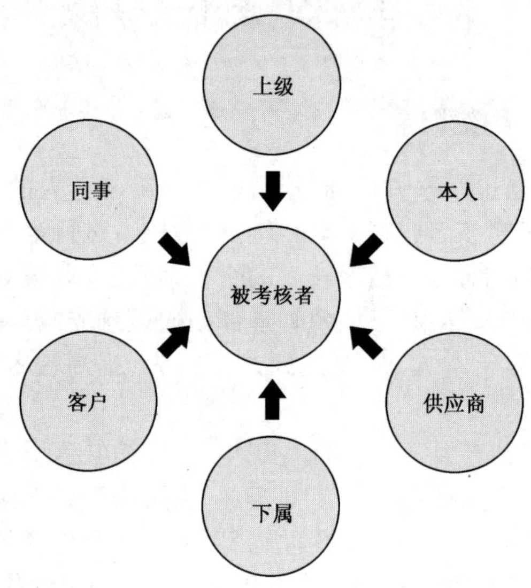

图 4-1　360 度绩效考核的主体与客体

2. 同事评价

同事评价是指由被考核者的同事对其进行评价。这里的同事不仅包括部门内部的同事,还包括与之有工作联系的其他部门的成员。由共同工作的同事参与绩效考核会使考核更符合实际工作情况,因为员工通常会把自己最好的一面展现给上级,但是与其朝夕相处的同事却可以看到他更本质和更真实的一面。使用同事评价对上级考核进行补充,有助于形成关于员工绩效的一致性意见,帮助人们消除偏见,促进评价对象更好地接受绩效考核的结果,乃至整个绩效考核系统和绩效管理系统。

这种方法得不到经常使用的原因在于:首先,同事评价很可能成为员工彼此竞争的牺牲品,特别是当考核结果用于奖励(如晋升)时,同事之间会产生利益上的冲突,从而影响业已形成的良好工作氛围;其次,上级主管不愿意失去其在绩效考核过程中的控制权;最后,那些在绩效考核中得到较差成绩的员工可能会报复其他同事，对与其私交较差的同事不考虑绩效而给予较低的评价。

3. 自我评价

自我评价即由员工本人对自己的绩效进行评价。自我评价的理论基础是班杜拉提出的社会认知理论，该理论认为大多数人都能了解自己在工作中哪些做得好、哪些是需要改进的，如果给他们机会，他们就会客观地对自己的工作业绩进行评价，并采取必要的措施进行改进。但是研究表明，员工对他们自己的工作绩效做出的评价总是比他们的主管或同事对他们所做出的绩效评价要高。如一项研究显示，当员工被要求对自己的工作绩效进行评价时，所有类型员工中有40%的人将他们自己放到绩效最好的10%（最优秀者）之中，剩下的人要么将自己放入前25%（大大超出一般水平），要么将自己放入前50%（超出一般水平），只有1%到2%的员工将自己列入低绩效等级，而那些将自己列入高绩效等级的员工，在很多时候往往是低于一般绩效水平的。

由直接上级和员工本人同时进行绩效评价的做法，有可能会导致矛盾的出现，这种情况应得到管理者的重视。即使企业没有正式要求员工进行自我绩效评价，在工作绩效评价面谈的过程中，员工本人也同样对自己的工作有自己的评价，而且员工的自我评价往往比上级主管所给予他们的评价等级要高。自我评价与上级评价间的矛盾是所有管理者必须面对和解决的问题。如果能够认真分析产生差异的原因，管理者就能更好地理解考核对象的行为，并实行更有针对性的行为引导。如可通过本人评价找出下级与上级之间意见不一致的地方，鼓励员工反映出他们的优缺点，帮助上级进行更有建设性的绩效面谈，并促使员工更好地理解上级给予的绩效建议。

4. 下属评价

对于主管人员的工作作风和领导能力，下属最具有发言权。下属评价给管理者提供了一个了解员工对其管理风格看法的机会，实际上这种自下而上的绩效反馈更多的是基于强调管理者提高管理技能的考虑，而不是为了对管理者的工作绩效进行评价。

很多管理者担心他们的一些不受欢迎但是必要的行为会导致下属在对他们进行评价时实施报复，从而影响了管理者的工作效果。下属由于不了解管理工作而不了解管理者工作的必要性，因此很难对管理者的工作做出客观、公正的评价，其评价结果的可信度通常较低。因而在实施360度绩效考核中，下级评价在绩效考核中的权重往往很低，或只做参考。

在实施下级评价时，还需注意以下三个方面：参与管理、考核者匿名以及具体内容的评价。

(1)参与管理。让下属评价其主管的工作,实际上是让其对管理者提出自己的看法,员工观察某些行为指标的能力往往比管理者强,通过下属评价不仅是对管理者的评价,更重要的是可以听到员工的声音,从而在决策时考虑这种意见。

(2)考核者匿名。匿名考核是下级评价时特别要注意的。下属在对主管进行评价时,必然会担心由于对主管的低评价可能引起主管的谴责和报复。考虑到这种情况,仅仅匿名仍然不够,还应让下属感受到"人数上是安全的",也即小团体不适合采用下属评价的方法,只有人数超过一定数量时,人们才会认为讲真话是安全的。

(3)具体内容的评价。由于下属从未做过主管们所做的工作,因而他们在很大程度上并不完全了解管理者的具体工作,因而下属的评价可能还有一定的片面性,对评价结果的使用要进行合理的分析。

5. 客户和供应商评价

通常把某个人或团队的工作产生的对象当成该个人或团队的客户,该客户如果属于本组织的职员,则称为内部客户,否则就是外部客户。现代企业已经越来越多地开始使用内部客户和外部客户评价的方法,来获得员工绩效评价所需要的工作绩效。这种做法是为了了解那些只有特定外部成员才能够感知的绩效情况,或通过引入特殊的评价主体引导评价对象的行为。如在服务业中,以客户作为评价主体对那些直接面对客户的服务人员进行绩效评价,可以更多地了解他们在实际工作中的表现,特别是当客户满意度成为组织成功的关键影响因素时,将客户作为评价主体来引导员工行为,可以促进员工更好地为客户提供服务。

高发公司在构建绩效考核评价体系时,在多个岗位中运用了360度绩效考核的思想。以收费员的绩效考核评价办法为例,在考核方式中提出民主测评的方式,以无记名方式对员工的德、能、勤、绩、廉进行评价,成绩满分100分,折合权重后计入个人综合成绩,权重设计为:单位班子成员占30%,收费班长、监控员占30%,收费站员工占40%。在对基层单位责任人的绩效考核中,民主测评采用领导班子成员、机关各科室负责人、本单位班子成员、本单位员工测评相结合的方法,其权重分别为30%、20%、10%、40%。

三、360度绩效考核的实施

1. 实施360度绩效考核的步骤

一般认为,360度绩效考核的实施程序可分为以下五个阶段。

第一阶段,考评项目设计。首先进行需求分析和可行性分析,决定是否适合使用 360 度绩效考评方法;然后选择具体的考核工具,一般采用问卷法,要编制好基于岗位胜任特征模型的评价问卷。

第二阶段,确定并培训考评者。普遍认为常见的确定考评者方法有两种,即由被考评者自己选择和由上级指定。确定好考评者后要对他们进行如下培训:沟通技巧、考评实施技巧、总结评价结果的方法、反馈评价结果的方法等。

由被考评者自己选择或由上级指定来确定考评者的方法人为因素较大,完全依靠个人的自觉性而没有制度和原则的方法都是靠不住的。应根据 360 度全方位的要求,并结合自身的组织结构、工作性质等特点,制定出本单位确定考评者的基本原则,哪些是必须参加的(比如顶头上司、直接下属和本人),哪些是可选择的(比如同事和客户),用什么原则来进行选择,都应做出规定。在这个基础上征求上级或被考评者的意见进行合理微调。

第三阶段,实施 360 度绩效考评。对具体实施过程进行监控和质量管理,统计评价信息并报告结果,针对考评的结果所反映出来的问题,制订改善绩效或促进员工职业生涯发展的行动计划。

第四阶段,反馈面谈。确定进行面谈的成员和对象,有效进行反馈面谈,及时反馈考评结果,帮助被考评人员改进工作、提高绩效和完善个人的职业生涯规划。

第五阶段,考评效果评价。评价 360 度绩效考评的应用效果,总结考评过程中的经验和不足,找出存在的问题,不断完善考评系统。

2. 实施 360 度绩效考核应注意的问题

管理就是实践,任何一种管理思想都需要实践的验证,360 度考核法也不例外,但是在运用过程中,还需要注意下列有关问题:

(1)上级、下级、同事和客户个体的各个方面不可能有同样准确的观察,所以不同评价者的评价量表是不同的,而且在统合各方面的评价时,要特别注意事实依据。

(2)创建实施 360 度考核法的外部环境。良好的外部文化氛围的营造必不可少,网络化信息化的办公条件可以缩短考核时间、减少考核成本,和谐、合作、互助的工作氛围能保证考核正常进行。

(3)根据企业所处的生命周期及业务类型,重新审视是否适合用 360 度考核法。一般说来,公司处于初创期是不宜采用的,高科技等结果导向的企业也不宜采用。

(4)合理界定考核者和被考核者。并非所有人都必须由员工自己、上司、同事、下属、顾客等全方位进行考核,原则上是考核者必须了解、熟悉被考核者的工作,不应让与被考核者无任何业务往来的不相关者成为考核者。

(5)制订合适的考核周期。不同考核者适用的考核周期是不一样的,原则上业务往来密切者适用较短的考核周期,被考核者的职位较低者适用较短的考核周期。

四、360 绩效考核法的优缺点

1. 360 度绩效考核法的优点

(1)全方位考核,结果更客观。360 度绩效考核法是一种全方位、多角度的考评方法,通过这种方法收集到的评价信息较全面,得到的评价结果较科学、客观,误差较小。360 度绩效考核法打破了由上级考核下属的传统考核制度,可以避免传统考核中考核者极容易发生的"光环效应"、"居中趋势"、"偏紧或偏松"、"个人偏见"和"考核盲点"等现象。此外,由于一个员工想要影响多个考核者是困难的,通过 360 度绩效考核可使管理层获得更准确的绩效信息。

(2)360 度绩效考核法加强了管理者与组织员工的双向交流,提高了组织成员的参与性。360 度考核法实际上是员工参与管理的方式,在一定程度上增加他们的自主性和对工作的控制,员工的积极性会更高,对组织会更忠诚,提高了员工的工作满意度。

(3)360 度绩效考核法采用匿名评价方式,消除考评者的顾虑,使其能够客观地进行评价,保证了评价结果的有效性。

(4)360 度绩效考核法通常包括专门的职业生涯规划指导建议,能促进员工个人发展。

2. 360 度绩效考核法的缺点

(1)考核成本高。360 度绩效考核涉及考评者范围广,数量多,需要处理的数据多,工作量大,成本高。

(2)360 度绩效考核属于主观考核方法,人为因素较多,定性考评比重较大,定量的业绩考核较少,操作不当还可能成为某些员工发泄私愤的途径。如某些员工不正视上司及同事的批评与建议,将工作上的问题上升为个人情绪,利用考核机会"公报私仇"。此外,还有可能在组织内造成紧张气氛,影响组织成员的工作积极性,甚至带来企业文化震荡、组织成员忠诚度下降等现象。

(3)考核培训工作难度大。组织要对所有的员工进行考核制度的培训,因为所有的员工既是考核者又是被考核者。

第二节　目 标 管 理

一、目标管理的内涵

目标管理(Management by Objectives,简称MBO)是一种程序或过程,它使组织中的上下级一起协商,根据组织的使命确定一定时期内组织的总目标,由此决定上下级的责任或分目标,并把这些目标作为组织经营、评估和奖励的标准。

目标管理最早是由美国著名管理学家彼得·德鲁克在《管理的实践》一书中提出的。德鲁克认为,企业的目的和任务都必须转化为目标,而企业目标也只有通过分解为更小的目标后才能逐步实现;并不是有了工作才有目标,而是有了目标之后,根据目标确定所需完成的工作。然而在管理实践中,经常是组织有一个清晰的战略目标,却对如何实现目标并不清楚,员工更不清楚他们的工作与组织的战略目标有何关系。员工有努力的良好愿望,但是由于没有明确的目标,不知道努力的方向,往往无所适从,或终日忙碌而不知所为。解决这一问题的答案在于将目标管理与自我控制结合起来,即德鲁克所主张的“目标管理和自我控制”,其最大的优点在于:以目标给人带来的自我控制力取代来自他人的支配式的管理控制方式,从而激发人的最大潜力,完成既定目标。

二、目标管理的实施

目标管理包括以下两方面的重要内容:第一,必须与每一位员工共同制订一套便于衡量的工作目标;第二,定期与员工讨论其目标完成情况。具体来说,主要有计划目标、实施目标、评价结果、反馈四个步骤。

1. 计划目标

即建立每位被考核者所应达到的目标。这一过程是通过目标分解来实现的,通常是考核者与被考核者共同制订目标。这一步骤需要明确的是:本部门的员工如何才能为部门目标的实现作出贡献。通过计划过程明确期望达到的结果,以及为达到这一结果所应当采取的方式、方法及所需的资源。同时,还要明确时间框架,即他们为这一目标努力时,了解自己目前在做什么、已经做了什么和下一步将要做什么,合理安排时间。

2. 实施目标

即对计划实施的控制,是为了保证制订的计划按预想的步骤进行,掌握计划进度，及时发现问题。如果成果不及预期，应及时采取适当的矫正措施。如果有必要，还可对计划进行修改。同时通过监控，管理者可以注意到组织环境对下属工作表现产生的影响，从而帮助被考核者适应那些他们无法控制的客观环境。

3. 评价结果

即将实际达到的目标与预先设定的目标相比较。这样做的目的是使考核者能够找出未能达到目标，或实际达到的目标远远超过预先设定的目标的原因，有助于管理者做出合理的决策。

4. 反馈

即管理者与员工一起回顾整个周期，对预期目标的达成和进度进行讨论，从而为思考制订新的目标以及为达到新的目标而可能采取新的战略做好准备。凡是已成功地实现了目标的被考核者，都可以而且愿意参与下一次新目标的设置过程。

目标管理观念特别重视和利用员工对组织的贡献。在目标管理过程中，考核者起的是顾问和促进者的作用，员工也由消极的旁观者转换成积极的参与者。员工与主管一起建立工作目标，然后在如何达到目标方面，管理者给予员工一定的自由度。参与目标的设定使得员工成为管理过程的一部分。在目标管理过程中，管理者与员工在整个管理过程中都要保持沟通渠道的畅通，管理者通过审查目标实现的程度，询问目标实现过程中遇到的困难，并和员工一起探求解决问题需要采取的措施。

高发公司在绩效管理的整个体系中贯穿了目标管理的思想。从总公司到各分公司，直至一线员工，从绩效考核目标的确定、绩效考核目标的执行与监控、绩效评价、绩效反馈，都体现出目标管理的精髓。

高发公司规定："年初上级下达高发公司年度目标任务后，由各相关业务管理部门对目标任务进行分解核定，报送高发公司绩效考核管理委员会审定，下达所属各单位。"由此形成各管理目标的绩效目标。"年度目标考核任务下达后，所属单位每季度将目标考核任务执行情况上报高发公司各相关业务管理部门，各业务管理部门对目标考核任务的执行情况进行动态跟踪和汇总分析，交高发公司考核督察办公室备案。考核督察办公室对所属单位考核目标任务完成情况进行不定期抽查和监督。"由此控制绩效的计划实施，保证已定的计划按步骤进行，掌握计划进度，及时发现问题解决问题。"所属单位的考核，由高发公司考核督察办公室根据平时收集到的数据和信息以及各项目标任务完成情况，整理汇总,做出考核评价,报高发公司绩效考核管理委员会审定”,这是目标管理中的评价结果阶段。“对单位考核结束后,高发公司考核督察办公室将考核结果形成考核报告,报高发公司绩效考核管理委员会审定后公示或反馈。”这是目标管理的最后阶段,即对目标完成情况进行反馈,并为下一目标管理周期的目标设置做准备。

三、对目标管理的评价

目标管理的风行并不是偶然的,经历了第二次世界大战后的各国经济由恢复转向迅速发展的时期,企业亟须采取新的方法调动员工积极性,以提高竞争力。目标管理因为适应了当时的环境变化和企业管理实践的需要而迅速地发展起来,并在企业管理中发挥了巨大的作用。

目标管理的进步性表现在以下几方面:

首先它重视人的因素,强调目标管理和自我控制,通过让下属参与、由上级和下属经过协商共同确定绩效目标,来激发员工的工作兴趣和价值,在工作中实行自我控制,满足其自我实现的需要。

其次,目标管理通过专门的过程,使组织各级主管及成员都明确了组织的目标、组织的结构体系、组织的分工与合作及各自的任务。

最后,目标管理以目标制订为起点,以目标完成情况的评价为终点。在目标制订过程中,权力和责任已经明确,并将个人的需求与组织目标结合起来。许多着手实施目标管理方式的企业或其他组织,通常在目标管理实施的过程中会发现组织体系存在的缺陷,从而帮助组织对自己的体系进行改进。

20 世纪 70 年代后,目标管理开始遭到质疑,具体如下:

首先,目标管理假定员工愿意接受挑战性的目标,凭着人们对成就感、能力与自治的需求,允许他们设定各自的目标与绩效标准,忽视了组织中的本位主义及员工的惰性,对人性的假设过于乐观,导致目标管理的效果在实施过程中大打折扣。

其次,目标商定需要上下沟通、统一思想,耗费了大量的时间和成本。

再次,目标及绩效标准难以确定。由于目标管理过分强调量化目标和产出,而管理过程中很多目标难以量化,绩效标准也会因职位、员工不同而不同。

最后,目标管理使得员工在制订目标时,倾向于选择短期目标,即可以在考核周期内加以衡量的目标,从而导致企业内部人员为达到短期目标而牺牲长期利益。

第三节　标 杆 管 理

一、标杆管理的内涵和类型

1. 标杆管理的内涵

标杆管理,又称基准管理,是20世纪70年代末由施乐公司首创,后经美国生产力与质量中心系统化和规范化。1976年以后,美国施乐公司面临国内外特别是日本竞争者的全方位挑战和威胁,开始向日本企业学习,开展了广泛而深入的标杆管理。施乐通过对比分析、寻找差距、调整战略、改变策略、重组流程,取得了非常好的成效,把失去的市场份额重新夺了回来。成功之后施乐公司开始大范围地推广标杆管理,并选择14个经营同类产品的公司逐一考察,找出问题的症结并采取措施。随后,IBM、杜邦、通用等公司纷纷仿效,实施标杆管理,在全球范围内寻找业内经营最好的公司进行标杆比较和超越,成功获取了竞争优势。就此,西方企业开始把标杆管理作为获得竞争优势的重要思想和工具,通过标杆管理来优化企业实践,提高企业经营管理水平和市场竞争力。标杆管理与企业再造、战略联盟一起被西方管理学并称为20世纪90年代"三大管理方法"。

标杆管理可定义为不断寻找研究同行一流公司的最佳实践,并以此为基准与本企业进行比较、分析、判断,从而使自己的企业不断得到改进,进入或赶超一流公司,创造优秀业绩的良性循环过程。

标杆管理突破了产业界限,模糊了企业性质,重视实际经验,强调具体的环节和流程。其思想就是企业的业务、流程、环节都可以解剖、分解和细化;企业可以根据需要去寻找整体最佳实践或优秀部分来进行标杆比较;通过比较和学习,企业重新思考和设计经营模式,借鉴先进的模式和理念,创造出适合自己的全新最佳经营模式。通过标杆管理,企业能够明确产品、服务或流程方面的最高标准,然后做出必要的改进来达到这些标准。因此,标杆管理是一种摆脱传统封闭式管理方法的有效工具。

2. 标杆管理的类型

根据标杆管理学习目标的不同,可将标杆管理分为以下四类。

1) 内部标杆管理

内部标杆管理是以企业内部操作为基准的标杆管理,是最简单、易操作的标杆管理法之一。辨识企业内部最佳职能或流程及其实践,将其推广到组织的其他部门,从而实现信息共享,是企业提高绩效的最便捷的方法之一。但是单独执行内部标杆管理的企业往往持有内向视野,容易产生封闭思维,因此在实践中,内部标杆管理法应该与外部标杆管理法结合使用。

高发公司对省公司机关各部门、管理分公司、经营公司、项目公司年度考核评价结果为优秀的在高发公司内部进行通报表彰,优秀等次前两名颁发"金杯"、"银杯"(同类性质单位数量较多的按20%比例设置金杯奖一名、银杯奖若干),发放奖金。高发公司对所属单位按公司类别依据年度考核结果评比出单项第一名,发放锦旗。管理分公司设立收费管理、路产管理、养护管理、机电管理四个单项奖;经营公司设立企业盈利、安全生产两个单项奖;项目公司设立投资计划、工作质量、安全生产三个单项奖。这种绩效管理的思路折射了内部标杆管理的影子,获得奖杯和锦旗的单位被认为是企业内部操作的标杆,是其他部门学习的榜样。

2)竞争标杆管理

竞争标杆管理法的目标是与有着相同市场的企业在产品、服务和工作流程等方面的绩效和实践进行比较,直接面对竞争者。它实施起来比较困难,究其原因在于,除了公共领域的信息容易获取外,有关竞争企业的其他信息较难获得。

高发公司在制订经营业绩考核目标时提出:"指标建议值由所属单位自报,鼓励所属单位对照省内外先进单位的指标,瞄准国内一流、省内同行业领先水平自树目标,自加压力,准确预测。"这就是标杆管理思想在绩效管理中的典型应用。

3)职能标杆管理

职能标杆管理是以行业领先者或某些企业的优秀职能作为基准进行的标杆管理。职能标杆管理法的合作者常常能相互分享一些技术和市场信息,标杆的基准是非竞争性外部企业及其职能或业务实践。由于没有直接的竞争者,因此合作者往往较愿意提供和分享技术和市场信息。

4)流程标杆管理

流程标杆管理是以最佳工作流程为基准进行的标杆管理。由于比较的是类似的工作流程,因此流程标杆管理法可以跨不同类型的组织进行。它一般要求企业对整个工作流程和操作有很详细的了解。

高发公司对机电运维管理考核工作标准中明确规定:设备发生故障按规定

流程处理,故障信息反馈及时,反馈信息要写明何人或相关代维单位到达故障现场时间、修复时间。

二、标杆管理的作用

标杆管理为企业提供了优秀的管理方法和管理工具,具有较强的可操作性,能够帮助企业形成一种持续追求卓越的企业文化。主要表现在以下几个方面。

首先,标杆管理是一种绩效管理工具。它可以作为企业绩效评估和绩效改进的工具。通过辨识行业内最佳企业的绩效及实践路径,企业可以制订绩效评估标准,然后对其绩效进行评估,同时制订相应的改善措施及有效的发展战略。

其次,标杆管理有助于建立学习型组织。学习型组织实质是一个能熟练地创造、获取和传递知识的组织,同时也要善于修正自身的行为,以适应新的知识和见解。实施标杆管理后,企业可以学习"标杆企业"在产品、服务、生产流程以及管理模式方面的成功之处,再结合实际,将其充分运用到自己的企业当中,并随着企业经营环境和标杆的变化,持续学习和改善。

最后,标杆管理有助于企业的长远发展。通过标杆管理,企业可以选择标杆,确定企业中、长期发展战略,并与竞争对手对比分析,制订战略实施计划,并选择相应的策略与措施,促进企业长远发展。

高发公司考核督察办公室结合各相关业务部室,参考二级考核结果,分别评出年度最佳收费站 6 个、最佳路政大队 2 个、最佳服务区 2 个、最佳加油站 1 个,并对获奖单位发放相应经济奖励。这些荣誉称号和奖金不仅极大激励了公司各单位和每一名员工努力工作创造更佳业绩,同时也为公司全体员工树立起了"标杆",使员工努力有了方向,有了榜样。

三、标杆管理的实施

标杆管理的实施有一整套逻辑严密的步骤,大体可分为如下五步。

第一步:确认标杆管理的目标。在实施标杆管理的过程中,要坚持系统优化的思想,不是追求企业某个局部的优化,而是着眼于企业总体的优化。此外,还要制订有效的实践准则,以避免实施中的盲目性。

第二步:确定比较目标。比较目标就是能够为企业提供值得借鉴的信息的组织或部门,比较目标的规模和性质不一定与企业相似,但应在特定方面为组织提供良好的借鉴作用。

第三步:收集与分析数据,确定标杆企业。分析最佳实践和寻找标杆是一项比较烦琐的工作,但对于标杆管理的成效非常关键。标杆的寻找包括实地调查、数据收集、数据分析、与自身实践比较找出差距、确定标杆指标。标杆的确定为企业找到了改进的目标。

第四步：系统学习和改进。这是实施标杆管理的关键。标杆管理的精髓在于创造一种环境，使组织中的人员在愿景、战略下工作，自觉学习和变革，创造出一系列有效的计划和行动，以实现组织的目标。另外，标杆管理往往涉及业务流程的重组和员工行为方式的改变。因此，企业需要采用培训、宣讲等各种方式，真正调动员工的积极性。

第五步：评价与提高。实施标杆管理不能一蹴而就，而是一个长期渐进的过程。每一轮完成之后都有一项重要的后续工作，就是重新检查和审视标杆研究的假设、标杆管理的目标和实际达到的效果，分析差距，找出原因，为下一轮的改进打下基础。

四、标杆管理成功的关键因素

有些企业运用标杆管理大幅度地提高了绩效，有些企业却不了了之。标杆管理看似简单的理论背后隐藏着一些容易被忽视的细节，即标杆管理的关键成功因素。

1. 理解标杆管理的本质

标杆管理本质是一种面向实践、面向过程的以方法为主的管理方式，其基本思想是系统优化、不断完善和持续改进。标杆管理是一种有目的、有目标的学习过程。通过学习，企业重新思考和设计经营模式，借鉴先进的模式和理念，再进行本土化改造，创造出适合自己的全新最佳经营模式，这在本质上是模仿与创新的过程。

2. 准确立杆

标杆对象的选择要恰当，要避免走入两个极端。有的企业在实施标杆管理的过程中，一开始就限于同业对标，这在很大程度上弱化了标杆管理的效果和作用。标杆管理内破坏性创新和破坏性超越的本质，即跳出原有的行业限制，跳出传统思维的框架，寻求一切可能的提升组织绩效的方法，所以跨国公司的标杆管理实践很多案例是通过“嫁接”实现的。如美国西南航空公司通过学习 F1 方程式的相应环节来缩短飞机滞港时间就是其中的经典案例。当然，无视自身条件，盲目选择标杆进行赶超，就会走入另一个极端，如“超英赶美”一样，反受其害。

韩国三星集团公司是实施标杆管理非常成功的企业。经过十年卧薪尝胆，无论公司市值，还是品牌形象，都已超越了师傅索尼，其高速成长的过程离不开标杆管理的有效推行。三星集团公司董事长李健熙要求三星学习的标杆企业应是“业”内首屈一指的公司，就是掌握各领域秘诀（know-how）的公司。三星电子模仿的对象是索尼、松下，重工模仿的对象是三菱，纤维模仿的是日本东丽，库存管理学习的是西屋电器、苹果电脑、联邦速递，顾客服务模仿的是施乐，生产作业管理学习的是飞利浦，营销学习的是微软，采购与调配学习的是本田，销售管理学习的是 IBM 和 P&G，物流学习的是玫琳凯。在李健熙“除了老婆和孩子，一切都要改变”的努力下，三星终于修得正果。

3. 模仿是为了创新

当今时代竞争的主题是创新。标杆管理拒绝简单模仿，立意于“模仿是为了更好的创新”。实际上，标杆管理分为“模仿复制—变革创新—实现最佳流程”三个阶段。对选定的标杆，前期开展简单的模仿和复制，以利于工作尽快启动，随后根据模仿过程中暴露的问题，研究变革创新，最终通过不断的变革和创新，找出适合本公司特点的最佳流程。

1992 年，美孚石油北美区分销暨炼油事业部在一次市场调查中，得到一个令人诧异的数据：仅有 20% 的被调查者认为价格是最重要的，绝大部分顾客却认为以下三点更重要——友好的员工、快捷的服务以及对他们消费忠诚的认可。据此，美孚开始实施标杆管理，组织 3 个团队，分别以速度（经营）、微笑（客户服务）、安抚（顾客忠诚度）命名。速度小组找到了 Penske，它在 Indy500 赛车比赛中以快捷的加油服务而闻名，这个团队身着统一的制服，头套电子耳机，及时与同事联系，分工细致，配合默契。微笑小组考察了美国丽嘉—卡尔顿酒店的各个服务环节。安抚小组则到家得宝家具卖场去考察该店为何有如此多的回头客。美孚提炼了他们的研究结果，并形成了全新的加油站概念——友好服务（Friendly Service）。这项改革的回报是令人振奋的，加油站的平均年收入增长了 10%。1997 年，“友好服务”更是扩展到公司所有的 8000 个服务站。美孚标杆管理的成功，是因为他们能够突破传统思维定式，到与自己完全不同的行业中学习，借鉴标杆企业的最佳实践，并最终达到创新的目的。

4. 建立竞争情报能力体系

外部标杆企业的信息并不是轻易可以获取的，信息的收集、分析工作需要纳入整体的工作系统。为了更好地了解标杆企业，我们应该建立一套系统化的标杆企业竞争情报搜集方法和搜集流程，并通过日常性的沟通，保持情报的实效性。

第四节　关键绩效指标

一、关键绩效指标的基本内涵

随着管理实践的发展,20 世纪 80 年代后,管理学界开始关注将绩效管理与企业战略相结合,并采用各种评估方法,将结果导向与行为导向的评估方法相结合,强调工作行为与目标达成并重。在此背景下,关键绩效指标应运而生。

关键绩效指标(Key Performance Indicators,简称 KPI)是指通过对组织内部流程的输入端、输出端的关键参数进行设置、取样、计算、分析,衡量流程绩效的一种目标式量化管理指标,是把企业的战略目标分解为可操作的工作目标的工具,是企业绩效管理的基础。关键绩效指标是衡量企业战略实施效果的关键指标,是企业战略目标经过层层分解产生的可操作性的指标体系。其目的是建立一种机制,将企业战略转化为内部过程和活动,不断增强企业的核心竞争力,使企业能够得到持续的发展。其内涵包括以下几点。

(1)关键绩效指标是衡量企业战略实施效果的关键指标。这包含两层含义:第一,关键绩效指标是战略导向的,它是由企业战略目标层层分解产生的;第二,关键绩效指标强调关键,即对企业成功具有重要影响的因素。

(2)关键绩效指标反映的是最能有效影响企业价值创造的关键驱动因素。关键绩效指标制订的主要目的,是明确引导经营管理者将精力集中在能对绩效产生最大驱动力的经营性指标上,及时了解、判断企业营运过程中出现的问题,并及时采取措施提高绩效。

(3)关键绩效指标是用于评价和管理员工绩效的可量化的或可行为化的标准体系。关键绩效指标是对工作效果和工作行为最直接的衡量方式,因此它必须是可量化或可行为化的。

简单地说,KPI 的基本特点为:在指标数量上,是少而精的;在指标性质上,是基于战略愿景、与关键成功要素相连接的;在实际操作上,是员工个人、团队或部门可以有效控制的。

二、KPI 的战略管理意义

KPI 考核体系的出发点是将指标作为牵引所期望的行为和结果的内在动力,成为激励产生所期望业绩的方向标,其注重把企业战略有效地转化成为企业的内部管理过程,尽量采用财务指标和其他有效量化的指标来反映最终结果,并能够将指标转化成企业成员的具体行动。

KPI体系不仅能够成为企业员工行为的约束机制,同时能够发挥战略导向的牵引作用。战略导向的KPI体系在评价、监督员工行为的同时,强调战略在绩效管理过程中的核心作用。

总之,KPI在操作中具有切实可行的战略导向性,是整个组织绩效战略整合管理体系的一个重要有机组成部分。

三、KPI的操作原则

1. 战略导向原则

选择和确定KPI必须从组织战略出发,逐一检查和回答以下基本问题:

(1)组织所信奉的核心价值观和宗旨是什么;

(2)驱动组织成功的核心力量或关键因素是什么;

(3)究竟应该怎样具体定义本组织的"关键绩效";

(4)在绩效战略管理中应该处理的主要矛盾和问题是什么;

(5)怎样监控绩效形成过程中的行为表现与成果变量。

2. 二八原则

二八原则是KPI的理论基础,是由意大利经济学家帕累托提出的一个经济学原理。即一个企业在价值创造过程中,每个部门和每一位员工的80%的工作任务是由20%的关键行为完成的,抓住这20%的关键,就抓住了主体;而在每一位员工身上二八原则同样适用,即80%的工作任务是由20%的关键行为完成的。因此,必须抓住20%的关键行为,对之进行分析和衡量,这样就能抓住绩效考核的重心。二八原则为绩效考核指明了方向,即考核工作的主要精力要放在关键的结果和关键的过程上,绩效考核一定要围绕关键绩效指标展开。

3. 可行性原则

选择和确定KPI,要注意可接受性、可控制性和可操作性。每一个指标必须有明确定义,要由广大员工充分参与、民主互动和共同协商来选择确定,并得到广泛认可和接受,使大家都能够明确其含义及计算方法。

4. SMART原则

选择和确定关键绩效指标,同样要坚持SMART原则。即:S(Specific)代表具体,指绩效考核要切中特定的工作指标,不能笼统;M(Measurable)代表可度量,指绩效指标是数量化或者行为化的,验证这些绩效指标的数据或者信息是可以获得的;A(Attainable)代表可实现,指绩效指标在付出努力的情况下可以实现，避免设立过高或过低的目标；R（Relevant）代表关联性，指绩效指标是与上级目标具有明确的关联性，最终与公司目标相结合；T（Time bound）代表有时限，注重完成绩效指标的特定期限。

高发公司结合下属各公司的特点，依据以上原则选取关键绩效指标。如在管理分公司业绩考核中，考核指标分为基本指标、分类指标和特性指标三大类，其中，基本指标包括通行费收入、预算费用控制率，权重合计占40%；分类指标包括收费管理、养护管理、路产管理、机电运维管理、财务资产管理、审计、人力资源、信息管理、二级考核履职情况，权重合计占50%；特性指标包括其他工作，权重合计10%。

四、基于 KPI 的绩效指标体系设计

KPI 是一种具有绩效整合效应的体系，需要有战略视野，以系统思考的理念和方法来设计。关键绩效指标是源自企业战略目标的层层分解，体现了对战略目标具有增值作用的绩效指标，这些指标虽然重要，但并不是绩效指标的全部，尤其是对一些支持性部门（如高发公司及所属分公司的机关科室）而言，它们的绩效考核指标很少源于组织的战略，更多的是来自部门的职能或职责。因此在实际应用中，除了对关键绩效指标进行考核，还应该将其他一些重要的指标引入绩效指标体系，我们将这些指标称为一般绩效指标（Performance Indicators，简称PI）。一般绩效指标是影响企业基础管理的一些指标，这些指标体现了对企业各层次的岗位规定和岗位职责，是关键绩效指标得以实现的保障，是对关键绩效指标的补充。一般绩效指标的选择和确定借鉴了关键绩效指标的思路，因此，广义的关键绩效指标体系将两部分指标全部涵盖在内，统称为关键绩效指标体系。在设计基于 KPI 的绩效指标体系时可分为以下两部分。

1. 关键绩效指标的确定

关键绩效指标体系通常采用基于战略的成功关键因素分析法来建立。成功关键因素分析法的基本思想是分析企业获得成功或取得市场领先的关键成功领域（Key Result Areas，简称 KRA）；再把关键成功领域层层分解为关键绩效要素（Key Performance Factor，简称 KPF）；为了便于对这些要素进行量化考核和分析，须将要素细分为各项指标，即关键绩效指标。

关键绩效指标体系作为一种系统化的指标体系，包括三个层面的指标：一是企业级关键绩效指标，是通过对企业的关键成功领域和关键绩效要素分析得来的；二是部门级关键绩效指标，是根据企业级关键绩效指标进行承接或分解而得出的；三是个人关键绩效指标，是根据部门级关键绩效指标确定的。这三个层面

的指标共同构成企业的关键绩效指标体系。

高发公司关键绩效指标构建图见图 4-2。

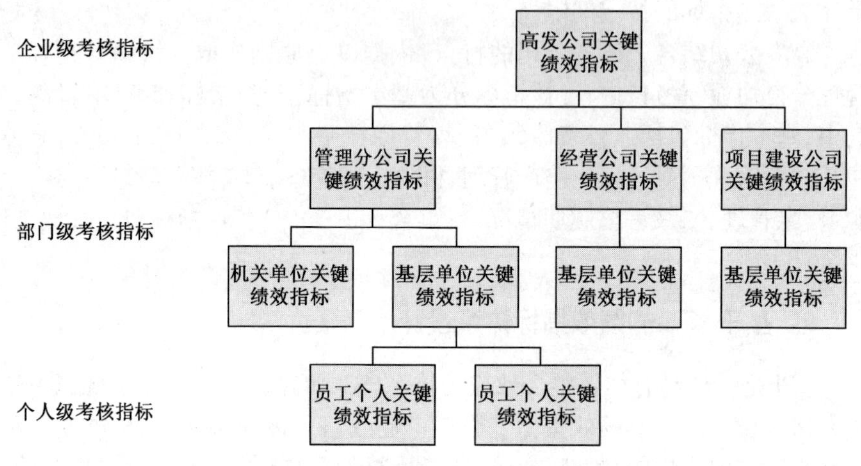

图 4-2　高发公司关键绩效指标构建图

1）企业级关键绩效指标的确定

下面以高发公司为例，介绍确定企业级关键绩效指标的步骤。

(1)确定关键成功领域。首先需要根据企业的战略，寻找使企业实现组织目标或保持市场竞争力所必需的关键成功领域。确定企业的关键成功领域，必须明确三方面的问题：一是企业为什么会取得成功，成功靠的是什么；二是在过去那些成功因素中，哪些能使企业在未来持续获得成功，哪些会成为企业成功的障碍；三是企业未来追求的目标是什么，未来成功的关键因素是什么。

(2)确定关键绩效要素。关键绩效要素提供了一种"描述性"的工作要求，它是对关键成功领域进行的解析和细化。主要解决以下几个问题：每个关键成功领域包含的内容是什么，如何保证在该领域获得成功，达成该领域成功的关键措施和手段是什么，达成该领域成功的标准是什么。

(3)确定关键绩效指标。对关键绩效要素进行进一步的细化，并经过甄选，关键绩效指标便得以确定。选择关键绩效指标应遵循三个原则：①指标的有效性，即所设计的指标能够客观地、最为集中地反映要素的要求；②指标的重要性，通过对企业整体价值创造业务流程的分析，找出对其影响较大的指标，以反映其对企业价值的影响程度；③指标的可操作性，即指标必须有明确的定义和计算方法，容易取得可靠和公正的初始数据，尽量避免凭感觉主观判断的影响。在此基础上最终形成企业的关键绩效指标库。

2)部门级关键绩效指标的确定

企业目标的实现需要各部门(项目公司)的支持。因此,企业级的关键绩效指标必须分配或分解到相应的部门,形成部门级关键绩效指标。具体做法是:在获得企业级关键绩效指标后,首先要确认这些指标能否直接被企业内的相关部门承接。有些关键绩效指标是可以直接被部门承接的,如管理分公司收费站工作业绩考核中,将通行费收入、堵漏增收作为考核收费站工作业绩的关键绩效指标;另一些指标不能被直接或由一个部门单独承接,这时就必须对这些指标进行进一步的分解。

3)个人关键绩效指标的确定

部门级关键绩效指标继续分解或承接,就形成了个人关键绩效指标。其基本思路与部门级关键绩效指标的确定相类似。如上例中收费站的关键绩效指标"通行费收入和堵漏增收"进一步分解到收费员岗位的考核工作标准中,细化为"升档金额、闯卡车治理、治理逃漏费、发卡差错、票款差错、发卡量"六项指标。其他关键绩效指标的分解过程与此相同。

2. 一般绩效指标的确定

一般绩效指标的确定是从部门开始的,包括部门级一般绩效指标和个人一般绩效指标两部分。

1)部门级一般绩效指标的确定

部门级一般绩效指标来自流程、制度或部门职能。同样采用成功关键因素法来确定部门级一般绩效指标,其方法与企业级关键绩效指标的建立方法基本相似,只是分析对象变成了部门。

2)个人一般绩效指标的确定

个人一般绩效指标来自两个方面,一方面是对部门级一般绩效指标的承接或分解,另一方面来自个人应该承担的职责。对于个人职责,同样需要进行甄选,选取重要的指标进行考核。

随着关键绩效指标和一般绩效指标的确定,企业的绩效指标体系便建立起来。随着企业的发展和战略目标的改变,应该对绩效指标进行修正、补充。经过一段时间的发展,企业就可以建立一个比较完整的关键绩效指标库,这样企业就可以根据其不同的发展阶段、不同的战略和组织结构,选取不同的关键绩效指标,引导员工朝向企业的战略目标前进。

五、关键绩效指标的优缺点

关键绩效指标引起管理学界极大的关注,并在得到广泛应用,其优势主要体现在以下几方面:

(1)目标明确,有利于公司战略目标的实现。KPI 是企业战略目标的层层分解,通过 KPI 指标的整合和控制,使员工绩效行为与企业目标要求的行为相吻合,不至于出现偏差,有利地保证了公司战略目标的实现。

(2)提出了客户价值理念。KPI 提倡的是为企业内外部客户价值实现的思想,对企业形成以市场为导向的经营思想有一定的提升。

(3)有利于组织利益与个人利益达成一致。策略性的指标分解,使公司战略目标成了个人绩效目标,员工个人在实现个人绩效目标的同时,也是在实现公司总体的战略目标,达到两者和谐,公司与员工共赢的结局。

在应用中,关键绩效指标体系也受到以下质疑:

(1)KPI 指标比较难界定。KPI 更多是倾向于定量化的指标,这些定量化的指标是否真正对企业绩效产生关键性的影响,如果没有运用专业化的工具和手段,是很难界定的。

(2)KPI 会使考核者误入机械的考核方式。过分地依赖考核指标,而没有考虑人为因素和弹性因素,会产生一些考核上的争端和异议。

(3)KPI 并不是对所有岗位都适用。

第五节　平衡计分卡

一、平衡计分卡的提出

平衡计分卡(Balanced Score Card,简称 BSC)是由美国哈佛商学院的罗伯特·卡普兰和复兴全球战略集团总裁大卫·诺顿于 1992 年首先提出的一种绩效评价思想。平衡计分卡打破了原有的只通过财务指标或客户指标来衡量组织绩效的弊端,其核心思想是通过财务、客户、内部业务流程及学习与发展四个方面的指标间相互驱动的因果关系来展现组织的战略轨迹,实现绩效考核、绩效改进以及战略实施目标的过程。

平衡计分卡被《哈佛商业评论》评为 75 年来最具影响力的管理工具之一,贯穿其中的理念是:“如果你不能描述,那么你就不能衡量;如果你不能衡量,那么你就不能管理。”平衡计分卡打破了传统的单一使用财务指标衡量业绩的方法，是在财务指标的基础上加入了未来驱动因素，即客户因素、内部经营管理过程和员工的学习成长，在集团战略规划与执行管理方面发挥着非常重要的作用。

二、平衡计分卡的基本思想

平衡计分卡包括四个维度，体现了五方面的平衡。

1. 平衡计分卡的四个维度

1）财务维度（Financial）

财务维度的目标是解决“股东如何看待我们”这一类问题，表明我们的努力是否对企业的经济收益产生了积极的作用，财务方面是其他三个方面的出发点和归宿。财务维度表达了组织战略对财务方面的要求：增加收入、降低成本、提高资产利用率。平衡计分卡财务层面的最终目标是利润最大化。企业的财务业绩通过两种基本方式得到改善：收入增长和生产率改进。收入增长可以通过两种途径实现，一种途径是提高客户价值，即加深与现有客户的关系，销售更多的产品和服务；另一种途径是增加收入机会，企业通过销售新产品或发展新客户创造收入增长。生产率的改进也可以通过两种方式实现：一种方式是企业可以通过降低直接或间接成本来改善成本结构，使企业生产同样数量的产品却消耗更少的人力和物力；另一种方式是提高资产利用率，通过更有效地利用财务和实物资产，企业可以减少支持既定业务量水平所必需的营运和固定资本。

2）客户维度（Customers）

客户维度回答的是“客户如何看待我们”的问题。客户是企业之本，是现代企业的利润来源，客户理应成为企业关注的焦点。客户方面体现了公司与外界关系的变化，它是 BSC 的平衡点。客户维度包括的指标有：客户满意度、客户保持率、客户获得率、客户获利率、市场份额、客户份额等。但是，仅仅使客户满意并保持客户还不够，收入增长需要特殊的客户价值主张，企业应当确定特殊的细分客户，即为企业带来收入增长和盈利的目标客户。企业应当关注目标客户而不是所有客户的满意度和保持率。不同的目标客户需要不同的产品/服务特征、关系和形象的组合。在明确目标客户后，企业应当明确如何为目标客户创造差异化、可持续的价值，通过确定目标和指标来反映它想要提供的价值主张。卡普兰和诺顿总结了四种通用的价值主张，即总成本最低战略、产品领先战略、全面客户解决方案、系统锁定战略。特定价值主张的目标和指标定义了企业的战略，通过开发特定价值主张的目标和指标，企业将战略转化为所有员工都能理解并能通过努力工作来改善的有形指标。

3)内部业务流程维度(Internal Business Progress)

内部业务流程维度着眼于企业的核心竞争力,回答"我们的优势是什么"的问题。企业应当甄选出那些对客户满意度有最大影响的业务程序(包括影响时间、质量、服务和生产率的各种因素),明确自身的核心竞争能力,并把它们转化成具体的测评指标,内部过程是公司改善经营业绩的重点。组织必须通过高效率的"内部运作"机制,能够围绕特定的价值链及时调整、优化和再造包括物流、信息流等在内的内部业务流程。在战略管理层面,组织必须能够识别哪些是决定组织核心竞争力的关键流程,特别是与组织核心价值观和文化直接关联的工作流程和操作规程,并能够灵敏地适应环境变化随时做出调整和变革。主要衡量方面有:组织工作流程对外部市场需要的灵敏度和反应能力,组织工作流程对产品和服务质量的控制能力,组织工作流程的运作效率和成本控制状况。

4)学习与成长维度(Learning and Growth)

学习与成长维度的目标是解决"我们是否能持续为客户提高并创造价值"这一类问题。组织通过学习,持续提高员工的技术素质和管理素质,不断地开发新产品,为客户创造更多价值并提高经营效率,企业才能打入新市场,增加红利和股东价值。因而,组织的创新和学习能力作为"存在于组织内,用于创造不同优势的知识"或"组织员工满足客户需要的能力"的无形资产,其价值源于帮助企业实施战略的能力。学习和成长能力是最直接、最根本、最具有战略性的组织价值驱动力。主要衡量方面有:员工满意度、生产率和创新学习行为,组织信息反馈和沟通能力,团队精神、组织氛围和文化建设状况。

2. 平衡计分卡五方面的平衡

"平衡计分卡"的"平衡"体现在以下五个方面。

1)财务指标与非财务指标的平衡

平衡计分卡源自于解决单一财务指标的弊端,它要求从财务和非财务的角度去思考公司战略目标及考核指标。因财务指标只是一种滞后的结果性指标,它只能反映公司过去发生的情况,不能告诉企业如何改善业绩。财务与非财务的平衡强调的是企业不仅要关注财务绩效,更要关注于对财务绩效产生直接影响的驱动因素。通过加入未来绩效驱动因素并平衡其与财务指标间的关系,平衡计分卡弥补了单纯依赖财务绩效指标的局限性。

2)组织长期目标与短期目标的平衡

平衡计分卡是一种战略管理工具,从平衡计分卡的实施过程来看,战略是输入,财务是输出。平衡计分卡是从企业的战略开始,也就是从企业的长期目标开始,逐渐分解到企业的短期目标。在关注企业长期发展的同时,也关注企业近期目标的完成,使企业的战略规划和年度计划很好地结合起来,解决了企业的战略规划可操作性差的缺陷。

3)内部指标与外部指标的平衡

平衡计分卡将评价的视线范围由传统上的只注重企业内部评价,扩大到企业外部,包括股东、顾客;同时以全新的眼光重新认识企业内部,将以往只看内部结果,扩展到既看结果,同时还注意企业内部流程及企业的学习和成长这种企业的无形资产。

4)领先指标与滞后指标的平衡

财务指标是滞后指标,缺乏前瞻性,它只能反映公司上一年度发生的情况;平衡计分卡对领先指标的关注(客户、内部流程和学习与成长)使企业更注重于过程,而不仅仅是事后的结果,从而达到领先指标与滞后指标的平衡。

5)结果性指标与动因性指标的平衡

企业应当清楚其所追求的成果(如利润、市场占有率)和产生这些成果的原因,即动因(Drivers,如新产品开发投资、员工训练、信息更新)。只有正确地找到这些动因,企业才可能有效地获得所要的成果。平衡计分卡以有效完成战略为动因,以可衡量的指标为目标,寻求结果性指标与动因性指标间的平衡。

三、平衡计分卡的主要特点

1. 平衡计分卡是一个系统性的战略管理体系

平衡计分卡是一个系统性的战略管理体系,是根据系统理论建立起来的管理系统。平衡计分卡是一个战略管理与执行的工具,是在对企业总体发展战略达成共识的基础上,通过将四个维度的目标、指标及行动方案有效地结合在一起的一个战略管理与实施体系。它的主要目的是将企业战略转化为具体的行动,创造企业的竞争优势。

2. 平衡计分卡是一种先进的绩效衡量工具

平衡计分卡将战略分成四个不同角度的运作目标,并依此四个角度分别设计适量的绩效衡量指标。因此,它不但为企业提供了有效运作所必需的各种信息,克服了信息的庞杂性和不对称性的干扰,更重要的是,它为企业提供的这些指标具有可量化、可测度、可评估性,从而更有利于企业进行全面系统的监控,促进企业战略与远景目标的达成。

3. 平衡计分卡是一种沟通工具

沟通是平衡计分卡系统最基础和最强大的特性。一个精心设计的绩效指标,清晰地描述了企业战略并使抽象的远景与战略变得栩栩如生。

4. 平衡计分卡绩效指标之间的因果关系

平衡计分卡与其他绩效管理系统的差别在于注重因果关系。每个维度、每个绩效指标的选取都体现了源于因果关系的、对企业战略目标的支撑。

四、平衡计分卡的实施

1. 制订企业远景目标与发展战略

平衡计分卡贯穿于企业战略管理的全过程。由于应用平衡计分卡时,是把组织经营战略转化为一系列的目标和衡量指标,因此,平衡计分卡对企业战略有较高的要求,企业应在符合和保证实现企业使命的条件下,在充分利用环境中存在的各种机会和创造机会的基础上,确定企业同环境的关系,规定企业从事的经营范围、成长方向和竞争对策,合理地调整企业结构和分配企业的全部资源,从而使企业获得竞争优势,制订出适合本企业成长与发展的企业远景目标与发展战略。企业战略要力求具有适合性、可衡量性、合意性、易懂性、激励性和灵活性。

2. 把组织经营战略转化为一系列的衡量指标

应用平衡计分长时,要遵循 SMART 原则,即具体的(Specific)、可衡量的(Measurable)、可达到的(Attainable)、相关的(Relevant)和有限时的(Time-bound)。

平衡计分卡是一个战略实施机制,它把组织的战略和一整套的衡量指标相联系,弥补了制订战略和实施战略间的差距,能使企业战略有效地实施。为了使企业战略有效实施,我们可逐步把组织战略转化为财务、客户、内部业务流程、学习与成长四个方面的衡量指标。

3. 将战略与企业、部门、个人的短期目标挂钩

为了有效避免出现企业战略目标、部门计划目标、个人绩效考核目标的纵向矛盾,及各部门间计划的横向不和谐,我们需要进行战略目标分解。战略分解理论可以按以下流程来实施,将战略与部门、个人的目标挂钩。

企业应该将这看成是整个管理体系的一个组成部分,而不单单是上级工作的附加部分。上级必须将制订目标的权力下放给员工,给员工自行决断的自由(但要求员工对工作结果负责)。

第六节　社会绩效指标

企业社会责任是企业不能回避的话题。随着社会的进步、工业化程度的提高、经济的高速发展,一方面人们的生活水平迅速提高,另一方面社会发展所带来的社会问题突现,企业社会责任不仅直接影响利益相关者的权益,还关系到社会的生存、发展与进步。因此,关于企业社会责任和企业社会绩效的探讨成为全球管理与学术界研究的新课题。

一、企业社会责任

企业社会责任的理念源于西方。最初西方国家的企业并没有社会责任的概念,企业的存在仅仅是为了赚钱。随着市场经济的进一步发展,诞生了古典经济学。古典经济理论几乎把市场经济下企业的功能等同于企业的社会责任,即企业只要在法律允许的范围内,尽可能高效率地使用资源生产社会需要的产品和服务,并以公平的市场价格销售给消费者,企业就算尽到了自己最基本的社会责任。18、19世纪时,早期发展的市场经济国家由于经济发展的不平衡,也由于慈善事业是一种传统的美德,于是,慈善事业被认为是企业的重要社会责任。而到了当代,经济有了相当程度的发展,人们对经济发展的期望边际效用递减,对生活质量则有了更高的追求。与此同时,人们对一些工业产品的副作用,对环境污染的消极作用有了更多的了解。此外,由于经济非平衡发展所产生的一系列新的社会矛盾,社会对企业有了更多的期望,企业的社会责任也有了更为广阔的内容,其中包括教育、公共健康、就业福利、环境保护、节约和爱护资源等。

尽管社会对企业的期望越来越高,但是企业的社会责任也不是可以无限扩展的,而是有限度的。彼得·德鲁克在他的《管理——任务、责任、实践》中专门写了"社会责任的限度"一章。他认为对一个企业家来说,仅仅把企业做好还是不够的,还必须做好事。但为了做好事,首先必须做好企业。他说,只要一个企业忽略了在经济上取得成就的限制,并承担了它在经济上无力支持的社会责任,企业很快就会陷入困境。如果因此而损失了企业取得成就的能力,那就是不负责任的。企业最基本的社会责任就是把企业做好,这是企业履行其他社会责任的前提和载体。企业的社会责任不能无限扩张,还意味着企业与政府功能不能错位,不能把本该属于政府的责任推给企业。

企业社会责任(Corporate Social Responsibility,简称CSR)是指企业在创造利润、对股东承担法律责任的同时,还要承担对员工、消费者、社区和环境的责任。企业的社会责任要求企业必须超越把利润作为唯一目标的传统理念,强调要在生产过程中对人的价值的关注,强调对消费者、对环境、对社会的贡献,是企业为其所处的社会中的利益相关者承担更多责任的管理思潮。

例如,成立于1903年的福特汽车公司,在成长初期,市场需求旺盛,汽车利润很厚,福特的订单大大超过生产能力,本来可以提高车价大赚一笔,但福特却在1908~1916年间将车价降低了58%,当时媒体评论说这是“工业社会以来最愚蠢的尝试”,认为福特是在自取灭亡。而亨利·福特却不这么认为,“我认为我们的汽车不应该赚取这么惊人的利润,合理的利润完全正确,但是不能太高。我主张最好用合理的小额利润,销售大量的汽车……因为这样可以让更多的人买得起,享受使用汽车的乐趣,还因为这样可以让更多的人就业,得到不错的工资,这是我一生的两个目标。”正是这种高工资、低车价的人性化策略,使得福特T型车成为美国的“国民车”,彻底改变了美国人的生活方式,既造福于民又大赚其钱。

二、企业履行社会责任的标准

1. SA8000

SA8000即“社会责任标准”,是Social Accountability 8000的英文简称,是全球首个道德规范国际标准。其宗旨是确保供应商所供应的产品,皆符合社会责任标准的要求。SA8000标准适用于世界各地任何行业不同规模的公司。其要求主要包括以下几个方面。

1)有关核心劳工标准

(1)童工。公司不应使用或者支持使用童工,应与其他人员或利益团体采取必要的措施确保儿童和应受当地义务教育的青少年的教育,不得将其置于不安全或不健康的工作环境和条件下。

(2)强迫性劳动。公司不得使用或支持使用强迫性劳动,也不得要求员工在受雇起始时交纳“押金”或寄存身份证件。

(3)自由权。公司应尊重所有员工结社自由和集体谈判权。

(4)歧视。公司不得因种族、社会阶层、国籍、宗教、残疾、性别、性取向、工会会员或政治归属等而对员工在聘用、报酬、训练、升职、退休等方面有歧视行为;公司不能允许强迫性、虐待性或剥削性的性侵扰行为,包括姿势、语言和身体的接触。

(5)惩戒性措施。公司不得从事或支持体罚、精神或肉体胁迫以及言语侮辱。

2)工时与工资

(1)公司应在任何情况下都不能经常要求员工一周工作超过 48 小时，并且每 7 天至少应有一天休假；每周加班时间不超过 12 小时，除在特殊情况下及短期业务需要外不得要求加班，且应保证加班能获得额外津贴。

(2)公司支付给员工的工资不应低于法律或行业的最低标准，并且必须足以满足员工的基本需求，并以员工方便的形式如现金或支票支付；对工资的扣除不能是惩罚性的；应保证不采取纯劳务性质的合约安排或虚假的学徒工制度以规避有关法律所规定的对员工应尽的义务。

3)健康与安全

公司应具备避免各种工业与特定危害的设施，为员工提供安全健康的工作环境，采取足够的措施，降低工作中的危险因素，尽量防止意外或健康伤害的发生；为员工提供安全卫生的生活环境，包括干净的浴室、洁净安全的宿舍、卫生的食品存储设备等。

4)管理系统

公司高管层应根据本标准制订符合社会责任与劳工条件的公司政策，并对此定期审核；委派专职的资深管理代表具体负责，同时让非管理阶层自选一名代表与其沟通；建立适当的程序，证明所选择的供应商与分包商符合本标准的规定。

2. 我国企业社会责任标准的制定

前全国政协常委、国务院参事任玉岭提出，我国应针对经济社会发展的需要和企业社会责任暴露出的问题，尽早研究和制定中国的企业社会责任标准，具体可从以下八个方面来确立我国企业的社会责任标准。

1)承担明礼诚信，确保产品货真价实的责任

由于种种原因造成的诚信缺失正在破坏着社会主义市场经济的正常运行，许多企业因商品造假的干扰和打假难度过大，导致企业难以为继，岌岌可危。为了维护市场的秩序，保障人民群众的利益，企业必须承担起明礼诚信、确保产品货真价实的社会责任。

2)承担科学发展与交纳税款的责任

企业的任务是发展和赢利,并担负着增加税收和国家发展的使命。企业必须承担起发展的责任,不断扩大企业规模,扩大纳税份额,为国家发展作出贡献。但是这个发展观必须是科学的,任何企业都不能只顾眼前、不顾长远,只顾局部、不顾全局,只顾自身、不顾友邻。无论哪个企业,都要高度重视在“五个统筹”的科学发展观指导下的发展。

3)承担可持续发展与节约资源的责任

中国是一个人均资源特别紧缺的国家,企业的发展一定要与节约资源相适应。企业不能顾此失彼,不顾全局,一定要站在全局立场上,坚持可持续发展,高度关注节约资源。

4)承担保护环境和维护自然和谐的责任

随着全球和我国经济的发展,环境日益恶化,特别是大气、水、海洋的污染日益严重。环境的恶化给人类的生存和发展带来了很大威胁,为了人类的生存和经济持续发展,企业一定要担当起保护环境、维护自然和谐的重任。

5)承担公共产品与文化建设的责任

公共教育、医疗卫生与文化建设,对一个国家的发展极为重要。公共教育对一个国家消除贫困、走向富强就更具有不可低估的作用。医疗卫生工作不仅影响全民族的身体素质,也影响社会劳动力资源的供应保障。文化建设则可以陶冶人的情操,提高人的素质。公共产品和文化事业的发展建设固然是国家的责任,但在国家对这些方面的扶植困难、财力不足的情况下,企业应当分出一些财力和精力担当起发展公共教育、医疗卫生和文化建设的责任。

6)承担扶贫济困和发展慈善事业的责任

虽然我们的经济取得了巨大发展,但是作为一个有13多亿人口的大国还存在很多困难。企业也需要为国分忧,参与社会的扶贫济困。

7)承担保护职工健康和确保职工待遇的责任

人力资源是社会的宝贵财富,也是企业发展的支撑力量。保障企业职工的生命、健康和确保职工的工作与收入待遇,不仅关系到企业的持续健康发展,而且也关系到社会的发展与稳定。企业必须承担起保护职工生命、健康和确保职工待遇的责任。

8)承担发展科技和创新自主知识产权的责任

当前,我国企业的资源投入产出率普遍较低。为解决效益低下问题,必须要重视科技创新,通过科技创新提高企业效益。企业要高度重视引进技术的消化吸收和科技研发,加大资金与人员的投入,努力做到创新以企业为主体。

三、高速公路企业履行企业社会责任的途径

高速公路是国家基础性设施,从属性上讲属于准公共产品,其存在的价值是为社会各行各业提供安全、便捷、高效的人流、物流运行通道,使人畅其行,物畅其流,从而有力地推动国民经济和社会发展,具有很强的社会公益性。高速公路企业是高速公路的建设和管理者,如何有效承担高速公路企业的社会责任,构建和谐高速公路可从以下几方面着手。

1. 构建科学的资金保障机制

建立资金投入保障机制,是履行社会责任的重要前提。河南省政府、省交通运输厅对此高度重视,通过各种渠道构建资金保障机制,确保对省内高速公路交安设施、机电通信设施、道路监控系统以及服务区设施的完善和改造,解决服务设施不配套等问题,促进了河南省高速公路健康有序地发展。

2. 建立以社会和客户为中心的服务机制

强化高速公路的社会责任,进一步提升服务品质,并向符合中国人的传统习惯方面进行突破。如在中国传统节日或者紧急时刻对车辆实施免费通行,对社会弱势群体提供优惠政策,随时随地提供全天候交通信息咨询和服务等。遇到极端恶劣天气时,高发公司还向驾乘人员免费发放盒饭,提供临时住宿等救助。

3. 建立人性化的安全保障机制

高速公路最为突出的是安全问题,高速公路最大的社会责任在于关爱生命。首先,完善交通安全设施和建立快速修复机制。合理设置和科学配套的交通安全设施,是高速公路预防交通安全事故的基础。其次,建立科学的交通安全预警机制。提升突发事件预警能力和处置能力,对交通事故的成因进行科学分析,从源头采取措施消除事故"黑点"。如建立交通安全联席会议制度,对事故多发地段进行技术处理、设立仿真警察和路政员,设立醒目标志和限速牌,全程雷达测速,有效降低事故率。再次,建立快速的应急救援机制。高速公路一旦出现交通安全事故,实施快速救援至关紧迫。高发公司联合公安部门成立路警联合指挥中心,建立快速立体化救援体系,成为高速公路安全救援的新方向。

4. 建立相互协调的环境保护机制

环境保护是一项基本国策,要避免因为高速公路发展而牺牲环境,造成社会

不安定因素。如高速公路地下通道中积水处理问题,高速公路服务区的排污问题等。这些问题的妥善解决是构建和谐高速的重要方面之一。建立相互协调的环境保护机制需做到:首先,要强化环保意识,无论是规划、建设还是经营和管理,都要将环境保护考虑在内;第二,要加大环保投入,设置专项资金解决环境破坏和污染问题;第三,建立环境监测和最严格的环保制度。对于影响人民群众生产生活和环境污染的问题,要引起足够的重视,采取科学的方法予以解决。

第五章　绩效考核评价体系

通过二十多年的探索和发展,综合目标管理、标杆管理、关键绩效指标、360度绩效考核等先进的绩效管理理念,河南省高速公路发展有限责任公司(以下简称"高发公司")在对公司管理实际系统、深入分析的基础上,建立了一套体系完善、结构清晰、指标科学、操作流程规范、员工接受度高的绩效考核评价体系。

高发公司的绩效评价体系共分五大部分:河南高速公路发展有限责任公司绩效考核评价办法、管理分公司绩效考核评价办法、经营公司绩效考核评价办法、项目建设公司绩效考核评价办法、所属单位负责人年度考核评价要点及标准,详见附录。这五大部分以第一部分"河南高速公路发展有限责任公司绩效考核评价办法"为总领,对高发公司下属分公司、机关单位内典型职位的绩效考核标准做了详细说明,并对所属单位负责人的考核单独进行了阐述。

高发公司绩效考核评价体系作为公司绩效考核评价的纲领性文件,使对公司各层级管理者、各岗位员工的绩效考核评价有"法"可依,促进了绩效考核评价工作公平、公开、公正地推行,从而有效保证了公司发展战略的达成和各项管理制度的有效实施。

附录

河南高速公路发展有限责任公司
绩效考核评价体系

附录一　河南高速公路发展有限责任公司绩效考核评价办法

第一章　总　　则

第一条　为进一步规范河南高速公路发展有限责任公司(以下简称高发公司)对所属单位及单位负责人的考核评价工作,建立科学有效的激励约束机制,结合高发公司实际情况,制定本办法。

第二条　本办法所称高发公司所属单位包括管理分公司、经营公司、项目公司,高发公司所属单位负责人是指高发公司所属单位的领导班子成员,所属基层单位是指基层站、队、服务区。

第三条　考核的目的是督促各单位、各部门、各岗位人员认真履行职责,做好各项管理工作,实现公司年度工作目标;为公司评先、绩效工资评定、干部选拔使用提供依据;增强全体人员工作责任感和竞争意识,落实各项制度,全面提高管理水平,提高企业竞争力。

第四条　高发公司的考核评价工作,遵循定量与定性相结合、结果考核与过程评价相统一、考核结果与奖惩相挂钩的原则。

(一)按照经济收益最大化以及可持续发展的要求,对所属单位及负责人进行考核评价。

(二)按照企业所处的不同行业、资产经营的不同水平和主营业务等不同特点,实事求是、公开公正,实行科学的分类考核。

(三)按照责、权、利相统一的要求,建立所属单位负责人经营管理绩效同激励约束机制相结合的考核制度。

(四)按照科学发展观的要求,推动所属单位提高战略管理水平,不断增强企业核心竞争力和可持续发展能力。

(五)按照全面落实责任的要求,推动所属单位建立健全全员绩效考核体系,增强企业管控力和执行力。

第二章 考 核 体 系

第五条 组织机构及职责

为建立健全全员考核体系，结合高发公司点多线长、情况复杂的特点，实行三级考核。

高发公司成立绩效考核管理委员会，为高发公司绩效考核领导机构，负责全公司考核评价工作的统一部署、协调和考核结果审定。高发公司绩效考核管理委员会的人员组成，主任由董事长兼任，副主任由书记和总经理兼任，成员由班子成员兼任。

高发公司绩效考核管理委员会下设绩效考核领导小组，组长由一名班子成员兼任，组员由公司办公室、考核督察办公室、机关党委、人事劳动部、监察部等部门负责人组成。负责对高发公司考核工作的具体指导和协调。

绩效考核领导小组下设考核督察办公室，负责高发公司所属单位考核工作的实施，为一级考核。省公司机关党委负责省公司机关各部室考核工作的实施。

各管理分公司、经营公司、项目公司分别成立本单位的绩效考核管理委员会，负责本单位考核工作的部署和领导；下设考核督察办公室，负责本单位考核工作的实施，为二级考核。

各管理分公司、经营公司、项目公司所属基层单位成立考核小组，负责本单位考核工作的实施，为三级考核。

（一）一级考核工作的主要职责

1. 制定考核评价办法，建立系统的考核体系；

2. 负责所属单位考核工作的组织开展；

3. 负责指导、监督二级考核工作；

4. 结合考核督察实际情况，修改完善绩效考核评价办法；

5. 负责对季度自评结果、半年度、年度考核结果进行收集、汇总，考核结果经高发公司绩效考核管理委员会审定，并将审定结果通报或上报；

6. 负责高发公司绩效考核管理委员会安排的专项考核、阶段工作任务督察、限期整改落实情况的核查；

7. 负责对所属基层单位提出的申诉进行复议；

8. 负责考核人员的培训工作。

（二）二级考核工作的主要职责

1. 依据一级绩效考核评价办法并结合本单位实际情况制定二级绩效考核评价办法，完善二级考核各项制度；

2. 负责制定本单位考核工作计划,按时上报报表;

3. 负责对本单位机关各部门和所属基层各单位进行考核;

4. 负责对考核结果进行收集、汇总,考核结果经本单位绩效考核管理委员会审定,并将审定结果通报或上报;

5. 负责指导、监督三级考核工作;

6. 负责本单位绩效考核管理委员会安排的专项考核、阶段工作任务督察、限期整改落实情况的核查;

7. 负责对所属基层单位考核中提出的申诉进行复议;

8. 负责考核人员的培训工作。

(三)三级考核工作的主要职责

1. 依据二级绩效考核评价办法并结合本单位实际情况制定三级绩效考核评价办法,完善三级考核各项制度;

2. 负责本单位员工日常工作的考核;

3. 负责对考核结果进行汇总、通报,并按时将考核结果向二级考核督察办公室上报备案。

第六条　考核内容

考核主要分单位考核和单位负责人考核。

所属单位考核主要从经营业绩、党群工作和反腐倡廉工作三个方面进行考核。所属单位负责人年度考核主要从经营业绩、个人贡献、素质和能力四个方面进行考核。

所属基层单位考核主要从工作业绩、党群工作和反腐倡廉工作三个方面进行考核。所属基层单位负责人半年度、年度考核主要从工作业绩、个人贡献、素质和能力四个方面进行考核。

第七条　考核依据

考核工作以高发公司与所属单位签订的目标责任书和公司下达的目标值,以及阶段性或重大特殊性任务指标为依据,并参照河南省交通投资集团、高发公司有关管理规定进行。

第八条　考核时间

三级考核实行日考核月排名,二级考核实行月考核季排名,一级考核实行半年度、年度考核。

第九条　考核评价

一级考核对所属单位考核结果按照年度考核综合得分情况予以评价。所属单位负责人考核结果按照年度考核综合得分情况予以评价。

所属单位考核评价结果分为优秀(95 分以上,含 95 分)、良好(90 ~ 95 分,含 90 分)、一般(80 ~ 90 分,含 80 分)、较差(80 分以下)四个等级。

所属单位负责人考核评价结果分为优秀(95 分以上,含 95 分)、称职(90 ~ 95 分,含 90 分)、基本称职(80 ~ 90 分,含 80 分)和不称职(80 分以下)四个等级。

第三章　单 位 考 核

第十条　所属单位考核以半年度、年度为考核期,包括经营业绩考核、党群工作考核和反腐倡廉工作考核,采用百分制计分。其权重为经营业绩占 80%,党群工作占 10%,反腐倡廉工作占 10%。

(一)经营业绩考核

经营业绩考核主要是对所属单位经营状况的考核,以年度经营目标责任书和公司下达的目标任务为考核依据,经营业绩考核采用百分制计分,根据各指标完成情况进行相应加减,最高分值不超过 120 分。

年度经营业绩考核结果分为 A(120 ~ 110 分,含 110 分)、B(110 ~ 100 分,含 100 分)、C(100 ~ 90 分,含 90 分)、D(90 ~ 80 分,含 80 分)、E(80 分以下)五个级别。

经营业绩考核分为非竞争性单位经营业绩考核、一般竞争性单位经营业绩考核和竞争性单位经营业绩考核。

(二)党群工作考核

党群工作考核主要是对所属单位党群工作的各项目标任务的考核,以年度党群工作目标责任书为依据,采用百分制计分。

(三)反腐倡廉工作考核

反腐倡廉工作考核主要是对所属单位反腐倡廉工作的各项目标任务的考核,以年度党风廉政建设目标责任书为依据,采用百分制计分。

第四章　单位负责人考核

第十一条　所属单位负责人考核以自然年度为考核期,包括年度经营业绩考核、个人贡献考核、素质考核和能力考核,采用百分制计分。其权重为经营业绩占 60%,个人贡献占 16%,素质占 10%,能力占 14%。

(一)经营业绩考核

年度经营业绩考核权重占 60%,采用本单位的经营业绩考核成绩。

(二)个人贡献考核

个人贡献考核主要考核领导班子各成员分管业务情况以及对单位的贡献，其权重占16%，采用十分制计分。

（三）素质考核

素质考核包括政治素质考核、职业素质考核和廉洁从业考核。素质考核权重占10%，其中政治素质考核占4%、职业素质考核和廉洁从业考核各占3%，均采用十分制计分。

（四）能力考核

能力考核包括决策能力考核、执行能力考核和创新能力考核。能力考核权重占14%，其中执行能力考核占6%、决策能力考核和创新能力考核各占4%，均采用十分制计分。

年度个人贡献考核得分、素质考核得分和能力考核得分均通过年度民主测评获得。年度民主测评采用所属单位领导、管理部门负责人以及职工代表测评相结合的多维度测评办法。

所属单位负责人多维度测评主体权重为：本单位班子成员占30%、中层管理人员占40%，职工代表各占30%。

第五章　考核目标的确定、调整和监控

第十二条　考核目标的确定

年初上级下达高发公司年度目标任务后，由各相关业务管理部门对目标任务进行分解核定，报送高发公司绩效考核管理委员会审定，下达所属各单位。

上级年初没有及时下达年度目标任务时，高发公司各相关业务部门应参照往年经营情况在4月底前下达年度预计划目标，待上级下达后再予以调整。

第十三条　考核目标的调整

高发公司绩效考核管理委员会组织相关业务管理部门对年度考核任务进行统一修订，修订后一般不予调整。执行目标任务过程中，如遇重大自然灾害、国家宏观政策变化、市场条件发生重大变化以及河南省交通投资集团、高发公司重大战略调整等特殊原因确需对目标任务进行调整的，由所属单位适时提出书面申请，经高发公司各相关业务管理部门研究，报高发公司绩效考核管理委员会审定后调整。

对于在考核期内所属单位发生清产核资、改制重组、主要负责人变动等情况的，高发公司可以根据具体情况变更考核目标的相关内容。

第十四条　考核目标的监控

高发公司对目标考核任务执行情况实施动态监控。

年度目标考核任务下达后,所属单位每季度将目标考核任务执行情况上报高发公司各相关业务管理部门,各业务管理部门对目标考核任务的执行情况进行动态跟踪和汇总分析,交高发公司考核督察办公室备案。

考核督察办公室对所属单位考核目标任务完成情况进行不定期抽查和监督。

第六章　考核程序和方式

第十五条　所属单位的考核,由高发公司考核督察办公室根据平时收集的数据和信息以及各项目标任务完成情况,整理汇总,做出考核评价,报高发公司绩效考核管理委员会审定。

第十六条　所属单位负责人的年度考核由人事劳动部组织实施。提前7个工作日将考核日程安排、考核方式方法通知被考核单位。所属单位根据年度各项工作开展情况、经营计划和责任目标完成情况、所属单位负责人履职情况、廉洁从业情况,分别形成单位年度工作报告及负责人个人述职述廉报告,并以书面形式上报。

第十七条　对单位考核结束后,高发公司考核督察办公室将考核结果形成考核报告,报高发公司绩效考核管理委员会审定后公示或反馈。

第十八条　考核方式

考核方式包括日考核、月考核、季度考核、半年度考核、年度考核。考核主要采取明察、暗访的形式,通过收集现场资料、检查相关记录和台账、专项检测等方法取得数据和信息,作为考核评价的依据。

高发公司考核督察办公室不定期进行暗访督导。暗访时首次发现的问题下发考核督办通知单,在本公司范围内,限期整改,到期未按要求整改的加倍扣分。高发公司稽查总队下发的稽查通报中要求整改而未整改的加倍扣分。对于一级考核中服务区的考核督办通知单由服务区管理公司纳入二级考核计分。采用明查方式考核发现的问题直接扣分。

考核月报表在下月7日前完成并上报,基层单位季度考核成绩、排名在下季度首月7日前完成并上报,半年度考核评价结果在7月10日、1月10日前完成并上报,年度考核评价工作在考核自然年度结束后3个月内完成。由于特殊原因需要调整的,由高发公司绩效考核管理委员会决定。

第七章　考核结果应用

高发公司考核评价结果与荣誉称号、绩效工资发放、干部选拔任用挂钩。

第十九条　考核评价结果与荣誉称号的挂钩

高发公司对机关各部门、管理分公司、经营公司、项目公司年度考核评价结果为优秀的在高发公司内部进行通报表彰，优秀等次前两名颁发“金杯”、“银杯”（同类性质单位数量较多的按20%比例设置金杯一名，银杯若干），发放奖金。考核评价结果为“较差”的，在高发公司内部进行通报批评。

高发公司对所属单位按公司类别依据年度考核结果评比出单项第一名，发放奖牌。管理分公司设立收费、路政、养护、机电四个单项奖；经营公司设立企业盈利、安全生产两个单项奖；项目公司设立投资计划、工程质量、安全生产三个单项奖。

第二十条　荣誉称号的奖励

年度“金杯”：A类公司奖励50万元，B类公司奖励35万元，C类公司奖励25万元，部室奖励3万元；“银杯”：A类公司奖励40万元，B类公司奖励30万元，C类公司奖励20万元，部室奖励2万元。

第二十一条　奖励资金的使用

考核中获得“金杯”、“银杯”的单位应将所得奖金的30%用于机关工作人员发放，70%用于基层单位工作人员发放。考核督察办公室将对奖金的使用情况进行跟踪。

第二十二条　二、三级考核对一级考核结果的利用

各管理分公司、经营公司、项目公司在利用一级考核结果对本单位基层员工进行奖罚时，处罚额度全年最多不得超过绩效工资总额（不包括基础工资）的10%，同时不得因考核通报对本单位干部职工采取免职、待岗等处罚；对于一级考核中所发现的问题不得在二、三级考核中加倍扣分。

二、三级考核的奖惩办法由各单位本着“奖罚适度”的原则自行制定。

第二十三条　出现下列情况之一的，对所属单位、相关责任负责人实行“一票否决”制，直接评为最差等级，取消年终评先资格。“一票否决”由高发公司绩效考核管理委员会依据国务院《生产安全事故报告和调查处理条例》、《特别重大事故调查程序暂行规定》和交通运输部《公路工程质量事故等级划分和报告制度》等相关法规及省交通投资集团、高发公司的有关规定进行认定。

（1）发生重大安全责任事故的；

（2）发生重大质量事故的；

（3）稳定工作出现重大问题的；

（4）计划生育出现重大问题的；

（5）出现严重违法问题或严重违规违纪问题被上级处理的；

(6)年度投资任务完成小于80%的;

(7)未按期通车的。

第二十四条 考核结果与绩效工资的挂钩

所属单位及负责人绩效工资发放,与经营业绩考核评价结果挂钩,按照高发公司薪酬管理办法的相关规定执行。

(一)对所属单位的应用

1.非竞争性单位

非竞争性单位年度绩效工资发放总额,以公司年初核定的年度绩效工资预算总额为基准,并与年度经营业绩考核评价结果挂钩。

$$年度绩效工资发放总额 = M \times 年度绩效工资预算总额$$

其中,M为非竞争性单位年度绩效工资浮动系数,M范围为0~1.21。

(1)当经营业绩考核分数为95~100分时,$M=1$,年度绩效工资预算总额全额发放。

浮动系数M与经营业绩考核分数对照表

序号	考核得分	浮动系数M	序号	考核得分	浮动系数M	序号	考核得分	浮动系数M
1	120	1.210	15	106	1.021	29	92	0.902
2	119	1.190	16	105	1.015	30	91	0.870
3	118	1.171	17	104	1.010	31	90	0.830
4	117	1.153	18	103	1.006	32	89	0.782
5	116	1.136	19	102	1.003	33	88	0.726
6	115	1.120	20	101	1.001	34	87	0.662
7	114	1.105	21	100	1.000	35	86	0.590
8	113	1.091	22	99	1.000	36	85	0.510
9	112	1.078	23	98	1.000	37	84	0.422
10	111	1.066	24	97	1.000	38	83	0.326
11	110	1.055	25	96	1.000	39	82	0.222
12	109	1.045	26	95	1.000	40	81	0.110
13	108	1.036	27	94	0.942	41	80及以下	0.000
14	107	1.028	28	93	0.926			

(2)当经营业绩考核分数大于100分时,采用二级等差数列形式确定上浮系数,M范围为1~1.21。

$$M = 1 + [m \times (m+1)/2] \times 0.1/100, m = 考核分数 - 100$$

(3)当经营业绩考核分数小于95分时,同样采用二级等差数列形式确定下浮系数。M范围为0~1。

$$M = 0.95 - [m \times (m+1)/2] \times 0.8/100, m = 95 - 考核分数$$

2.一般竞争性单位

一般竞争性单位年度绩效工资发放总额,以公司年初核定的年度绩效工资预算总额为基准,并与年度经营业绩考核评价结果挂钩。

年度绩效工资发放总额 = N × 年度绩效工资预算总额

其中,N为一般竞争性单位年度绩效工资浮动系数,N范围为0~1.315。

(1)当经营业绩考核分数为95~100分时,N=1,年度绩效工资预算总额全额发放。

(2)当经营业绩考核分数大于100分时,采用二级等差数列形式确定上浮系数,N范围为1~1.315。

$$N = 1 + [n \times (n+1)/2] \times 0.2/100, n = 考核分数 - 100$$

浮动系数N与经营业绩考核分数对照表

序号	考核得分	浮动系数N	序号	考核得分	浮动系数N	序号	考核得分	浮动系数N
1	120	1.315	15	106	1.0315	29	92	0.902
2	119	1.285	16	105	1.0225	30	91	0.870
3	118	1.2565	17	104	1.015	31	90	0.830
4	117	1.2295	18	103	1.009	32	89	0.782
5	116	1.204	19	102	1.0045	33	88	0.726
6	115	1.180	20	101	1.0015	34	87	0.662
7	114	1.1575	21	100	1.000	35	86	0.590
8	113	1.1365	22	99	1.000	36	85	0.510
9	112	1.117	23	98	1.000	37	84	0.422
10	111	1.099	24	97	1.000	38	83	0.326
11	110	1.0825	25	96	1.000	39	82	0.222
12	109	1.0675	26	95	1.000	40	81	0.110
13	108	1.054	27	94	0.942	41	80及以下	0.000
14	107	1.042	28	93	0.926			

(3)当经营业绩考核分数小于95分时,同样采用二级等差数列形式确定下浮系数。N范围为0~1。

$$N = 0.95 - [n \times (n+1)/2] \times 0.8/100, n = 95 - \text{考核分数}$$

3.竞争性单位

竞争性单位年度绩效工资发放总额,以公司年初核定的年度绩效工资预算总额为基准,并与年度经营业绩考核评价结果挂钩。

$$\text{年度绩效工资发放总额} = N \times \text{年度绩效工资预算总额}$$

其中,N为竞争性单位年度绩效工资浮动系数,N范围为0~1.42。

(1)当经营业绩考核分数为95~100分时,$N=1$,年度绩效工资预算总额全额发放。

(2)当经营业绩考核分数大于100分时,采用二级等差数列形式确定上浮系数,N范围为1~1.42。

$$N = 1 + [n \times (n+1)/2] \times 0.2/100, n = \text{考核分数} - 100$$

浮动系数 N 与经营业绩考核分数对照表

序号	考核得分	浮动系数 N	序号	考核得分	浮动系数 N	序号	考核得分	浮动系数 N
1	120、	1.420	15	106	1.042	29	92	0.902
2	119	1.380	16	105	1.030	30	91	0.870
3	118	1.342	17	104	1.020	31	90	0.830
4	117	1.306	18	103	1.012	32	89	0.782
5	116	1.272	19	102	1.006	33	88	0.726
6	115	1.240	20	101	1.002	34	87	0.662
7	114	1.210	21	100	1.000	35	86	0.590
8	113	1.182	22	99	1.000	36	85	0.510
9	112	1.156	23	98	1.000	37	84	0.422
10	111	1.132	24	97	1.000	38	83	0.326
11	110	1.110	25	96	1.000	39	82	0.222
12	109	1.090	26	95	1.000	40	81	0.110
13	108	1.072	27	94	0.942	41	80及以下	0.000
14	107	1.056	28	93	0.926			

(3)当经营业绩考核分数小于95分时,同样采用二级等差数列形式确定下浮系数。N范围为0~1。

$N = 0.95 - [n \times (n+1)/2] \times 0.8/100, n = 95 -$ 考核分数

（二）对所属单位负责人的应用

1. 所属单位负责人绩效工资以绩效工资基数为基础，结合年度经营业绩考核结果，根据单位绩效工资浮动系数进行浮动。

（1）非竞争性单位

当经营业绩考核分数为95～100分时，绩效工资基数全额发放；当经营业绩考核分数高于100分或低于95分时，绩效工资发放额 = M × 绩效工资基数。

其中，M 为非竞争性单位年度绩效工资浮动系数。

（2）一般竞争性单位、竞争性单位

当经营业绩考核分数为95～100分时，绩效工资基数全额发放；当经营业绩考核分数高于100分或低于95分时，绩效工资发放额 = N × 绩效工资基数。

其中，N 为一般竞争性单位年度绩效工资浮动系数。

（3）竞争性单位

当经营业绩考核分数为95～100分时，绩效工资基数全额发放；当经营业绩考核分数高于100分或低于95分时，绩效工资发放额 = N × 绩效工资基数。

其中，N 为一般竞争性单位年度绩效工资浮动系数。

2. 所属单位董事长、书记、经理（含主持工作的副职），其分配系数为1；班子其他成员的分配系数为0.95，报高发公司绩效考核管理委员会备案后执行。

3. 由高发公司面向社会公开选聘产生的单位负责人，其分配方案通过协商方式另行确定。

第二十五条　高发公司依据年度考核结果提出对所属单位负责人的奖惩意见，并按照干部管理权限，把考核结果作为所属单位负责人任免、调整或建议任免、调整的重要依据。

第二十六条　所属单位负责人年度考核评价结果为“优秀”的，在高发公司内部进行通报表彰；为“不称职”的，进行诫勉谈话，指出问题和不足，限期改进；连续两年年度考核评价结果为“不称职”的，予以建议调整。

第二十七条　所属单位年度经营业绩考核结果为D级和E级的，单位不得确定为“优秀”和“良好”等级，单位负责人不得确定为“优秀”和“称职”等级。

第八章　考核结果的复议

第二十八条　在考核结果公示期间，被考核单位和个人对考核结果有异议时，向所在考核单位提出复议申请，并提交相关资料，由所在考核单位针对申诉内容5日内予以答复，仍有异议的，向上级考核单位申诉。高发公司绩效考核管

理委员会有最终仲裁权。

第九章　考核工作要求

第二十九条　为保证考核工作的独立性、公正性,考核督察办公室开展考核工作所需费用由高发公司统一解决,考核人员要严格执行考核工作纪律和廉政建设方面各项规章制度,不得接受被考核单位宴请、礼金、礼品。

第三十条　任何单位和个人不得暗示、明示考核人员更改考核结果。

第三十一条　考核人员收集各类数据信息要实事求是、准确完整。所属单位要高度重视、积极配合考核工作,提供资料要真实有效,不得弄虚作假。

第三十二条　为保证考核工作公开、公平、公正,各级考核都要将考核结果予以公示,公示期内允许复议。

第十章　附　　则

第三十三条　A、B、C 类公司的确定：管理分公司依据公司所辖管理里程、基层单位数量、当年年度通行费收入按 4∶3∶3 的比例得出公司综合系数。系数为 2 以下的确定为 C 类公司,系数为 2.1 ~6 的确定为 B 类公司,系数为 6.1 以上的确定为 A 类公司。经营公司确定为 C 类公司。项目公司依据建设里程或投资数额确定级别。A 类公司指建设里程在 100 公里(含 100 公里)以上或投资 50 亿元(含 50 亿元)以上;B 类公司指建设里程在 50 ~100 公里(含 50 公里,不含 100 公里)或投资在 25 ~50 亿元(含 25 亿元,不含 50 亿元);C 类公司指建设里程在 50 公里(不含 50 公里)以下或投资在 25 亿元以下(不含 25 亿元)。

第三十四条　高发公司所属单位的绩效考核评价办法应在本绩效考核评价办法确立的基本框架内制定,并上报公司考核督察办公室备案。

第三十五条　本办法由高发公司考核督察办公室负责解释。

第三十六条　本办法自下发之日起实施。

附录二　管理分公司绩效考核评价办法

一、管理分公司一级考核

1　管理分公司经营业绩考核评价实施细则

第一章　总　　则

第一条　为进一步提高河南高速公路发展有限责任公司(以下简称“高发公司”)所属单位管理水平,建立、健全以经济效益为中心的经营管理理念和有效的激励约束机制,结合公司实际情况,制定本细则。

第二条　本细则所称经营业绩考核,是指以投入产出分析为基本方法,通过建立经营业绩综合评价指标体系,对照相应行业评价标准,对所属单位特定经营期间的盈利能力、经营增长以及管理状况等进行的综合评判。

第二章　经营业绩考核体系

第三条　根据《河南高速公路发展有限责任公司绩效考核评价办法》,经营业绩考核分为高发公司所属单位经营业绩考核和所属单位负责人经营业绩考核。

第四条　所属单位经营业绩考核及单位负责人经营业绩考核是高发公司对所属单位及单位负责人考核评价工作的重要组成部分,高发公司考核督察办公室负责高发公司所属单位及负责人经营业绩考核工作的组织和评价工作。

第三章　经营业绩考核的形式和过程

第五条　经营业绩考核形式

所属单位经营业绩考核以半年度、年度为考核期,单位负责人经营业绩考核以自然年度为考核期。考核形式分为阶段性指标对比分析、听取所属单位汇报、现场实际查看,具体由高发公司根据考核工作实际情况确定,必要时可聘请外部专家或专业机构参与。

第六条 经营业绩考核过程

经营业绩考核过程由考核督察办公室根据河南省交通投资集团和高发公司有关要求科学制定,建立考核指标过程跟踪评价制度。具体分为单位自评、过程跟踪、阶段分析和年终汇总。

(一)单位自评

每年年初经营业绩考核指标确定后,各所属单位须按照本细则,结合本单位日常经营情况,将指标进行分解,并以半年度为单位开展经营业绩考核指标完成情况自我评价,内容包括年度经营总体目标、年度经营目标分解、经营活动开展情况、经营业绩考核指标完成情况等。自评报告最迟于七月七日、次年一月七日前上报高发公司相关业务管理部门和考核督察办公室。

(二)过程跟踪

高发公司业务管理部门对各所属单位实际经营情况进行过程跟踪,并按照半年度为单位,结合各单位自评报告,对各单位经营业绩考核指标实际完成情况进行差异分析,并将分析结果送交高发公司考核督察办公室,考核督察办公室负责将各单位综合的经营情况分析提交高发公司绩效考核管理委员会。

(三)阶段分析

每年七月,由高发公司各业务管理部门组织召开所属单位半年度经营活动分析会,通报各单位实际经营业绩考核指标阶段性完成情况。各所属单位负责人需结合实际经营,就各自指标完成情况进行分析,并就全年经营情况进行展望。

(四)年终汇总

一个完整的自然年度结束后,由高发公司各业务管理部门依据所属单位经审计后的企业财务决算数据,对上年度经营业绩考核目标的完成情况进行总结分析,并将年度总结分析送交考核督察办公室,考核督察办公室依据明察暗访结果及各业务管理部门年度总结分析计算出考核成绩,形成考核意见后提交高发公司绩效考核管理委员会。

第四章 经营业绩考核指标构成

第七条 考核指标包括基本指标、分类指标和特性指标三大类。

(一)基本指标

管理分公司基本指标包括通行费收入和预算费用控制率。通行费收入和预算费用控制率是根据高发公司下达任务中的目标值取得,其中通行费收入指标权重占20分,预算费用控制率指标权重占20分。

（二）分类指标

管理分公司分类指标包括收费管理、路政管理、养护管理、机电运维管理、财务资产管理、审计工作、人力资源管理、信息管理、二级考核履职情况。其中，收费管理指标权重占10分，路政管理指标权重占8分，养护管理指标权重占8分，机电运维管理指标权重占8分，财务资产管理指标权重占3分，审计工作指标权重占3分，人力资源管理指标权重占3分，信息管理指标权重占2分，二级履职情况指标权重占5分。

（三）特性指标

管理分公司特性指标包括其他工作和安全生产，其中其他工作指标权重占5分，安全生产指标权重占5分。

第五章　经营业绩考核目标值确定原则

第八条　经营业绩考核目标值确定原则如下：

（一）规定与协商相结合原则。各项指标所占的权重和基本指标值由高发公司确定，分类指标、特性指标由高发公司根据所属单位行业特点，针对所属单位的管理需要，综合考虑反映所属单位经营管理水平、可持续发展能力及风险控制能力等因素经与各单位协商确定。

（二）争创一流原则。指标建议值由所属单位自报，鼓励所属单位对照省内外先进单位的指标，瞄准国内一流、省内同行业领先水平自树目标，自加压力，准确预测。

（三）全面预算管理原则。各所属单位根据考核目标值，同时结合宏观经济形势、单位实际发展状况，科学合理制定预算。

（四）全面进步原则。年度考核目标值原则上不低于上年指标值及前三年考核指标实际完成值的平均值，同时结合宏观经济形势、单位实际发展状况，以及当年的预计增长额。有行业标准值的考核指标原则上不低于全国同行业同规模单位前三年的平均值。行业标准值为国务院国资委定期公布的单位绩效评价标准值。

（五）实事求是原则。对于在预测指标建议值过程中切实贯彻了自加压力原则的，应尊重所属单位意见；对于指标建议值不符合以上原则，与宏观经济运行态势和行业发展走势以及市场状况明显背离的，由高发公司组织相关部门进行审查，责成所属单位重新申报，并作为诚信表现记录在案。

第六章　经营业绩考核指标的修订和调整

第九条　涉及新的自然年度，需重新调整确定考核指标的，由高发公司相关业务管理部门按照指标值确定原则和程序拟定，报高发公司绩效考核管理委员会审核同意后下发执行。

第十条　考核指标一经确定，自然年度内一般不予调整。如遇国家宏观政策及其他政策性因素、市场条件发生重大变化，对单位经营发生重大影响；重大自然灾害；涉及合并、分立、股权重组、资产转让，导致单位法律结构或经济结构重大改变等情况确需调整的，经高发公司绩效考核管理委员会同意，可在年度内对基本指标值或具体分类指标权重调整一次，但须遵循以下程序：

（一）由提出调整要求的单位详细说明调整依据和考核指标调整建议值，在半年度经营活动分析会召开前报高发公司相关业务管理部门和考核督察办公室备案。

（二）高发公司相关业务管理部门对单位经营情况进行分析研究后，形成具体调整意见报高发公司绩效考核管理委员会审批后执行，在半年度经营活动分析会召开后予以明确。

第七章　经营业绩考核的计分

第十一条　经营业绩考核采用百分制计分，根据各指标完成情况进行相应加减，最高分值不超过120分。计算公式如下：

年度经营业绩考核的综合得分 = 基本指标得分 + 分类指标得分 + 特性指标得分

第十二条　各类指标权重及计分方法

管理分公司基本指标、分类指标、特性指标所占权重分别为40%、50%、10%。

（一）基本指标的得分：根据实际完成情况，采用从权重分值中倒扣分和加分的方式计算出基本指标成绩。

（二）分类指标的得分：各指标采用百分制，根据实际完成情况，依据《考核工作标准暨评分标准》和相关部门工作要求，采取考核督察办公室（80%）和相关部门（20%）综合考核计分，然后按各指标所占权重比例，折后汇总出成绩。

（三）特性指标的得分：安全生产采用百分制，根据实际完成情况，依据《考核工作标准暨评分标准》和相关部门工作要求，采取考核督察办公室（80%）和相关部门（20%）综合考核计分，然后按各指标所占权重比例，折后汇总出成绩；

其他工作根据实际完成情况，采用从权重分值中倒扣分和加分的方式计算得出。

（四）各项指标评分标准以考核内容权重分值为扣分上限。

第十三条　年度经营业绩考核分级

根据所属单位及负责人经营业绩考核得分，经营业绩考核最终结果分为A（120~110分，含110分）、B（110~100分，含100分）、C（100~90分，含90分）、D（90~80分，含80分）、E（80分以下）五个级别。

第八章　附　　则

第十四条　本细则自下发之日起实施。

第十五条　本细则由高发公司考核督察办公室负责解释。

1.1　管理分公司经营业绩考核目标值暨评分标准

考核指标	权重	考核内容	目　标　值	评分标准
基本指标（40分）	20	通行费收入	通行费收入计划分解合理，完成收费任务	（1）未按季度、单位分解通行费收入计划的扣3分； （2）按季度、单位分解通行费收入计划无编制说明的扣2分； （3）完成全年计划任务后每增加2%加1分，每超出1000万加1分，两项合计最多加8分，未完成计划任务每降低2%扣1分，每降低1000万扣1分，两项合计最多扣8分
	20	预算费用控制率	费用控制不超过预算目标值，分解合理	（1）无预算费用控制制度的扣2分； （2）未合理按季度分解预算支出费用的扣3分； （3）按季度分解预算支出费用无编制说明的扣2分； （4）预算费用控制在目标值以内的，每降低3%加1分，最多加8分，支出费用超出预算目标值，每超出3%扣1分，最多扣8分； （5）有未经批准预算外支出的扣2分； （6）考核目标值与实际支出值存在差异时，未进行研究分析原因的扣4分； （7）使用往年结余资金未经批准的扣1分

续上表

考核指标	权重	考核内容		目标值	评分标准
分类指标（50分）	10	收费管理	站容站貌	站区干净整洁，设施齐全完好	具体评分标准见1.2《管理分公司收费管理考核工作暨评分标准》
			工作纪律	业务熟练，操作规范	
			站务管理	管理规范，记录准确	
			文明服务	文明执收，优质服务	
			监控管理	设备完好，监督有效，记录齐全	
			票款票据	管理规范	
	8	养护管理	制度管理	制度健全，认真落实	具体评分标准见1.3《管理分公司养护管理考核工作暨评分标准》
			费用管理	预算执行严格，计量支付及时，资料准确无误	
			日常管理	管理规范，资料齐全，质量合格	
			文明施工	作业现场设置合理，管理规范	
			路容路貌	设施完好，各类技术指标达标	
	8	路政管理	路政许可	各类行政审批严格规范	具体评分标准见1.4《管理分公司路政管理考核工作暨评分标准》；具体评分标准见1.5《管理分公司超限管理考核工作暨评分标准》
			内勤管理	各类档案齐全，管理规范	
			外勤管理	文明执法，巡逻到位，记录准确	
			超限管理	治超规范，记录完整	
			车辆管理	设备管理规范	
			内务管理	内务规范，整洁卫生	
			工作纪律	严格劳动纪律，遵守各项规定	
	8	机电运维管理	机电维护管理	巡查及时，维护到位，设施完好	具体评分标准见1.6《管理分公司运维机电管理考核工作暨评分标准》
			监控分中心管理	资料齐全，记录准确，管理规范	
			监控室管理	监督有效，记录准确，管理规范	

续上表

考核指标	权重	考核内容		目 标 值	评 分 标 准
分类指标（50分）	3	财务资产管理	资产管理	符合制度要求，程序规范	具体评分标准 1.7《管理分公司财务管理考核工作暨评分标准》
			财务报表	规范、及时，数据准确	
	3	审计	审查评价	资料完整，经济活动真实有效	具体评分标准见 1.8《管理分公司审计管理考核工作暨评分标准》
	3	人力资源	劳动合同管理	落实制度，管理规范	具体评分标准见 1.9《管理分公司人力资源管理考核工作暨评分标准》
			薪酬管理	按照制度发放	
			员工管理	调配合理，培训有效	
			保险管理	依法缴纳，及时办理	
	2	信息管理		准确及时上报，完成采用任务	（1）报送指标为每月上报 10 条图文信息、1 条视频信息，采用指标为每月采用 3 条，完成报送指标和采用指标各得 1 分； （2）在完成报送采用指标的基础上，每多采用 1 条图文信息，加 0.01 分，每多采用 1 条视频信息加 0.05 分； （3）公司好的做法、经验、事迹、人物等被省级媒体（含报纸、广播、电视等，不含网络媒体）正面报道的加 0.02 分，被国家级媒体正面报道的加 0.05 分（同一事件被多家媒体报道，只计算最高媒体的分数，不累计加分）； （4）加分项目合并计算后，最多加 1 分
	5	二级考核履职情况	基础工作	管理规范，上报资料准确，及时	具体评分标准见 1.10《管理分公司二级考核履职情况考核工作暨评分标准》； 二、三级考核过程中所考核内容未发现问题而一级考核在明查暗访中发现问题的加倍扣分
			日常考核	积极开展，真实有效	
			督办工作	管理有效，措施有力	
特性指标（10分）	5	安全生产		制度健全，管理有效	具体评分标准见 1.11《管理分公司安全生产管理考核工作暨评分标准》

续上表

考核指标	权重	考核内容		目 标 值	评 分 标 准
特性指标（10分）	5	其他工作	专项工作	按时完成	（1）专项工作完成好的每一项加0.2分，最多加3分，完成不好的每一项扣0.2分，最多扣3分； （2）临时工作未完成的一项扣0.5分 （注：其他工作包括专项工作和临时工作。专项工作是指由高发公司、市级地方政府以上安排的日常工作外的阶段性、临时性重要工作，工作周期连续不低于一个月；同一项工作按年度计分，跨年度在12个月内完成的计算一次，超出12个月的再次计算；各单位专项工作按考核周期报考核督察办公室初审后，报高发公司绩效考核管理委员会审定计分。临时工作是指高发公司交办的其他工作。）
			临时工作		

1.2 管理分公司收费管理考核工作标准暨评分标准

考核内容	考核工作标准	评 分 标 准
站容站貌（15分）	（1）收费广场各类设施完好、洁净无破损，收费站实行“五公开”（收费标准、批准机关、监督电话、社会承诺、收费单位）； （2）收费站站名无脱落、无褪色； （3）收费站广场（站区）内各类宣传栏干净清洁，内容适时更换； （4）站区应设意见箱，意见箱管理规范	（1）省界站和市级站的收费广场安全岛破损、斑马线油漆脱落严重、有杂物、大棚破损、标志标牌、标线破损或不洁净的一处各扣1分，其他各站区一处各扣3分；广场防护栏、隔离墩（栅）摆放不整齐一处扣3分，不完整一处扣3分；没有向驾乘人员公示“五公开”的每少一项扣1分； （注：安全岛破损，要在收费工作日志上进行登记破损的时间和原因，要求24小时内采取措施并进行维修，收费广场地面破损、标志标牌、标线破损要有维修上报记录。） （2）收费站站名脱落或褪色没有及时上报的扣1分； （3）收费站广场（站区）宣传栏明显不洁净的一处扣1分；每季度至少更换一次（更换要有记录），没有更换的扣1分； （4）站区未设意见箱扣5分；意见箱每周至少开启一次并建立开启台账（开启时间、开启人姓名、内容、处理情况），没有及时开启和登记的一次扣1分

续上表

考核内容	考核工作标准	评 分 标 准
站容站貌(15分)	(5)站区配备的消防设施管理规范，确保正常使用； (6)收费设施、计重设施干净清洁，保证设施设备正常运行； (7)收费亭内外干净清洁，亭内物品设施摆放有序； (8)收费车道洁净无油泥沉积	(5)消防设施不洁净的一处扣1分，收费站的灭火器压力表指针在红色区域的一个扣1分；消防桶、消防锹等设施严重锈蚀、变形，发现一项扣1分，消防沙池有积水、杂物扣1分； (6)收费设施、计重设施不能正常运行的扣2分，明显不洁净一处各扣1分； (7)收费亭内外明显不洁净一处扣1分，收费亭内物品、设施明显不洁净、摆放不整齐的一处扣1分，收费亭损坏未上报的(查上报材料)扣3分，收费亭门锁损坏24小时内未修复的扣3分； (8)收费车道形成油泥沉积的(标准:用小铁锹刮车道，凡是刮下油泥的按此项标准扣分)对于省界站和市级站一个车道扣1分，明显不洁净的一个车道扣1分，其他各站一个车道扣3分
工作纪律(25分)	(1)严格控制各类闯岗车辆，做好防范措施； (2)严禁擅自使用“车队”键； (3)严禁擅自对车辆进行手工输入收费； (4)收费站应根据厅高管局豫交管(2006)6号文合理开启车道； (5)严格按照免征规定执行，严禁擅自扩大免征范围，应做到“应征不漏、应免不征”； (6)无卡车应按照规定收取IC卡工本费； (7)出口车辆严格按实际车型进行对应情况操作； (8)收费员在岗期间衣着规范、端庄整洁，禁止吸烟、吃东西等不雅行为；胸牌和工号牌佩戴规范；外勤人员及绿色通道车辆验货员须穿反光背心	(1)未按闯卡车处理程序操作的一次扣5分(处理要有记录)； (2)未按规定及时上报和审批的一次扣5分； (3)未按有关规定使用的一次扣5分； (4)未合理开启车道造成堵车5辆以上扣3分，堵车10辆以上扣5分，对私自关闭车道、人为造成堵车、造成社会影响、受到上级批评的一次扣10分； (5)违反一次扣5分； (6)对无卡车未收取工本费的扣5分，班长未将工本费的发票票号登记到工作日志上的扣3分，特殊原因不能收取工本费的经站领导现场批准后并做好记录； (7)未按对应情况操作的一次扣3分； (8)着装不规范一人次扣1分；外勤人员及绿色通道车辆验货员不穿反光背心发现一人次扣3分；未佩戴胸牌一人次扣1分，未挂工号牌一人次扣1分，胸牌号与工号牌号码不相符(包括新进人员)一人次扣1分

续上表

考核内容	考核工作标准	评分标准
工作纪律（25分）	(9)不迟到、不早退、不睡岗、不串岗、不脱岗、不私自顶岗、不旷工等，坚守岗位、严格执收； (10)严禁携带私款上岗；上岗不准携带通信工具，不准接打私人电话，通信工具按要求存放； (11)严禁工作时间喝酒、看杂志、三人以上聚堆聊天（含三人）等做与工作无关的事情； (12)严禁故意遮挡、挪动摄像镜头或损坏监控设施； (13)严禁擅自在监控范围外收费； (14)严禁夜间收费亭内闭灯； (15)严禁与工作无关人员进入收费亭；严禁非当班工作人员在收费亭内停留、闲谈；非本班收费人员进入收费亭，收费员要及时上报监控； (16)收费亭及时上锁； (17)唱收唱付，文明服务规范； (18)严格执行特情车处理程序； (19)严格规范交接班程序； (20)严格执行绿色通道验货有关规定； (21)严格执行ETC不停车收费相关规定	(9)出现迟到、早退、串岗、脱岗和私自顶岗的一人次扣5分，旷工一人次扣10分；当班收费人员在工作期间出现躺在收费亭内睡觉的一人次扣3分，趴在桌子上睡觉的一人次扣1分，因睡岗影响正常收费工作的一人次扣5分； (10)携带私款上岗一人次扣5分，携带或接打私人电话的一次扣3分； (11)工作期间做与工作无关的事情扣3分，工作期间携带与工作无关的物品进入收费亭的扣3分； (12)违反规定一人次扣5分； (13)违反规定一人次扣10分； (14)违反规定一次扣5分； (15)与工作无关人员进入收费亭的一人次扣5分，非当班工作人员在收费亭内停留、闲谈的一人次扣3分，其他人员未经许可进入收费亭的一人次扣3分； (16)收费亭没有及时上锁一个亭子扣3分； (17)违反规定的一人次扣1分； (18)未按程序操作且不能说明原因的扣5分； (19)未按程序的一项扣1分； (20)未按规定执行的一项扣3分； (21)未按规定执行的一项扣3分
站务管理（25分）	(1)认真学习、严格执行并完善各项规章制度，工作有计划、活动有落实； (2)杜绝挪用票款、贪污事件； (3)按规定做好各种报表的统计、登记工作，确保内容齐全，上报及时； (4)档案健全、规范； (5)实行站领导24小时值班制度，严格落实站领导巡查制度，夜间不得少于一次，并做好记录； (6)严格落实收费安全制度	(1)工作无计划的扣1分，活动无记录或记录不认真的扣1分； (2)凡被上级领导查出挪用或贪污票款的，收费工作一票否决；若本单位查出来的只对责任人进行处理，上级考核不扣分； (3)各种报表统计和登记不准确、上报不及时的，一项扣1分； (4)档案不齐全缺一项扣3分，有项目无内容的扣1分； (5)无站领导值班的一次扣5分；不巡查一次的扣5分； (6)对收费亭内报警器使用不熟练、百元

续上表

考核内容	考核工作标准	评 分 标 准
站务管理（25分）	（7）制定各类突发事件预案，并及时完善和更新； （8）配电房各种工具摆放整齐有序，广场照明设施及匝道灯正常，机房消防设施、防雨设施、防鼠板设施管理规范，配电房设施完好，发电机运行正常并按规定进行维修、保养和使用； （9）公务用车由专职驾驶员驾驶，其他人员严禁擅自驾驶；严禁公车私用； （10）食堂管理制度齐全，餐厅、操作间干净整洁，各类食物、调料等分类摆放整齐； （11）食堂落实伙食管理制度，账目规范、按月公布，定期召开伙食会； （12）图书室、活动室、电子阅览室管理规范； （13）办公楼、仓库、办公室物品摆放统一、规范、有序，卫生干净整洁，责任落实到人； （14）内务卫生要保持整齐、清洁、有序，各类用具（品）的摆放合理、规范；未经领导批准，不准擅自留客住宿	现钞未及时放入保险柜的一项扣1分，报警器不能正常使用并无上报维修记录的一个扣5分； （7）未制定各类预案的扣3分；未及时完善和更新的扣1分； （8）配电房物品摆放凌乱一处扣1分，广场照明设施及匝道灯不完好或设备故障未及时上报、修复的一处扣3分，机房消防设施、防雨设施、防鼠板设施管理不到位的一处扣1分，发电机未按规定正常检修、保养的的一次扣1分； （9）其他人员擅自驾驶、公车私用的一次扣5分，发生责任事故的一次扣10分； （10）食堂管理制度不齐全的扣1分，餐厅、操作间不洁净一处扣3分，各类食物未分开存放、生熟未分开的一项扣3分； （11）未落实伙食管理制度的扣1分，伙食收支明细账没有公布在食堂或办公楼内明显位置的扣1分，账目管理不合规定的扣5分，不定期公布的扣1分，未召开伙食会的扣1分； （12）无管理制度的一项扣5分，制度落实不到位的一项扣1分； （13）未达到要求的一处扣1分； （14）内务卫生不整洁一处扣1分，各类用具摆放不整齐的一项扣1分，私自留客住宿的一人扣3分
监控管理（15分）	（1）监控管理制度上墙，有关文件、资料等按规定存档； （2）监控员业务熟练、操作准确无误，充分履行监控职责； （3）严格执行监控室出入管理登记制度；加强录像资料的管理，各项记录规范、齐全、完整； （4）保持监控室卫生整洁，物品摆放有序，计算机、空调、UPS电源等各种监控设备保持干净整洁，任何人不得关闭设备电源，监控员负责通信机房空调的开启和关闭，通信机房温度（温度：22～26℃，相对湿度：40%～70%）；	（1）不符合规定的一项扣1分； （2）监控员业务不熟练的扣1分，监控员对当班收费人员有违规违纪现象不提醒的一次扣3分，监控录像未对特情跟踪的扣5分； （3）发现无关人员进入主控机房扣3分，非监控人员进出监控室不登记的一次扣1分，操作人员擅自透漏各类数据、信息资料者一次扣5分，有漏项、错填的一项扣1分； （4）监控室机器设备表面有灰尘的扣1分，物品摆放不整齐扣1分，室内卫生不达要求的一处扣1分，对擅自关闭设备电源的

续上表

考核内容	考核工作标准	评分标准
监控管理 (15分)	紧急情况及时上报,不得越权操作; (5)监控室执行24小时工作制度,监控员不准脱岗、串岗、睡岗等,不得携带与工作无关的物品进入监控室或做与监控工作无关的事; (6)监控员不得私自移动、拆卸各种设备电缆,对各种设备严格按照规定操作;特殊情况下操作主控机必须经站长批准并进行详细登记; (7)监控员对配备的消防器材和防鼠措施进行有效管理; (8)监控员对监控室内设备、收费设施设备故障做到及时发现及时上报,并做好详细记录	造成监控录像系统间断运行的扣5分,通信机房不符合通信环境要求的一处扣1分; (5)违反规定一项扣3分; (6)违反规定一次扣5分; (7)未尽责的一次扣3分; (8)未及时上报的扣3分,记录不清楚的扣1分
票款票据管理 (20分)	(1)票据计划、领取、保管、发放、入账、核销等环节手续齐全、及时准确,做到日清月结,月底自检盘存; (2)凭证、账目齐全、准确、整洁,上报及时,保证账账相符、账实相符、账表相符,装订规范; (3)按规定严格废票管理; (4)票据库管理严格,按照要求达到"三专六防"; (5)票据库库存充足、分类上架、摆放整齐、标签清晰、制度明确; (6)保险柜管理规范; (7)票证、票款保管严密,防范措施完善; (8)严格执行缴款程序	(1)票据断码未发现扣1分,领取或发放不及时、不规范的一项扣3分,入账不及时或不准确扣1分,票据账实不符的扣5分;未做到日清月结的每次扣5分; (2)记账凭证制作不及时、不完整的、不按规定及时装订的一项扣1分,账簿不齐全的扣5分,各类账账、账实、账表不符的一项扣5分; (3)未按规定执行的一项扣1分; (4)未安装防盗设施(防盗门、防盗窗)扣5分,库房未达到"三专六防"的一项扣5分; (5)票据未上架、无标签一项扣1分,摆放不整齐、有杂物、有灰尘一项扣1分,无管理制度扣1分; (6)保险柜内存放私人物品的一次扣3分; (7)票款室安全防范措施(防盗门、防盗窗、监控设施等)不到位、不完好的一项扣5分,票款室夜间关灯或没有24小时进行有效监控的扣5分,票证、票款、通行卡有丢失的一项扣10分; (8)违反规定的一人次扣5分

1.3　管理分公司养护管理考核工作标准暨评分标准

考核内容	考核工作标准	评分标准
制度管理（15分）	（1）按照高发公司下发工作重点和承包合同编制年度养护计划、月度分解计划，按计划组织施工； （2）专项工程或大修工程施工组织设计科学合理，周密严谨，切实指导施工，并按程序核准审批；各项工程按照计划节点完成施工任务； （3）做好各种抢险、突发事件、恶劣天气的养护工作，事先有预案，并符合上级有关规定； （4）巡查记录齐全清晰，如实记录病害情况，并有巡查人、负责人签字； （5）及时进行雨中、雨后巡查，发现病害按照修复时限修复； （6）巡查出的病害24小时内下发养护施工任务单，及时维修； （7）路面、桥梁管理系统及时更新，每日输入当天的巡查记录、施工记录、施工任务单； （8）落实信息报告制度	（1）不符合规定一项扣3分； （2）不符合规定一项扣5分； （3）不符合规定的一项扣3分； （4）记录不清晰、记录病害不实或无签字一处扣1分； （5）不符合规定一次扣1分； （6）未达到要求一次扣2分； （7）未及时输入一次扣2分； （8）不落实一次扣3分
费用管理（10分）	（1）日常养护费用按照合同约定及时支付，工程计量与实际相符； （2）日常养护支付手续齐全； （3）日常养护严格执行上级批复的养护施工预算，超出预算按程序报批	（1）因业主方原因未按照合同支付扣3分，不相符的一处扣5分； （2）缺一项手续扣5分； （3）未批准的，每超过预算的2%扣1分，最多扣5分
日常管理（40分）	（1）每季度末对管辖路段养护质量状况进行全面检评，公路技术状况评定得分满足合同要求，不满足的有整改计划、方案，按照合同要求对养护公司进行奖罚； （2）按要求委托有检测资质的单位进行检测，有检测报告，质检资料齐全； （3）施工原始记录齐全，隐蔽工程有影像资料； （4）变更设计按程序报批，资料齐全准确； （5）监理日志及时记录，真实有效； （6）依据养护技术规范要求，坚持桥检制度，有桥检记录	（1）未按照合同要求对管辖路段养护质量状况进行检评的扣5分，达不到技术要求的扣10分，未按合同要求进行奖罚的扣5分； （2）没有进行检测的扣5分，无质检报告或相关资料的一项扣3分； （3）施工原始记录缺一项扣1分，隐蔽工程没有影像资料的一项扣5分； （4）未报批的扣5分，资料缺一项扣2分； （5）不及时的一项扣1分，不真实的一项扣5分； （6）无桥梁巡查制度的扣2分，无经常性巡查记录的扣2分；无专职桥梁工程师的扣

续上表

考核内容	考核工作标准	评分标准
日常管理（40分）	（7）按时完成专项工程交竣工验收，专项工程内业资料完善，无虚假资料； （8）抢险工程相关文件及时报送； （9）抢险工程完工后20天内完成施工图设计并上报	2分，巡查无签名一处扣2分； （7）未按时完成扣10分，缺一项手续扣2分，发现一项虚假资料扣5分； （8）未按时报送扣2分； （9）未完成扣5分，未按时报送扣2分
文明施工（15分）	（1）养护施工安全作业区的设置严格按照《公路养护安全作业操作规程》及上级部门的有关规定执行； （2）不得因施工处理不当造成堵车； （3）渠化装置干净整洁、间距一致，锥形标无缺少和倒伏，反光效果良好； （4）养护工程设备及材料必须置于施工作业区内，摆放整齐； （5）现场监理人员、施工人员按规定着反光标志服，持证上岗，监理必须对应急抢险工程及专项工程施工现场旁站； （6）文明施工，严禁在施工现场随意丢弃垃圾，各种废料堆放到指定位置； （7）严禁各类施工人员横穿高速公路； （8）养护车辆按规定涂喷或悬挂明显标志； （9）严禁养护车辆设备漏油污染高速公路路面； （10）严禁施工车辆在运输过程中漏洒材料，逆向行驶、擅自打开活动护栏或掉头； （11）施工结束后，及时恢复高速公路通行，严禁拖延时间	（1）未按照规定执行的一处扣2分； （2）因施工不当造成堵车的一次扣5分； （3）未达到要求的一项扣1分； （4）违反规定一项扣2分； （5）违反规定一项扣2分； （6）违反规定一项扣2分； （7）违反规定一次扣2分； （8）不按规定喷涂或悬挂标志的一车次扣2分； （9）污染路面的每处扣2分，严重的扣5分； （10）违反规定一次扣5分，擅自打开护栏掉头的扣10分； （11）违反规定的扣5分
路容路貌（20分）	（1）路面整洁无杂物、积水、积雪； （2）路面无唧泥、拥包、坑槽等病害； （3）路面与路缘石及其他构造物结茬处紧密平顺无渗漏现象，路缘石无损坏；路面养护施工缝应紧密平顺； （4）边坡稳定、坡面平顺无冲沟、无坍塌、无浮石、坡度符合设计要求、边沟、排水沟、泄水槽等排水设施完好无损坏、无淤塞、无高草、无积水、无杂物，挡土墙、护坡等设施保持完好无损坏、泄水孔无堵塞，路肩无缺口、无	（1）一处不合格扣1分； （2）一处无巡查记录扣2分，维修不及时扣2分； （3）一处维修不及时扣1分； （4）一处维修不及时扣1分

续上表

考核内容	考核工作标准	评 分 标 准
路容路貌(20分)	沉陷、横坡适度、边缘顺适与路面衔接平顺； (5)桥面铺装平整、无裂缝、无坑槽、无波浪、无桥头跳车；桥面泄水孔无堵塞、破损；桥面伸缩缝无堵塞、卡死、损坏；翼墙(侧墙、耳墙)无开裂、剥落和异常变形；锥坡、护坡无塌陷、缺损；涵洞排水畅通、无淤塞、无缺损；通道无淤积、无破损、通行通畅； (6)标志齐全无损坏，无歪倒，无遮挡，位置适当，式样、尺寸、颜色规范清晰；标志牌洁净无锈蚀； (7)护栏板及时修复，保持顺直、清洁、无锈蚀、无缺失；防眩板齐全无变形、无损坏；轮廓标齐全、醒目；标线完整无缺损，反光效果好； (8)隔离栅墙保持完好；隔离栅缺口在规定时间修复，混凝土桩无歪倒；隔音墙体清洁无损坏； (9)中央隔离带按时修剪，绿化植物整齐；枯树及时拔除，适时补栽；花草树木有黄叶、焦叶、卷叶和带虫尿、虫网叶片的株数不得超过3%，正常叶片保存率在97%以上(100米内记为一处)；边坡紫穗槐不得伸入钢护栏；路肩草整齐，且不得匍匐在路缘石上；中央绿化带内无杂物、无垃圾；各种苗木不得遮挡标志牌；立交互通区地被修剪整齐、枯树及时拔除和适时补栽，无垃圾	(5)一处维修不及时扣1分； (6)一处不合格扣1分； (7)一处不合格扣1分，护栏板未及时修复的扣2分； (8)一处不合格扣1分(每块按4延米计算或在4延米中有破损、缺失的均按一块计算，对大面积缺损无立柱的按每4延米一块计算)； (9)一处不合格扣1分

1.4　管理分公司路政管理考核工作标准暨评分标准

考核内容	考核工作标准	评 分 标 准
路政许可(20分)	(1)实地勘察审核申请单位涉及高速公路的审批事项，及时向上级单位上报相关数据和意见； (2)严格审核各类涉路施工的安全保通方案，方案须经建设单位、公安交警、路政部门三方盖章确认； (3)与施工单位签订安全施工保通协议，对整个施工运行过程监督管理；	(1)未进行实地勘察的、上报数据不准确的一项扣2分； (2)未审核方案的扣2分，缺一方盖章扣1分； (3)没有签订协议、未采取监管措施的一项扣2分，监管不力发生责任事故的扣5分

续上表

考核内容	考核工作标准	评分标准
路政许可（20分）	（4）广告设施的设置要严格程序，设置的位置应当与审批的位置一致，设置施工前要召开安全保通论证会； （5）各类涉及高速公路许可管理档案齐全； （6）建筑控制区内发现违章广告、标牌、违章穿（跨）越，违章建筑及违章占用的，应当及时函告辖区路政管理机构	（4）设置位置与审批位置不一致的扣2分，施工前没有召开保通论证会的扣2分； （5）档案缺一项扣2分，档案不完善、有错误一处扣1分； （6）未及时函告的扣2分
内勤管理（25分）	（1）按照《路政档案制作规范》建立完善的路政档案，使用规范的法律文书； （2）路产赔（补）偿款账目清楚，内容明晰，及时（每月至少一次）上缴路产赔偿款；资金收支要及时上账，账目要清楚；配合外勤查处路产案件，完成路产索赔工作，路产案件的结案率、索赔率达到95%以上； （3）路政案件要记录详细，按照路政信息管理系统要求及时填报； （4）按时上报各项路政报表，数据填写准确无漏项，无漏报和延报现象； （5）路政装备的领用、发放要按规定进行统计、建立台账，做到账物相符；应急物资储备符合规定，建立台账； （6）制订所辖高速公路恶劣天气、交通事故及各类突发事件等情况下的交通管制和保通措施，经上级部门批准后实施； （7）路政案（事）件文书适用各类法律、法规准确，事实认定要清楚、确凿；各类文书制作要准确、完整、规范，归档要齐全；各种记录准确、齐全、规范、保存完好； （8）严格档案、票据、印鉴管理，专人负责并按要求进行登记，票据填写要完整、规范，印鉴使用要经过批准； （9）严格文件收发管理，按照文件内容在2个工作日内登记并报值班领导批示，并按照批示和文件要求处理、归档，紧急文件立即上报； （10）制作板报、专栏、条幅对路政工作进行宣传，板报、专栏每季度至少更换一次并记录	（1）未建立路政档案的扣2分，档案不完善的一项扣1分，法律文书不规范的一项扣1分； （2）赔（补）款未建账的扣5分，账目不清的扣2分，未及时上缴赔偿款的扣3分；资金收支未及时入账的扣2分，账目不清楚扣1分；结案率、索赔率每低于标准1%扣2分； （3）路政案件无详细记录的扣1分，未按要求上报的扣2分； （4）未按时报送报表的一次扣1分，未达到路政报表填写要求的一处扣1分； （5）路政装备、办公用品领用未登记的扣1分，账物不符的一项扣2分，储备物资未达到要求的扣5分；未建账的扣5分； （6）缺少一项扣1分； （7）适用法律、法规不准确一次扣2分，认定事实不清楚的一次扣2分；未达到规范要求的一处扣1分，弄虚作假的一份扣2分；各种记录未达到规范要求的每项扣1分；弄虚作假的每项扣2分； （8）文书、票据、印鉴没有专人负责的扣1分，有遗失的扣5分；票据填写不规范扣1分；使用印鉴未经批准扣1分；使用未进行登记扣1分； （9）按照文件内容及要求未在2个工作日内上报值班队长批示的扣1分，未按批示及文件要求处理的扣1分，未登记的扣1分，未归档的扣1分，紧急文件未立即上报的扣2分，造成严重后果的扣5分； （10）未达到规定的一次扣1分

续上表

考核内容	考核工作标准	评 分 标 准
外勤管理（30分）	（1）实行24小时路况巡查，每天车辆巡查不少于四次（具备电子巡查的应保证夜间两次车辆巡查，恶劣天气按预案处理），及时发现、处理各类交通违法案件、损害路产路权案件，如实填写工作日志； （2）大队实行路段责任承包制，责任人每月对所负责路段至少进行一次徒步巡查； （3）结合辖段实际，建立完善路警联合巡逻工作制度，路政、交警部门采取错时巡逻、电子巡逻、同车巡逻、异向巡逻等形式，联合对高速公路实行24小时不间断巡查管控； （4）按规定对辖区内的施工作业进行监督管理，维护施工现场秩序，确保辖区道路安全畅通； （5）在巡逻过程中向驾乘人员提供及时帮助和服务，接到事故报警和救援、求助电话后，巡逻车应及时赶赴现场，白天5分钟、夜间10分钟出警； （6）公开求助救援电话，热情服务，实行24小时值班制度、确保一位队领导在队上值班；值班室应保持电话畅通，20秒钟无人接听视为值班人员脱岗；接听电话要使用文明用语，对驾乘人员的咨询要做好解答，并做好电话记录； （7）值班人员负责当班期间的来客登记及收发登记工作，及时向值班领导汇报情况，遇到重大突发事件及时向指挥分中心汇报； （8）按管理规范做好各项当班记录，不缺项漏项；做好交接班工作，交、接班中队长在记录上签字确认； （9）各大队要对沿线村镇、单位进行细致的调查，与距高速公路1公里范围以内的村镇、单位签订联防联动协议； （10）每年到辖区沿线村庄、学校开展普法宣传不少于2次，做好相关记录，保存影像资料； （11）执行巡查任务时，证件、装备齐全，仪容风纪严谨，不得少于两人（徒步巡查除外），正常巡查时速保持在60～80公里/小时；	（1）未按规定巡查一次扣2分，各类事件一次未记录扣1分，处置不当一次扣2分； （2）未实行路段责任承包制的扣2分，不按规定进行徒步巡查的一人次扣1分； （3）未达到规定要求的每项扣1分； （4）施工现场管理不规范的扣3分，开口无人值守的5分，路政人员未尽监管职责的一次扣5分，因对施工现场监管不力造成堵车的一次扣10分； （5）接到事故报案和救援请求后，路政巡逻人员在规定时间内未到最近收费站的扣1分，每超5分钟加扣1分；对于特殊情况巡逻车无法在规定时间内到达，备勤车也未到达的扣1分，每超5分钟加扣1分；路政大队无备勤车辆的，应在接到报警电话后及时告之报警、求助人员巡逻车具体位置及到达时间，规定时间内未到达也没有告知的扣1分，每超5分钟加扣1分； （6）未达到规定要求一项扣1分； （7）未达到规定要求一项扣1分； （8）各项记录缺项漏项一处扣1分，字句造成歧义的一处扣1分，擅自涂改的一处扣1分； （9）未达到规定要求一项扣2分； （10）缺少一次扣1分； （11）不按规定佩戴证件的一人次扣1分，未按规定携带巡查记录和勘察用具的少一项扣1分，违反巡查规定的一项扣1分

续上表

考核内容	考核工作标准	评分标准
外勤管理(30分)	在执行公务时,举止文明、行为规范,先敬礼、出示证件后再调查处理; (12)加强对控制区和高速公路用地范围内的巡查管控,确保辖区高速公路用地范围内无摆摊设点、倾倒垃圾、设置棚屋、挖沟引水、违章种植、违章放牧等现象; (13)及时收集、上报路况信息,保持通信畅通,记录要详细准确,发现问题及时处置; (14)检查监督高速公路附属设施完好情况,标志标牌完好率达到100%;及时关闭开口的活动护栏; (15)巡查中发现需要处理的案(事)件时,将车辆停放在安全地带,开启示警灯,迅速设置安全区,按案(事)件处理程序、权限办理; (16)清障设备有专人负责,清障设备操作人员必须取得《特种作业操作证》; (17)严格按照规定清障,建立清障工作台账,清障出车要履行登记手续,禁止私自出车,归队后如实填写各项清障工作记录,清障人员执行公务时,按规定着装; (18)清障人员接到指令后,应迅速赶赴现场(15分钟内到达最近收费站),严格按照操作规程实施作业,做好安全防护工作;清障完毕,及时清理现场	(12)发现违章现象未采取任何措施的一项扣2分; (13)未达到规定要求一项扣1分; (14)中央活动护栏不完整、不顺直一处扣1分,有随意开口现象一次扣2分;标志标牌不完整一处扣1分,有丢失一处扣2分;隔离栅损坏一处扣1分; (15)程序不规范一项扣1分; (16)无专人负责扣2分,清障设备操作人员未取得《特种作业操作证》扣5分; (17)未建立清障工作台账的扣5分,台账登记不及时或错误的一次扣1分,私自出车一次扣5分;未按规定着装一人次扣1分;擅自收取清障费用的扣10分; (18)清障不及时的一次扣5分,现场无安全措施的扣3分;撤离现场不规范扣2分
车辆管理(10分)	(1)路政车辆应由专人负责管理,建立健全各类车辆档案; (2)严禁无驾照人员驾驶车辆,公务车辆严格履行派车单制度,严禁无单出车,严禁公车私用; (3)定期对驾驶员进行教育培训,要求驾驶员遵章驾驶; (4)定期检查保养,保持车辆干净整洁、车况良好,车辆停放在指定位置	(1)无车辆管理员的扣2分,车辆档案不健全的扣1分; (2)无照驾驶扣10分,无单出车的一次扣2分,公车私用的扣5分; (3)未进行培训的一次扣1分,发生责任事故一次扣10分; (4)未定期保养和维护的一车次扣3分,车辆不整洁的一车扣2分
内务管理(5分)	(1)办公楼、仓库、办公室物品摆放统一、规范、有序,卫生干净整洁,责任落实到人; (2)内务卫生要保持整齐、清洁、有序,各类用具(品)的摆放合理、规范;未经领导批准,不准擅自留客住宿	(1)未达到规定要求的一处扣2分; (2)未达到规定要求的一处扣2分

续上表

考核内容	考核工作标准	评 分 标 准
工作纪律 （10分）	（1）在岗期间衣着规范、端庄整洁、禁止吸烟、吃东西等不雅行为；胸牌佩戴规范，执证上岗；外勤人员须穿反光背心； （2）遵守上下班制度，严禁工作期间脱岗、迟到、早退、旷工； （3）严格履行请销假制度，考勤记录准确； （4）当班期间不得做与本职工作无关的事情；严禁赌博，工作期间喝酒，酒后上岗； （5）严禁携带现金上岗，滥用职权私收现金、挪用公款，依法办案	（1）着装不规范一人次扣1分，外勤人员不穿反光背心一人次扣5分，未佩戴胸牌一人次扣1分，未执证上岗一人次扣2分； （2）迟到、早退一人次扣1分，脱岗一人次扣2分，旷工一人次扣5分； （3）违反规定一次扣1分； （4）违反规定的一次扣2分，赌博的一人次扣5分，酒后上岗的一人次扣10分； （5）违反规定的一人次扣10分

1.5　管理分公司超限管理考核工作标准暨评分标准

考核内容	考核工作标准	评 分 标 准
超限管理 （40分）	（1）及时制订、上报工作计划及总结；定期组织政治、业务知识学习，做好各项记录； （2）站容站貌干净整洁，服务热情，文明执法； （3）执行24小时超限超载检测工作，不得擅自停止检测，不得私自拆卸、破坏有关设备； （4）称重设备必须由技术监督部门定期检测，出具合格证明后方可使用； （5）检测站点应在醒目位置设置站名标识、车辆检测、通行指示、警示、宣传等标志标牌，利用政务告示栏公布批准单位、主管部门、执法人员、轴载质量标准、收费标准、举报电话等； （6）票证、现金要专人保管，建立和完善票证领发、登记、核销和财务制度，及时核对，做到账、票、物、款相符； （7）检测费、装卸费、保管费的收取，使用统一票据，加盖规定印鉴，严格执行核定的收费标准； （8）严禁擅自处理超限货物，货物变卖要按照规定实施，手续合法齐全，钱物相符	（1）未及时上报年度工作计划、总结的一项扣2分，无相关学习记录、会议记录的一项扣1分； （2）站区卫生不整洁每处扣1分，执法不规范一次扣5分； （3）未开展检测工作扣10分，擅自停止检测工作扣5分，私自拆卸、破坏设备扣5分； （4）称重设备未定期检测扣2分，未取得合格证明继续检测的扣5分； （5）标志标牌不齐全的一项扣2分，公示项目缺少一项扣2分； （6）无票款管理员扣2分，制度不健全一项扣2分，未建立台账扣2分，台账登记不准确一处扣2分； （7）未使用统一票据扣2分，未按规定加盖印鉴的扣2分，未按标准收费的扣5分； （8）擅自处理的一次扣10分，程序不规范扣2分，钱物不相符的扣5分

续上表

考核内容	考核工作标准	评分标准
超限管理(40分)	(9)建立完善的人员、车辆、宣传档案;信息简报、报表上报及时准确,无虚报瞒报现象; (10)严禁以罚代卸,严禁收费不开票和多收费少开票,严禁擅自提高收费标准,严禁下达收费任务,严禁越权执法,严禁同时双向拦截车辆; (11)检测设备数据、图像要保存完好,严禁私自删除、改动;各项数据和信息及时统计、汇总并逐级上报; (12)货场管理规范,货物卸载登记清晰; (13)超限档案一车一档,各种原始记录准确、齐全、规范、保存完好	(9)查阅相关档案和记录,档案不全缺少一项扣2分,各类上报错误一项扣2分,不及时一项扣1分; (10)违反规定的一次扣10分; (11)查阅各类资料,未达到规定要求的一项扣2分; (12)货场堆放混乱扣2分,货物有丢失、损坏、被盗现象的扣10分,货物卸载登记不准确扣5分; (13)超限超载车辆档案未达到路政管理档案规范要求的一处扣1分;原始记录少一项扣2分,一处不规范扣1分
工作纪律(30分)	(1)在岗期间衣着规范、端庄整洁、禁止吸烟、吃东西等不雅行为;胸牌佩戴规范,执证上岗;外勤人员须穿反光背心; (2)遵守上下班制度,严禁工作期间脱岗、迟到、早退、旷工; (3)严格履行请销假制度,考勤记录准确; (4)当班期间不得做与本职工作无关的事情;严禁赌博,工作期间喝酒,酒后上岗; (5)严禁携带现金上岗,滥用职权私收现金、挪用公款,依法办案	(1)着装不规范一人次扣1分,外勤人员不穿反光背心一人次扣5分,未佩戴胸牌一人次扣1分,未执证上岗一人次扣2分; (2)迟到、早退一人次扣1分,脱岗一人次扣2分,旷工一人次扣5分; (3)违反规定一次扣1分; (4)违反规定的一次扣2分,赌博的一人次扣5分,酒后上岗的一人次扣10分; (5)违反规定的一人次扣10分
车辆管理(15分)	(1)路政车辆应由专人负责管理,建立健全各类车辆档案; (2)严禁无驾照人员驾驶车辆,公务车辆严格履行派车单制度,严禁无单出车,严禁公车私用; (3)定期对驾驶员进行教育培训,要求驾驶员遵章驾驶; (4)定期检查保养,保持车辆干净整洁、车况良好,车辆停放在指定位置	(1)无车辆管理员的扣2分,车辆档案不健全的扣1分; (2)无照驾驶扣10分,无单出车的一次扣2分,公车私用的扣5分; (3)未进行培训的一次扣1分,发生责任事故一次扣10分; (4)未定期保养和维护的一车次扣3分,车辆不整洁的一车扣2分
内务管理(15分)	(1)办公楼、仓库、办公室物品摆放统一、规范、有序,卫生干净整洁,责任落实到人; (2)内务卫生要保持整齐、清洁、有序,各类用具(品)的摆放合理、规范;未经领导批准,不准擅自留客住宿	(1)未达到规定要求的一处扣2分; (2)未达到规定要求的一处扣2分

1.6　管理分公司机电运维管理考核工作标准暨评分标准

考核内容	考核工作标准	评 分 标 准
交通机电维护管理（40分）	(1)监控外场设施完好,运行正常,设施完好率不低于98%;监控图像、数据完整; (2)监控分中心、监控室监控设施完好,运行正常,完好率不低于98%;监控室每路视频录像保存时间不低于15天,收费站储存一个月抓拍图片;监控室在停电时UPS电池持续供电不少于30分钟;图像字符叠加内容清晰、正确; (3)通信系统设施完好,运行正常,完好率不低于99%,设备无故障报警、通信链路畅通;通信机房(含无人值守)工作环境清洁、温湿度正常,消防和防鼠设施配备齐全;竖井整洁,人局井积水不能浸泡线缆; (4)收费车道设备运行正常,收费设施完好率不低于95%; (5)供配电系统设施完好,运行正常,完好率不低于98%;站区配电房各种工具按规定配备齐全;广场照明设施、机房消防设施、防雨、防鼠板设施配备齐全;配电房设施完好;发电机运行正常并按规定维修、保养(根据发电机的使用说明和相关技术要求定期进行保养和检修,并建立检修和保养台账)和使用; (6)巡检、维修保养按照有关规定要求,制订月、季、年维护保养计划,做好收费、通信、监控、供配电四大系统的巡检及维修保养工作,按时完成月、季、年维护保养计划; (7)设备发生故障按规定流程处理,故障信息反馈及时,反馈信息要写明何人或相关代维单位到达故障现场时间、修复时间; (8)按照联网技术要求上传收费、监控、超限站等图像; (9)代维项目按照规定签订合同,预算费用专款专用;代维单位按合同对设备维护,并提供由站、队值班领导签字的故障处理单,送运维中心存档;代维公司申请合同支付时,出具运维中心提供的运维中心代表签字季度维	(1)设备故障未及时修复的一处扣1分,监控设施完好率达不到98%的扣5分; (2)监控设施完好率达不到98%的扣5分,设备故障未及时修复的一处扣1分,图像储存不满足要求的一项扣5分,UPS供电达不到要求的扣5分,字符叠加内容错误一处扣1分; (3)通信机房设备故障未及时修复的一处扣1分;完好率达不到99%的扣5分(计算见DB41/T 611—2009);外场电力、信号手孔井盖完好(抽检20公里),每处扣1分,光传输系统出现重大通信故障、通信链路不畅通影响联网收费拆分工作的一次扣5分,通信机房卫生、温湿度、消防和防鼠设施等未达到要求的一项扣1分,线缆浸泡的一处扣1分; (4)收费车道设备故障未及时修复的扣1分;因自身原因造成收费网络不通的一处扣1分,由于维护不当造成收费数据丢失的扣5分,收费设施完好率达不到95%的扣5分(计算见DB41/T 611—2009),计重设备首次鉴定不合格的每台次扣3分; (5)完好率达不到98%的扣5分,广场照明设施设备故障未及时修复的一处扣1分,机房消防设施、防雨、防鼠板设施配备不齐全一处扣1分,发电机未按规定正常检修和保养的扣1分,未建立台账、填写不规范的扣1分,电费未专款专用的一次扣5分; (6)无月、季、年度巡检保养计划的一项扣3分,未按照计划进行巡检保养的一项扣3分,巡检保养记录不完整的扣1分; (7)故障未按流程处理的一项扣1分,故障信息反馈不及时的扣1分,反馈内容达不到要求的一项扣1分; (8)未按要求上传的一次扣1分; (9)不按规定签订合同的一项扣5分,未专款专用的扣5分,代维单位执行合同程序不规范的一次扣3分,对代维单位监管不到位的一次扣10分

续上表

考核内容	考核工作标准	评分标准
交通机电维护管理（40分）	护报告；设备出现故障时，代维公司接到运维中心电话通知，4小时内排除故障，较大故障12小时内修复；责任人监管到位； （10）专项工程严格按照省公司批复项目执行，确保立项手续齐全、内业资料完整，竣（交）工验收及时，计量按照合同约定支付及时； （11）抢险工程相关文件及时上报，完工后20天内上报施工情况及工程费用	（10）未按要求执行的一项扣5分； （11）未按要求执行的一项扣5分
监控分中心管理规范（20分）	（1）各项文件、记录规范完整、按规定存档； （2）监控分中心值班人员熟练、正确操作各种监控设施； （3）对监控设备进行日常维护和安全检查，保证监控录像系统24小时运行，设备发生故障及时上报； （4）分中心监控员负责监控各站监控员工作状态，对于站级监控员出现的各类违纪现象及时提醒； （5）根据工作职责安排，回复收费站故障上报信息，设备故障及时上报； （6）道路监控图像故障根据路政巡查结果同时进行设备故障巡查，站级图像及其他外场设施每班不少于一次巡查； （7）按规定做好可变情报板的信息发布工作，并作好记录； （8）值班人员上班期间着装规范、标志佩戴齐全； （9）实行24小时值班制度，监控人员不准迟到、早退、旷工、脱岗、串岗、睡岗等； （10）分中心监控室干净整洁，消防设施和防鼠措施正常使用；温湿度正常（温度：22～26℃，相对湿度：40%～70%）； （11）严禁无关人员进入监控室，不准将与监控工作无关的物品带入监控室，不得做与监控工作无关的事； （12）做好信息的上传下达工作	（1）记录不完整、未及时存档的一项扣1分； （2）达不到要求的扣1分； （3）未进行设备维护和检查的一次扣1分，发生故障未按程序上报的一次扣1分； （4）未及时提醒的扣2分； （5）未及时发现故障的一次扣1分，未及时回复的一次扣1分； （6）未达到要求的一次扣1分； （7）未按要求进行信息发布一项次扣5分，记录不完整的一项次扣1分； （8）违反规定一项次扣1分； （9）迟到、早退、脱岗一人次扣1分，睡岗、串岗一人次扣3分；旷工一人次扣5分； （10）未达到要求的一项次扣1分； （11）未达到要求的扣3分； （12）未达到要求的扣2分

续上表

考核内容	考核工作标准	评分标准
日常管理工作(40分)	(1)维护职责明确,制度(岗位职责、电工操作规程)上墙; (2)技术档案、设备台账、备品备件台账、资金管理台账等管理规范,内容完整准确; (3)每年第1季度制订详细的培训计划,按期组织各类人员业务知识学习; (4)备品备件摆放整齐;出入库时填写出入库单,及时记账;领取时经领导签字同意后方可领取;库房内保持干净整洁,备件存放做到"三勤五防",即勤查、勤看、勤整理、防火、防盗、防锈、防潮、防鼠,每月对存放的备件进行盘点,做到账、卡、物相符; (5)遵守公司安全保密制度,不得向外界透露有关收费、监控数据、录像资料;各种资料禁止复印、翻录、外借,如有借阅需按规定办理登记手续; (6)加强网络安全管理,严禁私接外部设备入网;不得私自移动、拆卸各种设备,并严格执行设备安全操作规程,严防各项责任事故发生; (7)严格执行预算管理制度,做到专款专用; (8)公务车辆由专职驾驶员驾驶,其他人员严禁驾驶,出车时要执行派车手续; (9)食堂设施齐全、制度上墙;餐厅、操作间干净整洁,各类食物、调料等分类摆放整齐;食堂落实伙食管理制度、账目规范、按月公布、定期召开伙食会; (10)办公楼、宿舍、办公室物品摆放统一、规范,卫生干净整洁,责任落实到人;内务卫生保持整齐、清洁,未经批准,不准擅自留客住宿	(1)职责分工不明确、制度未上墙的一项扣1分; (2)违反规定的一项扣2分; (3)未制订培训计划的扣3分,未组织业务学习的扣1分; (4)未建立台账一项扣2分,未按月盘点扣1分,账、卡、物不相符的一项扣2分; (5)未达到要求的一项扣1分; (6)未达到要求的一项扣10分; (7)违反规定的一项扣5分; (8)未配备专职驾驶员的一次扣5分,未执行派车手续的一次扣1分,出现责任事故的扣10分; (9)未落实伙食管理制度的扣1分,伙食收支明细账没有公布在食堂或办公楼内明显位置的扣1分,账目管理不合规定的扣5分,不定期公布的扣1分,没有召开伙委会的扣1分; (10)内务卫生不整洁一处扣1分,擅自留客一次扣5分
各运维分中心与收费站路政(超限)服务区的职责划分	凡出现设备故障收费站监控室及时通过网络上报运维分中心,运维分中心应积极采取行动在规定时间内修复,如果在规定时间内收费站没有及时上报的,考核中出现的问题,站、队、区承担100%的责任,运维分中心不承担责任;如果收费站及时上报,运维分中心未在规定时间内修复的,运维分中心承担100%责任,收费站不承担责任。 收费站、路政(超限)监控室、配电房、站区通信机房、服务区无人值守通信机房的日常管理、监控管理、环境卫生、各种记录的规范填写由收费站、路政(超限)、服务区负责,运维分中心负责业务监管。运维分中心在业务监管过程中发现问题,要及时告知收费站、路政(超限)、服务区在规定时间内进行整改,并发出《工作督办函》,如果在规定时间内收费站、路政(超限)没有及时整改,考核中出现的问题,收费站、路政(超限)、服务区承担100%的责任,运维分中心不承担责任;如果运维分中心监管不到位,考核中出现的问题,运维分中心承担100%责任,收费站、路政(超限)、服务区不承担责任	

1.7 管理分公司人力资源管理考核工作标准暨评分标准

考核内容	考核工作标准	评分标准
劳动合同管理（25分）	（1）按照规定与员工签订劳动合同，与劳务派遣公司签订劳务派遣协议，上岗后2月内完善合同手续； （2）建立合同台账； （3）建立健全劳动安全、劳动纪律、假期管理等制度； （4）劳动争议	（1）签订合同或协议错误一项扣2分，规定时间内未签订的一人次扣2分； （2）未建立合同台账扣2分，一处错误扣1分； （3）缺少一项制度扣5分，未执行制度一项扣2分； （4）出现一次责任劳动争议仲裁失败的扣5分
薪酬管理（25分）	（1）严格执行工资发放标准，计算准确； （2）严格执行先审批后发放的原则； （3）员工调整岗位及时调整工资并报批，实行先报批后执行的原则； （4）按时发放工资（每月10日前审批工资，15日前发放工资）	（1）未执行的扣5分，错误一项扣1分； （2）违反一次扣2分； （3）报批延后1个月扣1分，未审批发放的扣2分； （4）推迟1个工作日的扣2分
员工管理（25分）	（1）各类人员定编定岗，严禁擅自超编； （2）做好各类新员工上岗培训，成批次新员工上岗前统一培训，陆续进入人员要参加调入后下一次的培训，新员工上岗前要组织体检； （3）严格员工调配手续，禁止擅自借调、未履行手续调整； （4）建立员工档案，加强档案管理；员工报到后10个工作日内建立档案，各类入档材料每半年、年度上报入档； （5）严格考勤管理制度	（1）未经上级批准，机关超编1人扣2分，基层超编1人扣1分； （2）未培训的1人次扣2分，未体检的一人次扣1分； （3）发现1次扣2分； （4）档案资料未入档一人次扣1分； （5）未达到要求的一次扣2分
保险管理（25分）	（1）按照规定办理各类法定保险，新进员工3个月内办理完毕； （2）加强各类保险的管理，依法按时足额交纳各类保险，及时调整年度缴费基数； （3）依法及时办理退休，退休当月办理手续，特殊情况到期3个月内办理手续	（1）漏办一项扣2分，未及时办理扣1分； （2）未及时缴纳扣2分，未按时调整扣2分； （3）未及时办理1人次扣1分

1.8　管理分公司财务资产管理考核工作标准暨评分标准

考核内容	考核工作标准	评 分 标 准
制度建设 (15分)	(1)财务资产管理制度健全; (2)设置资产管理岗位,配备资产管理人员; (3)启用资产管理专用章,明确资产管理专用章的使用范围、使用程序	(1)财务资产管理制度不健全,缺一项扣1分,最多扣3分; (2)未设置资产管理岗位、配备专职资产管理人员扣5分; (3)未启用资产管理专用章扣3分,资产管理专用章使用范围、使用程序未明确的扣3分
账、卡、物管理 (10分)	(1)卡片及时录入、登记; (2)卡片信息资料齐全; (3)账、卡、物相符; (4)总账、明细账、卡片账对应并相符; (5)实物管理明确部门或专人; (6)在用低值易耗品等建立备查账; (7)定期组织资产盘点清查工作	(1)卡片录入、登记不及时,每项扣1分; (2)卡片信息不齐全,每项扣1分; (3)账、卡、物一项不相符扣3分; (4)总账、明细账、卡片账不相符的一项扣5分; (5)实物管理未明确部门或专人扣2分; (6)建立低值易耗品等备查账不齐全扣1分; (7)未定期组织资产盘点清查工作扣5分
资产管理程序执行情况 (20分)	资产的新建、改建、扩建、拆除、购置、验收、调拨、转让、捐赠、出租、报废、盘盈、盘亏按照程序办理	(1)资产的新建、改建、扩建无批准手续的,每项扣1分; (2)没按期完成竣工决算和竣工验收,每项扣5分; (3)调拨未办理调拨手续或调拨手续不齐全的,每项扣1分; (4)物品采购方式不符合规定要求的扣5分; (5)报废资产无鉴定小组鉴定意见扣3分; (6)报废资产无批复手续扣5分; (7)盘盈资产未及时评估入账扣1分; (8)盘亏资产未查明原因明确责任的扣5分

续上表

考核内容	考核工作标准	评 分 标 准
资产管理程序执行情况（20分）	资产的新建、改建、扩建、拆除、购置、验收、调拨、转让、捐赠、出租、报废、盘盈、盘亏按照程序办理	（9）盘亏资产处理无批复手续扣5分； （10）出租资产无批准手续、合同、每项扣1分； （11）转让、捐赠资产审批手续不符合规定要求每项扣3分； （12）资产拆除手续不齐全，无申报、批复文件的每项扣3分； （13）拆除资产、移交资产资料未归档的每项扣1分； （14）通知书面手续不齐全每项扣1分； （15）资产信息不齐全每项扣1分
资产的移交管理（15分）	资产移交信息齐全、程序规范	（1）资产移交信息不齐全一项扣1分； （2）资产权证移交不齐全一项扣3分； （3）移交资料未装订归档扣1分； （4）试运营移交资产未建立备查账扣1分； （5）资产移交未经上级主管部门审核批准扣2分； （6）移交资产与购建资产核对不符一项扣3分； （7）未按照规定时间办理资产移交的扣2分； （8）未及时办理资产变更手续的一项扣2分； （9）移交清册无双方签章确认扣1分
资产网络、信息化管理（10分）	（1）资产实物信息、铭牌信息对应并相符； （2）实现实物图片与资产卡片一体化、可视化管理； （3）资产卡片信息与铭牌信息应完全一致； （4）本期资产增减变动及资产报表当期要及时填表上报； （5）资产盘点清查实现自动采集、核对、生成盘点清查表； （6）资产新增或转移要按规定时间更新（换）资产铭牌； （7）资产铭牌条码与资产编码保持一致	（1）信息不相符，每项扣1分； （2）未实现一体化、可视化管理的，每项扣3分； （3）资产卡片信息与铭牌信息不一致的，每项扣3分； （4）未及时上报的，每项扣3分； （5）资产盘点清查实现自动采集、核对、生成盘点清查表； （6）资产新增或转移要按规定时间更新（换）资产铭牌，每项扣1分； （7）资产铭牌条码与资产编码保持一致，每项扣1分

续上表

考核内容	考核工作标准	评分标准
资产网络、信息化管理（10分）	（8）资产增减录入、变动、调拨、计提折旧、结账、编制报表应严格按规定权限和程序操作； （9）非授权人员不得随意操作资产信息管理系统，明确系统安全，做好系统定期维护	（8）资产增减录入、变动、调拨、计提折旧、结账、编制报表违反规定权限和程序操作的，每项扣1分； （9）非授权人员随意操作资产信息管理系统，发生系统安全问题，系统未定期维护的，每项扣3分
资产损耗率（10分）	资产损耗率＝全部资产损失/期末全部资产总额×100%（全部资产损失包括坏账损失、盘亏固定资产和非正常报废资产）	资产损耗比率小于0.1%不扣分，每增加0.1%扣3分
资产利用比率（10分）	资产利用比率＝在用资产原值/账面资产原值×100%（在用资产＝全部资产－不需用资产－封存资产－未使用资产）	资产利用比率大于97%不扣分，每下降1%扣3分
报表考核（10分）	（1）明确工作职责，由专人负责报表统计工作； （2）按统一要求和规定的时间认真组织报表数据的录入、审核、汇总、上报等各项工作； （3）及时沟通信息，主动反映报表工作中存在的问题，并提出解决问题的合理化建议； （4）按规定时间及时报送报表； （5）报送报表格式规范，符合要求，清新、整洁、公章齐全；电子数据符合要求、数据有效、无病毒； （6）编制说明内容详细、全面，有关问题说明清楚，提出整改措施并通报整改结果； （7）填报齐全，无漏填报表、指标现象，数据齐全； （8）各封面标识、表内各项数据填报真实、准确，内部勾稽关系正确、合理； （9）报表分析报告内容基本全面、完整，数据运用恰当、准确，分析问题深入透彻，提出建议合理、可行； （10）充分利用报表数据，认真编写各项专题分析	（1）无专人负责扣1分； （2）未达到要求的扣1分； （3）有问题未反映每次每项扣5分； （4）不按时每次扣3分； （5）不符合要求每次扣5分； （6）不符合要求每次扣1分； （7）不完整一项扣3分； （8）不准确一项扣3分； （9）不符合要求每次扣3分； （10）不符合要求每次扣2分

1.9 管理分公司审计考核工作标准暨评分标准

考核内容	考核工作标准	评分标准
审计落实整改情况（40分）	（1）按规定回复审计意见、报送审计整改报告； （2）按审计要求及时进行整改	（1）未按规定回复审计意见的一次扣10分，未按规定报送审计整改报告的一次扣10分； （2）未按要求进行审计整改的一次扣5分
审计信息报送（30分）	及时、准确、完整报送审计工作信息	未报送审计工作信息的一次扣15分，审计工作信息不符合要求的一次扣10分
社会审计机构管理（30分）	社会审计机构的选用原则、范围、条件、程序按照规定执行	选用原则、范围、条件、程序不符合要求的一项扣10分

1.10 管理分公司二级考核履职情况考核工作标准暨评分标准

考核内容	考核工作标准	评分标准
考核基础工作（30分）	（1）二级考核应建立考核机构，人员配备到位，器材（电脑、照相机、摄像机、录音笔等）配置齐全； （2）二级考核结合自己的实际情况，依据上级单位的考核办法，制定本单位的考核办法； （3）二级考核应严格执行上级有关规定和政策，认真落实岗位责任制； （4）二级考核应于每月7日前制订当月工作计划，并上报各种考核报表； （5）建立健全内业资料； （6）按照要求按时上报考核资料	（1）未建立考核组织的一次扣10分，人员配备不到位，器材配置不齐全的一次扣5分； （2）未制定本单位考核办法的一次扣20分； （3）岗位责任制不落实或落实不到位的扣10分； （4）未制订当月工作计划的一次扣10分，未按时上报报表的一项次扣5分； （5）内业资料缺失一项的扣5分； （6）未按时上报的一次扣5分
考核工作开展情况（30分）	（1）二级考核应积极开展考核工作，每年度对所有考核工作标准全面考核； （2）每月对所属全部基层单位至少进行一次考核； （3）认真开展考核工作，每次考核情况需记录，对文字、数据、影像的采集记录及现场取证应整理存档； （4）考核结果真实有效； （5）每季度对考核结果总结分析，下发通报	（1）没有全面考核的扣10分； （2）每月对所属基层单位考核中，缺少一个单位的扣5分； （3）没有考核情况记录，缺失考核取证的一次扣5分； （4）弄虚作假的一次扣20分； （5）未下发考核通报的一次扣5分

续上表

考核内容	考核工作标准	评 分 标 准
督办工作情况（40分）	（1）二级考核对上级发现的问题，要督促相关部门整改落实，重大问题需上报整改情况； （2）二级考核对考核中发现的问题要进行跟踪，在规定期限内未整改的，再次下发考核督办通知单； （3）二级考核应督促三级考核工作，检查各基层单位考核办法是否建立健全； （4）要求三级考核上报月度考核情况，并建立档案归档； （5）每年对三级考核工作人员开展业务培训工作	（1）没有督促相关部门整改落实的一次扣5分，重大问题未上报整改情况的一次扣5分； （2）未再次下发考核督办通知单的一次扣5分； （3）未对三级考核工作进行督促管理的扣10分，三级考核单位没有考核办法的扣10分； （4）漏报一次扣5分，未及时归档的扣5分； （5）未开展培训工作的扣10分

1.11　管理分公司安全生产管理考核工作标准暨评分标准

考核内容	考核工作标准	评 分 标 准
组织机构（5分）	建立安全生产工作领导组织机构和工作机构，实行单位一把手负责制，有分管安全生产领导，设专（兼）职安全管理人员	缺一项扣5分
规章制度（10分）	（1）根据实际工作的需要，按照《安全生产法》的要求，制定有针对性、实用性、可操作性、全面性的各类规章制度； （2）结合安全生产"防火、防盗、防中毒、防灾"等相关要求，制定切实、有效的相关规章制度； （3）制定特殊行业、特殊工种操作规程的相关规章制度	（1）规章制度不健全的一项扣2分，缺乏针对性、实用性、可操作性、全面性的一项扣2分； （2）未制定相关规章制度的一项扣2分； （3）未制定相关规章制度的扣2分
设备设施（10分）	（1）安全管理办公设施（电话、传真机、计算机、照相机、摄像机、交通工具等）齐全； （2）消防、防雷、防爆、配电房、安全警示标志、安全公示牌等设施齐全	（1）办公设施缺一项扣2分； （2）安全设施不齐全的一项扣2分
安全管理（40分）	（1）有年度安全工作计划、工作总结并及时上报； （2）层层签订目标责任书，有考核、有记录、有奖惩	（1）无年度工作计划、总结的扣3分，年度计划未落实的一项扣1分，未及时上报的扣2分； （2）未签订目标责任书的扣2分，考核、记录、奖惩缺一项扣1分

续上表

考核内容	考核工作标准	评 分 标 准
安全管理 （40分）	（3）每月组织一次安全综合检查，每次检查有方案、有内容、有记录；每周一次安全专项检查；重点部位每天进行检查；重大活动、重要时段和根据上级要求进行安全专项检查； （4）办公区、生活区严禁违规使用大功率电器，用电线路、线盒等不得乱拉、乱扯、裸露、破损；各类安全隐患及时整改； （5）车辆专人负责管理并建立档案，定期保养，排查安全隐患； （6）安全档案种类齐全，内容详实，有专人管理； （7）及时上报日常安全工作信息、典型材料，重大活动结束3日内上报工作情况	（3）未按期组织检查的一次扣2分； （4）违反规定一项扣5分，安全隐患未整改的一次扣5分； （5）未达到要求的扣5分，安全隐患未及时排除的扣10分，车辆出现责任事故的扣10分； （6）安全档案种类不齐全一项扣1分，无专人管理的扣2分； （7）未及时上报的一项次扣2分
宣传培训教育 （10分）	制订宣传与培训计划，分层次（单位负责人、分管领导、安全管理人员、特殊工种操作人员、新员工班组）开展培训，各类安全培训有记录	无培训计划扣2分，未开展培训一项次扣2分，培训无记录扣2分
举报与奖励 （5分）	（1）公布举报电话、联系方式，有举报登记、处理结果和落实情况有记录； （2）兑现奖励	（1）缺一项扣2分； （2）未兑现奖励的扣2分
应急预案 （10分）	（1）有各类突发事件应急预案，预案中要求的人员、设备、物资等登记建档； （2）定期开展应急预案演练	（1）未建立预案的一项扣2分，未登记建档的扣1分； （2）未开展的一项扣5分
事故处理 （10分）	（1）落实安全生产事故报告制度，无迟报、瞒报现象； （2）发生人员伤亡事故及重大财产损失的，按照“四不放过”原则查处，上报行业主管部门	（1）迟报一次扣5分，瞒报一次扣10分； （2）未按要求查处的少一项次扣5分，未按要求上报的扣10分

2　管理分公司党群工作考核评价

实施细则

一、考核评价内容包括:党的建设、思想政治、精神文明、企业文化、工会建设和团的建设,以及高发公司党群部门安排的专项工作和检查。

二、考核评价办法:明查和暗访相结合。

参照工作标准和评分标准,采取听取组织汇报、征求党内外群众意见、查看日常原始记录的方式,并现场提取影像、记录等资料。按照日常工作开展情况、高发公司党群部门要求的阶段性工作开展情况进行考核。

三、考核计分办法:采用百分制计分,党群部门成绩占20%,考核督察办公室成绩占80%。

党群工作成绩=党群部门成绩+考核督察办公室成绩(所属单位得分×80%+基层单位抽查得分×20%)

四、具体要求:

1.二级考核机构要根据一级考核的方法和内容,制订详细的二、三级考核办法。

2.二级考核机构对各基层单位的考核每季度进行一次,考核应遵循公平、公正、科学的原则,考核资料应及时完善、归档。一级考核随机抽查基层支部,发现问题的计入考核成绩。

3.二级考核机构应督促、指导三级考核机构开展考核工作。

五、各项评分标准以考核内容分值为扣分上限。

六、考核内容中的各项标准,以上级党群部门下发的工作手册和相关规定为依据。

管理分公司党群工作一级考核工作标准暨评分标准

考核内容		考核工作标准	评分标准
党的建设和思想政治(35分)	工作机制(8分)	(1)党组织与行政机构同步组建,设置合理,党组织班子健全; (2)领导重视,工作机构健全、人员到位,认真落实党建工作责任制和思想政治工作领导责任制度,党建和思想政治工作制度健全;每半年召开一次党群工作专题会议,会议要有议题、有记录; (3)根据上级党组织工作安排,制订年度党建工作计划,并贯彻落实,半年和年终有总结	(1)党组织和班子不健全扣1分,未建立党组织扣2分; (2)各项制度记录落实不规范、工作机构不健全一处扣0.2分,无制度或制度不落实一项扣0.5分,会议缺一次扣0.5分; (3)无工作计划和总结的一项扣1分

续上表

考核内容		考核工作标准	评分标准
党的建设和思想政治（35分）	思想教育（6分）	（1）坚持中心组学习制度，制订并落实集体学习和个人自学计划：①中心组每半年一次集中理论学习；②领导班子成员理论学习半年不少于3次，学习笔记不少于3篇，学习心得不少于1篇；③坚持党组织成员上党课制度，党委（总支、支部）领导班子成员上党课每季度不少于一次； （2）按上级要求，围绕中心任务开展主题鲜明的教育活动； （3）每半年组织一次党员和群众参加的政治学习； （4）利用网络平台、手机短信等形式开展经常性的思想教育活动，每月不少于2次	（1）①领导班子理论学习不落实一次扣1分，没有学习计划、记录不完整的一项扣0.5分；②领导班子成员个人学习缺一次或少一篇学习心得扣0.2分；③党课制度未落实一次扣1分； （2）未开展活动的扣2分； （3）未开展的扣2分； （4）少一次扣0.5分
	组织建设（10分）	（1）每半年（6月、12月）召开民主生活会，做到符合程序、准备充分、主题突出、效果明显，记录完整、会议纪要按时上报； （2）加强基层党支部书记和党务工作者的理论学习、研讨和业务培训，培训班或以会代训每半年不少于1次； （3）设立党委党费专用账户，按时、规范收缴党费； （4）及时规范办理调动党员的组织关系接转手续	（1）民主生活会缺少一次扣3分，未按要求和程序召开的一项扣1分； （2）基层党支部书记和党务工作者培训或会议少一次扣1分； （3）未设立专用账户扣0.5分，未按时、不规范收缴党费一人次扣0.1分； （4）调动党员的组织关系超过一个月未及时办理的一人次扣0.2分，办理程序不规范一人次扣0.1分
	党员管理（6分）	（1）基础管理规范，建立有申请人、入党积极分子、发展对象和党员的档案； （2）积极做好培养对象和党员发展工作，做到标准严格、程序规范、监督公开； （3）发挥党员先锋模范作用，每年开展不少于1次的主题实践活动； （4）建立党员联系群众制度、党员汇报制度	（1）缺一项档案扣0.5分，不规范、不完整一处扣0.5分； （2）培养对象和发展党员工作未按规定进行，不符合发展程序的扣1分； （3）未开展主题实践活动的一次扣0.5分； （4）缺一项制度扣0.5分
	创先争优（5分）	根据上级工作要求，积极开展党内创先争优各类活动和评先表彰工作，有相应的方案、计划、措施	未开展创先争优活动的一项扣2分，方案、计划、措施缺少一项扣1分，资料不齐全、不规范的一项扣0.5分

续上表

<table>
<tr><th colspan="2">考核内容</th><th>考核工作标准</th><th>评 分 标 准</th></tr>
<tr><td rowspan="2">精神文明和企业文化（15分）</td><td>文明创建（10分）</td><td>（1）每半年研究精神文明建设会议至少1次，有会议记录；
（2）领导重视，创建机构健全；
（3）有创建规划、年度计划和总结；
（4）积极开展文明创建活动，并建立档案（含工会、团组织活动档案）</td><td>（1）会议缺一次扣1分；
（2）创建机构不健全扣2分；
（3）规划、计划、总结缺一项扣1分；
（4）无活动的扣3分，无档案扣1分，档案不规范一项扣0.5分</td></tr>
<tr><td>企业文化（5分）</td><td>（1）单位企业文化建设氛围浓厚，有符合公司统一要求和自身特点的具体方案和措施；
（2）群众参与度和认可度高，熟知企业文化相关内容，理解企业精神、发展战略等相关知识</td><td>（1）方案或措施缺少一项扣3分；
（2）职工不熟知企业文化相关内容、不理解企业精神和发展战略的一人次扣1分</td></tr>
<tr><td rowspan="2">工会建设（30分）</td><td>组织建设（6分）</td><td>（1）工会各级组织机构健全，工会专（兼）职干部配备到位，岗位职责明确；会员、会籍管理规范，正式在编职工入会率达到90%；
（2）工会工作制度健全，年度工作有计划、有落实、有总结；每年至少组织一次工会干部业务知识培训；
（3）工会工作例会每季度至少召开一次，会议内容充实、记录完整，会议纪要保存完好，会后有落实；
（4）积极开展“职工之家（小家）”建设评比活动，有方案、计划和措施；会员或会员代表“评家”满意率在95%以上</td><td>（1）组织机构不健全扣1分，会员和会籍管理台账不齐全、不规范一处扣0.5分，入会率达不到90%扣0.5分；
（2）工会管理制度不健全扣0.5分，无年度计划的扣0.5分，未进行业务知识培训的扣0.5分；
（3）工会例会少一次扣0.5分，会后未落实扣0.2分；
（4）无方案、计划、措施的一项扣1分，不落实的扣2分，满意率低于95%的扣0.5分</td></tr>
<tr><td>队伍建设（8分）</td><td>（1）按上级要求，积极组织开展劳动竞赛（技术比武、岗位练兵、技能培训等）、群众性经济、技术创新活动，做到有组织领导机构、有实施方案、有先进典型、有明显成效；
（2）按上级要求，积极开展“创建学习型组织，争做知识型员工”、“工人先锋号”等创建工作，做到有方案、有组织、有实施；
（3）积极开展职工思想道德和职业道德教育，实施女职工素质教育工程；制订巾帼文明岗、示范标兵创建方案，做到有计划、有目标、有落实</td><td>（1）无相应实施方案的扣1分，未开展活动的扣1分；
（2）无相应实施方案的扣1分，未开展活动的扣1分；
（3）无教育活动的扣0.5分，无创建方案的扣0.5分，无落实创建活动的扣0.5分</td></tr>
</table>

续上表

考核内容		考核工作标准	评 分 标 准
工会建设（30分）	队伍建设（8分）	（4）认真做好先进模范人物和先进集体的评比、选拔、宣传和管理工作； （5）积极开展健康文明、形式多样，职工喜闻乐见的文体活动，促进职工身心健康，每年结合本单位实际，组织1～2次有一定规模的文体活动	（4）未开展先进评比活动的扣1分，对先进集体和人物无管理措施的扣0.5分； （5）未开展有规模文体活动的扣1分
	民主管理（5分）	（1）及时召开职代会或职工大会，并做好职代会决议的执行监督； （2）职工代表积极参与企业重大问题研究，开展合理化建议活动； （3）实施企务公开，工作规范，公开内容真实、全面、及时，群众满意率达80%以上	（1）未及时召开职代会和职工大会的扣1分，会议精神不落实的扣0.5分； （2）未开展合理化建议活动的扣1分； （3）未及时公布财务收支状况的扣1分，公布内容不真实、不全面扣0.5分，满意率达不到80%以上扣1分
	关爱职工（7分）	（1）维护职工合法权益，积极参与调解和事前处理各类群体性事件，无群体性事件发生； （2）积极做好"金秋助学"、"特困帮扶"等工作，制定有帮困扶贫的制度和具体措施，并贯彻落实；建立特困、困难职工档案并实行动态管理； （3）建设"绿色家园"活动按规定扎实开展，各单位普及率均达标； （4）"六必访"、职工体检、职工疗养等工作有计划、有落实、有档案； （5）做好女工的"四期"保护工作，依法维护女工的特殊利益，并落实公司有关女职工保护的具体措施	（1）有群体性事件发生的扣2分； （2）无相应制度和措施的扣0.5分，未开展具体活动的扣0.5分，未建立特困职工档案的扣1分，未进行动态管理的扣0.5分； （3）普及率不达标的扣1分； （4）无计划扣0.5分，档案缺一项扣0.5分，未开展扣1分； （5）未落实的一人次扣0.5分
	工会财务管理（4分）	（1）工会建立独立财务账号，并设有专（兼）职人员负责工会财务工作；工会资产专人管理，账实相符，保管完好； （2）依法落实工会经费的上缴、拨付工作，及时上缴工会经费，无拖欠、滞交工会经费； （3）工会财务制度、经费审查制度健全；工会经费和会员会费管理规范，无违纪开支现象；专项经费做到专款专用，无挪用、占用现象	（1）无设独立账号扣1分，无专人负责财务或资产的扣0.5分，财务不规范的扣1分； （2）会费上缴、拨付不规范扣0.5分，不及时扣0.5分； （3）制度不健全扣0.5分，经费和会费管理不规范扣0.5分，违纪开支、挪用、占用专项经费的扣2分

续上表

<table>
<tr><th colspan="2">考核内容</th><th>考核工作标准</th><th>评 分 标 准</th></tr>
<tr><td rowspan="2">团的建设（20分）</td><td>基础工作（10分）</td><td>（1）组织机构、制度健全，有明确的年度工作计划，并贯彻落实；
（2）建立健全共青团基层组织数据采集系统，建立“收文”、“发文”、“共青团信息”档案，装订要求科学、规范；
（3）聘请党组织负责人作为团组织的政治辅导员，坚持每半年上1次团课；
（4）入团、离团工作开展规范；
（5）团费收缴及时、合规</td><td>（1）组织机构、制度不健全一项扣1分，无工作计划或不落实一项扣1分；
（2）档案不齐全扣0.5分，档案建立格式不符合规范扣0.5分，档案装订不规范扣0.5分，档案没有妥善保存扣0.5分；
（3）未聘请团组织政治辅导员的扣1分，团课少一次扣0.5分；
（4）入团、离团工作不按规范开展的扣1分；
（5）未按时、不规范交纳团费的一人次扣0.1分</td></tr>
<tr><td>青年活动（10分）</td><td>（1）按照青年特点，加强团员意识教育，积极开展各种丰富多彩的学习、参观活动，半年不少于1次；
（2）广泛开展“双争双创”活动，做到机构健全，规划完善、档案齐全、措施到位；
（3）积极开展志愿者活动，半年开展此类活动不少于1次</td><td>（1）少1次扣1分；
（2）机构、规划、档案、措施缺一项扣1分，不规范一项扣0.2分；
（3）志愿者活动少一次扣1分</td></tr>
</table>

3 管理分公司反腐倡廉工作考核评价实施细则

一、考核评价内容包括：党风廉政建设责任制落实情况、推进工作情况、采取措施以及高发公司纪委监察部门安排的专项工作和检查。

二、考核评价办法：明查和暗访相结合。

参照工作标准和评分标准，采取听取组织汇报、征求党内外群众意见、查看日常原始记录的方式，并现场提取影像、记录等资料。按照日常工作开展情况，高发公司纪委监察部门要求的阶段性工作开展情况进行考核。

三、考核计分办法：采用百分制计分，监察部门成绩占20%，考核督察办公室成绩占80%。

反腐倡廉成绩 = 监察部门成绩 + 考核督察办公室成绩（所属单位得分 × 80% + 基层单位抽查得分 × 20%）

四、具体要求：

1. 二级考核机构要根据一级考核的方法和内容，制订详细的二、三级考核办法。

2. 二级考核机构对各基层单位的考核每季度进行一次，考核应遵循公平、公正、科学的原则，考核资料应及时完善、归档。一级考核随机抽查基层单位，发现问题的计入考核成绩。

3. 二级考核机构应督促、指导三级考核机构开展考核工作。

五、各项评分标准以考核内容分值为扣分上限。

六、考核内容中的各项标准，以上级纪检监察部门下发的工作手册和相关规定为依据。

管理分公司反腐倡廉工作一级考核工作标准暨评分标准

<table>
<tr><th colspan="2">考核内容</th><th>考核工作标准</th><th>评 分 标 准</th></tr>
<tr><td rowspan="3">党风廉政建设责任制落实情况（30分）</td><td>党委（总支、支部）履行责任情况（10分）</td><td>（1）把反腐倡廉工作纳入总体工作规划，半年、年度工作会议有反腐倡廉工作部署，与业务工作同要求、同检查；
（2）党委（总支、支部）每半年不少于1次会议，专题研究反腐倡廉工作，分析廉政形势和各责任主体履职情况</td><td>（1）会议中无工作部署的扣5分，未开展检查的扣2分；
（2）专题会议少一次扣2分，会议内容不全面扣1分</td></tr>
<tr><td>纪检监察机构履行职责情况（10分）</td><td>（1）履行职责，加强监督，到所属单位开展反腐倡廉建设工作落实情况的检查，每季度不少于一次；
（2）认真履行同级监督职责，对规定项目进行全面监督</td><td>（1）日常监督检查少一次扣1分；
（2）应有纪检监察参与而未参与的每起扣2分</td></tr>
<tr><td>实施责任分解、责任考核和责任追究情况（10分）</td><td>（1）党委（总支、支部）设定反腐倡廉建设工作年度目标，并进行任务分解，层层签订目标责任书；
（2）党委（总支、支部）对反腐倡廉建设工作进行半年和年度检查考核</td><td>（1）无年度目标的扣2分，未进行任务分解的扣2分，未签订目标责任书的扣2分；
（2）半年和年度述职述廉考评缺一次扣2分</td></tr>
<tr><td>推进工作情况（65分）</td><td>教育（5分）</td><td>（1）反腐倡廉教育列入党委（总支、支部）年度工作要点，开展党员干部警示教育活动每年不少于1次；
（2）把反腐倡廉理论作为党委（总支、支部）中心组理论学习内容，单位主要负责人每年讲廉政党课不少于1次；
（3）结合实际，扎实开展企业廉洁文化建设活动</td><td>（1）未列入年度工作要点的扣1分，未开展警示教育活动的扣1分；
（2）中心组理论学习无反腐倡廉内容的扣1分，单位主要负责人廉政党课未进行的扣1分；
（3）未开展活动的扣1分</td></tr>
</table>

续上表

考核内容		考核工作标准	评 分 标 准
推进工作情况（65分）	加强领导干部廉洁自律和作风建设（10分）	(1)严格落实“三重一大”制度，执行民主集中制，重大问题集体研究、集体决策； (2)落实《国有企业领导人员廉洁从业若干规定》等制度，按上级规定对落实及执行情况进行检查； (3)执行重大事项报告、礼品礼金上缴登记规定	(1)违反三重一大制度落实的每次扣2分； (2)单位班子成员出现违反《国有企业领导人员廉洁从业若干规定》的每人次扣1分，未开展监督检查的扣1分； (3)未执行重大事项报告、礼品礼金上缴登记规定的一人次扣1分
	监督（10分）	(1)建立领导干部廉政档案，落实诫勉谈话制度； (2)监督制约重点领域和关键环节权力行使； (3)设立监督电话，监督渠道畅通，注重发挥各监督主体作用； (4)对用人失察失误责任人员进行追究； (5)加强对运营管理的监督稽查每月不少于4次； (6)站区意见箱由监察室每月至少开启一次，并建立台账	(1)未建立领导干部廉政档案的扣2分，应诫勉谈话但未进行诫勉谈话的扣1分； (2)重点领域和关键环节权力行使方面出现问题的每次扣1分； (3)未设监督电话扣1分，监督渠道不畅通的扣1分； (4)对用人失察失误责任人员未追究的扣2分； (5)少一次扣1分； (6)未及时开启和登记的一次扣1分
	纠风（5分）	(1)落实行风建设责任制，按要求专题安排部署纠风工作； (2)加大纠风工作力度及时整改落实反馈问题	(1)未部署纠风工作的扣1分； (2)对存在不正之风问题未整改和落实的扣2分
	违纪查处(30分)	(1)建立举报登记制度； (2)单位主要负责同志阅批重要信件，研究案情，支持纪检监察机构依法依纪办案； (3)对上级批办的举报件及违纪线索，及时进行初核；年度办结率不低于90%； (4)加强违纪问题查处的组织协调，执行“一案两报告”制度	(1)未建立的扣1分； (2)未建立案件请示和阅批档案的每件扣1分； (3)对批办的举报件未及时初核的每件扣1分，案件结案率低于90%的扣1分； (4)未执行“一案两报告”制度的每件扣2分

续上表

考核内容		考核工作标准	评分标准
推进工作情况（65分）	其他工作(15分)	按照公司有关要求，扎实开展专项工作	未按要求开展的，每个专项活动扣1分
采取措施情况（5分）	惩防体系建设工作任务落实（4分）	按照“惩治和预防腐败体系工作规划实施办法”要求，组织本单位廉洁风险防控工作的落实	未建立组织机构的扣1分，未开展工作的扣1分
	反腐倡廉建设运用科技手段及工作创新情况（1分）	结合实际，采取新举措推进惩防体系建设工作，或提出建设性意见并上报	未提出建设性意见的扣0.5分

4　一级考核报表

一、一级考核报表包括：表1.1《河南高速公路发展有限责任公司所属单位____（半）年度考核成绩汇总表》、表1.2《河南高速公路发展有限责任公司所属单位____（半）年度经营业绩汇总表》、表1.3《河南高速公路发展有限责任公司日常督察明细表》、表1.4《河南高速公路发展有限责任公司所属单位二级考核月（季）报汇总表》。

二、一级考核报表由考核督察办公室负责填写。

三、表1.1《河南高速公路发展有限责任公司所属单位____（半）年度考核成绩汇总表》中，① = 各业务部门考核成绩，② = 考核督察办考核成绩，③ = ① × 20% + ② × 80%。

四、表1.2《河南高速公路发展有限责任公司所属单位____（半）年度经营业绩汇总表》中,① = 各业务部门考核成绩,② = 考核督察办考核成绩,③ = ① × 20% + ② × 80% 。

河南高速公路发展有限责任公司所属单位

______(半)年度考核成绩汇总表　　表 1.1

<table>
<tr><th rowspan="4">序号</th><th rowspan="4">单位</th><th colspan="10">得分情况</th><th rowspan="4">总分</th></tr>
<tr><th colspan="2">经营业绩(80 分)</th><th colspan="4">党群工作(10 分)</th><th colspan="4">反腐倡廉工作(10 分)</th></tr>
<tr><th rowspan="2">权重前</th><th rowspan="2">权重后</th><th colspan="3">权重前</th><th rowspan="2">权重后</th><th colspan="3">权重前</th><th rowspan="2">权重后</th></tr>
<tr><th>①</th><th>②</th><th>③</th><th>①</th><th>②</th><th>③</th></tr>
<tr><td>1</td><td></td><td></td><td></td><td></td><td></td><td></td><td></td><td></td><td></td><td></td><td></td><td></td></tr>
<tr><td>2</td><td></td><td></td><td></td><td></td><td></td><td></td><td></td><td></td><td></td><td></td><td></td><td></td></tr>
<tr><td>3</td><td></td><td></td><td></td><td></td><td></td><td></td><td></td><td></td><td></td><td></td><td></td><td></td></tr>
<tr><td>4</td><td></td><td></td><td></td><td></td><td></td><td></td><td></td><td></td><td></td><td></td><td></td><td></td></tr>
<tr><td>5</td><td></td><td></td><td></td><td></td><td></td><td></td><td></td><td></td><td></td><td></td><td></td><td></td></tr>
<tr><td>6</td><td></td><td></td><td></td><td></td><td></td><td></td><td></td><td></td><td></td><td></td><td></td><td></td></tr>
<tr><td>7</td><td></td><td></td><td></td><td></td><td></td><td></td><td></td><td></td><td></td><td></td><td></td><td></td></tr>
<tr><td>8</td><td></td><td></td><td></td><td></td><td></td><td></td><td></td><td></td><td></td><td></td><td></td><td></td></tr>
<tr><td>9</td><td></td><td></td><td></td><td></td><td></td><td></td><td></td><td></td><td></td><td></td><td></td><td></td></tr>
<tr><td>10</td><td></td><td></td><td></td><td></td><td></td><td></td><td></td><td></td><td></td><td></td><td></td><td></td></tr>
<tr><td>11</td><td></td><td></td><td></td><td></td><td></td><td></td><td></td><td></td><td></td><td></td><td></td><td></td></tr>
<tr><td>12</td><td></td><td></td><td></td><td></td><td></td><td></td><td></td><td></td><td></td><td></td><td></td><td></td></tr>
<tr><td>13</td><td></td><td></td><td></td><td></td><td></td><td></td><td></td><td></td><td></td><td></td><td></td><td></td></tr>
</table>

注:① = 各业务部门考核成绩,② = 考核督察办考核成绩,③ = ① × 20% + ② × 80% 。

河南高速公路发展有限责任公司所属单位______（半）年度经营业绩汇总表

表 1.2

序号	单位	基本指标		分类指标																							特性指标		合计
		通行费收入	预算费用控制率	收费管理			路政管理			机电运维管理			养护管理			财务资产管理			审计管理			人力资源			信息管理	二级考核履职	专项工作	安全生产	
				①	②	③	①	②	③	①	②	③	①	②	③	①	②	③	①	②	③	①	②	③					
1																													
2																													
3																													
4																													
5																													
6																													
7																													
8																													
9																													
10																													
11																													
12																													
13																													

注：① = 各业务部门考核成绩，② = 考核督察办考核成绩，③ = ① × 20% + ② × 80%。

河南高速公路发展有限责任公司日常督察明细表　　　　表 1.3

序　　号	考 核 日 期	被考核单位	考 核 内 容	考核中发现的问题	备　　注
1					
2					
3					
4					
5					
6					
7					
8					
9					
10					

制表人：　　　　　　考核办主任：　　　　　　主管领导：

河南高速公路发展有限责任公司所属单位

二级考核月(季)报汇总表　　　　表 1.4

年　　月

序号	单位	考核重点	基层单位数	下发督办通知单份数	被考核单位数	考核被扣分基层单位	考核中发现的问题	月报上报时间／季报上报时间	备注
1									
2									
3									
4									
5									
6									
7									
8									
9									
10									

制表人：　　　　　考核办主任：　　　　　主管领导：

二、管理分公司二级考核

1　××分公司绩效考核评价办法

第一章　总　　则

第一条　为规范公司对所属单位及单位负责人的绩效考核评价工作，促进公司考核工作科学化、规范化、系统化、专业化，增强员工责任意识和竞争意识，提高执行力，根据《河南高速公路发展有限责任公司绩效考核评价办法》，结合公司实际情况，制定本办法。

第二条　本办法适用于公司所属各单位、机关各科室及相关负责人。

第三条　考核的目的是督促各单位、各科室、各岗位人员认真履行职责，做好各项管理工作实现年度工作目标；为评选先进、绩效工资评定、干部选拔任用提供依据；增强全体人员工作责任感和竞争意识，落实各项制度，全面提高管理水平，提升企业竞争力。

第四条　绩效考核工作遵循的基本原则：

1. 公开、公平、公正；
2. 以客观事实为依据；
3. 专项考核与综合考核相结合；
4. 日常考核与集中考核相结合；
5. 明查与暗访相结合；
6. 素质考核和能力考核相结合。

第二章　考 核 体 系

第五条　组织机构及职责

（一）绩效考核评价组织

公司成立绩效考核管理委员会，全面负责绩效考核评价工作的组织领导和绩效调整的实施工作。

主任由经理或书记担任，副主任由班子成员担任，成员由相关部门负责人组成。

绩效考核管理委员会下设考核督察办公室，负责机关各科室和各基层单位考核工作实施。

公司所属各基层单位成立考核小组，负责本单位考核工作的实施。

（二）二级考核的主要工作职责

1. 根据高发公司绩效考核评价办法制定公司绩效考核评价办法，完善考核制度；

2. 负责对公司机关各科室和基层各单位进行考核；

3. 负责指导、监督三级考核工作；

4. 负责对季度、半年度、年度考核结果收集、汇总并将考核结果上报公司绩效考核管理委员会审定，对审定结果进行通报，次月 7 日前向高发公司考核督察办公室上报考核月报表、考核工作开展情况和月度工作计划；

5. 负责对考核过程中需限期整改的问题、领导安排的其他工作进行督导检查；

6. 负责对三级考核提出的申诉进行复议；

7. 负责对三级考核工作人员的业务培训。

（三）三级考核的主要工作职责

1. 根据二级绩效考核评价办法并结合本单位的实际情况，制定三级考核评价办法，完善三级考核制度；

2. 负责对本单位各项日常工作的开展情况进行考核，日考核结果在次日公示，时间不得少于一天；

3. 负责对考核结果汇总、通报，并将考核结果在次月 5 日前向分公司考核督察办公室上报备案；

4. 接受并处理本单位员工对考核结果的申诉、复议；

5. 建立、健全三级绩效考核档案管理制度。

第六条　考核的内容

考核主要分所属基层单位、机关各科室及负责人的考核。

所属基层单位考核主要从工作业绩、党群工作和反腐倡廉工作三个方面进行；机关各科室考核主要从基本指标、分类指标和评议指标三个方面进行；所属基层单位及机关各科室负责人考核主要从工作业绩、个人贡献、综合素质和履职能力四个方面进行。

第七条　考核依据

考核工作以公司与所属基层单位签订的目标责任书和公司正式下达的目标任务，以及阶段性或重大特殊性任务指标为依据，并参照高发公司的有关管理规定进行。

第八条　考核时间

三级考核实行日考核月排名，二级考核实行月考核季度排名，各基层单位、机关各科室负责人实行半年度考核排名。

第九条 考核评价

所属基层单位考核结果按照季度考核综合得分情况进行评价,所属基层单位和机关各科室负责人考核结果按照半年度综合得分进行评价。

所属基层单位考核评价结果分为优秀(95 分以上,含 95 分)、良好(95 ~ 90 分,含 90 分)、一般(90 ~ 80 分,含 80 分)、较差(80 分以下)四个级别。

所属基层单位负责人考核评价结果分为优秀(95 分以上,含 95 分)、称职(95 ~ 90 分,含 90 分)、基本称职(90 ~ 85 分,含 85 分)和不称职(85 分以下)四个等级。

机关各科室考核评价结果分为优秀(100 ~ 95 分,含 95 分)、良好(95 ~ 85 分,含 85 分)、一般(85 ~ 80 分,含 80 分)、较差(80 分以下)四个级别。

机关各科室负责人考核评价结果分为优秀(100 ~ 95 分,含 95 分)、称职(95 ~ 85 分,含 85 分)、基本称职(85 ~ 80 分,含 80 分)和不称职(80 分以下)四个等级。

第三章 所属基层单位及负责人考核

第十条 所属基层单位考核以季度为考核期,包括工作业绩考核、党群工作考核和反腐倡廉工作考核,采用百分制计分,其权重为工作业绩占 80%、党群工作占 10%、反腐倡廉工作占 10%(分公司可根据管理工作实际需要分配给相关科室相应的分值权重)。

(一)工作业绩

工作业绩考核主要是对所属基层单位月、季、半年、年度工作状况的考核,以年度工作目标责任书和公司正式下达的目标任务为考核依据,采用百分制计分,按各项指标完成情况进行相应加减。

季度工作业绩考核结果分为 A(95 分以上,含 95 分)、B(95 ~ 90 分,含 90 分)、C(90 ~ 80 分,含 80 分)、D(80 分以下)四个级别。

1. 收费站考核指标:通行费收入、堵漏增收、收费管理、财务资产管理、人力资源管理、信息考核、车辆管理、三级考核履职情况、其他工作、安全管理。

2. 路政大队考核指标:路政案件的结案率、索赔率、标志标牌完好率、路政管理、财务资产管理、人力资源管理、信息考核、车辆管理、三级考核履职情况、其他工作、安全管理。

3. 超限站考核指标:超限超载率、超限管理、财务资产管理、人力资源管理、信息考核、车辆管理、三级考核履职情况、其他工作、安全管理。

4. 运维分中心考核指标:设备完好率、故障维修及时率、机电运维管理、财务资产管理、人力资源管理、信息考核、车辆管理、三级考核履职情况、其他工作、安全管理。

（二）党群工作

党群工作考核主要是对所属基层单位季度、半年、年度党群组织建设等各项目标任务的考核，以年度党群工作目标责任书和《党群工作二级考核工作标准暨评分标准》为依据，采用百分制计分。

（三）反腐倡廉工作

反腐倡廉工作考核主要是对所属基层单位季度、半年、年度反腐倡廉工作等各项目标任务的考核，以年度党风廉政建设目标责任书和《反腐倡廉工作二级考核工作标准暨评分标准》为依据，采用百分制计分。

第十一条　所属基层单位负责人考核以半年为考核期，包括半年工作业绩、个人贡献、综合素质、履职能力四个方面，采用百分制计分。其权重为工作业绩占70%，个人贡献占10%，综合素质占10%，履职能力占10%。

（一）工作业绩考核

负责人半年工作业绩考核依据本单位半年工作业绩考核成绩折合计算。

（二）个人贡献考核

个人贡献考核主要考核班子各成员分管业务情况以及对单位的贡献等。

（三）综合素质考核

综合素质考核主要考核政治思想素质、职业道德素质、廉洁从业情况三个方面。

（四）履职能力考核

履职能力考核主要考核决策能力、执行能力和创新能力三个方面。

半年个人贡献、综合素质、履职能力得分均通过民主测评获得，民主测评采用公司领导班子成员、机关各科室负责人、本单位班子成员、本单位员工测评相结合的方法。

所属基层单位负责人民主测评权重为：公司领导班子成员占30%、机关各科室负责人占20%、本单位班子成员占10%、本单位员工占40%。

第四章　机关各科室及负责人考核

第十二条　机关各科室考核以季度为考核期，包括基本指标、分类指标和评议指标，采用百分制计分，其权重为基本指标占70%、分类指标占10%、评议指标占20%。

（一）基本指标指各科室根据公司年度目标任务、工作安排和本科室职责确定的在当年度必须完成的工作任务(详见 1.10.1—1.10.10《管理公司机关××科室考核工作标准暨评分标准》)。

(二)分类指标指各科室在年度工作中均需达到的指标。主要包括公文处理、工作信息、劳动纪律、环境卫生等(详见 1.10.11《××分公司机关科室分类指标考核工作标准暨评分标准》)。

(三)评议指标指对科室工作计划能力、工作执行效率、工作作风建设、队伍建设、廉洁自律等方面进行的民主测评(详见 1.10.12《××分公司机关科室民主测评表》)。

第十三条 机关各科室负责人考核以半年为考核期,包括半年工作业绩、个人贡献、综合素质、履职能力四个方面,采用百分制计分,其权重为工作业绩占 70%、个人贡献占 10%、综合素质占 10%、履职能力占 10%。

半年个人贡献、综合素质、履职能力得分均通过民主测评获得,民主测评采用公司领导班子成员、机关各科室负责人、基层单位负责人、科室职工代表测评相结合的方法。

机关各科室负责人民主测评权重为:公司领导班子占 40%、各科室负责人占 20%、基层各单位负责人占 20%、各科室职工代表占 20%。

第五章 考核程序和方式

第十四条 所属基层单位季度、半年、年度考核,由考核督察办公室根据各单位日常考核成绩和各专项考核成绩整理汇总,做出考核评价,报公司绩效考核管理委员会审定。

第十五条 所属基层单位及机关各科室负责人的半年、年度考核,由人事部门提前 3 个工作日将考核日程安排、考核方式通知被考核单位。所属基层单位及机关各科室根据半年、年度各项工作开展情况、工作计划和责任目标完成情况、所属基层单位及机关各科室负责人履职情况、廉洁从业情况,分别形成单位半年、年度工作报告及负责人个人述职述廉报告,并以书面形式上报。由本单位超过三分之二的职工对负责人个人贡献、综合素质、履职能力三个方面进行民主测评,由相关部门对成绩进行整理、汇总、上报。

第十六条 对本单位季度、半年、年度考核结束后,考核督察办公室对考核结果进行整理,以书面形式报公司绩效考核管理委员会,并在公司内进行公布。

第十七条 考核方式

考核方式包括日考核、月考核、季度考核、半年考核、年度考核。采取明查、暗访的形式,通过现场查看、检查各项记录和档案获得考核信息,作为考核评价的依据。

三级考核月报表在次月 5 日前完成上报，二级考核报表和工作计划以及工作重点在次月 7 日前完成并上报。

第六章　考核结果的复议

第十八条　考核结果按照规定予以公示，公示时间不得少于 3 日。基层单位和个人对考核结果有异议的，3 日内向分公司考核督察办公室提出复议申请，并提交相关材料，绩效考核管理委员会 7 日内做出复查决定。对复查决定仍有异议的，可向上级考核机构提出申诉，最终由高发公司绩效考核管理委员会裁定。

第十九条　复议的审核由绩效考核管理委员会成立复审小组，对复议项目进行裁定。复议的程序：提出复议的单位或个人陈述复议理由，相关部门提供考核时的材料和扣分依据，由复审小组根据《办法》的规定做出裁定。复议只在对考核结果出现较大异议的情况下受理。

第七章　考核结果的应用

第二十条　考核结果与奖惩、绩效工资挂钩

(一)一级考核结果与奖惩挂钩(具体内容由管理分公司自行制定)。

(二)二级考核结果与奖惩挂钩(具体内容由管理分公司自行制定)。

(三)三级考核结果与奖惩挂钩(具体内容由管理分公司自行制定)。

(四)考核结果与绩效工资的挂钩(具体内容由管理分公司自行制定)。

(五)采用经济处罚手段的，单次处罚额度不得超过当月绩效工资的 10%，多次被处罚的，全年合计值不得超过全年绩效工资总额的 10%。

第二十一条　考核结果与干部任免挂钩

(一)对责任人的处罚，应符合国家的相关法规政策、干部管理规定等政策性规定。

(二)所属基层单位及机关各科室年度工作业绩考核结果为较差等级的，该基层单位及科室负责人不得确定为“优秀”等级。

第二十二条　考核结果与荣誉称号的挂钩(具体内容由管理分公司自行制定)。

第二十三条　出现下列情况之一的，对所属基层单位、相关负责人实行“一票否决”，直接评为“较差”等级，取消评优评先资格。

(一) 发生重大安全责任事故的；

(二) 稳定工作出现重大问题的；

(三) 计划生育出现重大问题的；

（四）廉政工作出现重大问题的；

（五）出现严重违法问题或严重违纪问题被上级部门处理的。

第八章　考核工作要求

第二十四条　考核督察办公室负责人负责组织、协调、监督考核工作，现场考核人员不得少于两人，考核结果须双方签字。

第二十五条　为保证考核工作的独立性、公正性，考核工作所需费用由公司统一解决，考核人员要严格执行工作纪律和廉政建设各项规章制度，考核人员不能吃、拿、卡、要，一经发现将根据公司纪检监察有关规定严肃处理。

第二十六条　考核督察办公室人员收集各类数据信息要实事求是，准确完整，所属基层单位、各科室要积极配合考核工作。

第二十七条　考核督察办公室和相关部门应结合阶段工作重点，调整考核内容，提升考核质量。

第二十八条　任何单位和个人不得暗示、要求考核人员更改考核结果，考核人员也不得泄露考核的方向、时间及内容，一经发现按照有关规定严肃处理。

第二十九条　建立、健全二级、三级考核档案管理制度，对需要归档的资料、文件做到分类齐全、摆放有序。归档文件包括绩效考核评价办法、考核记录、考核资料、考核结果汇总以及申诉、复议材料等。

第九章　附　　则

第三十条　所属基层单位及机关各科室的考核评价办法应在本绩效考核评价办法确立的基本框架内制定，并上报备案。

第三十一条　因实际工作情况需调整考核内容的，须上报备案。

第三十二条　本细则自发布之日起实施。

第三十三条　此办法最终解释权归属公司考核督察办公室。

1.1　××分公司收费站工作业绩考核评分标准

考核指标	权重	考 核 内 容	评 分 标 准
基本指标（20分）	10分	通行费收入	完成全年计划任务后每增加2%加1分，最多加5分，未完成计划任务每降低2%扣1分
	10分	堵漏增收	（1）本公司车辆的公务卡流失一张扣3分； （2）根据各收费站实际闯卡率排名，第一名加3分，最后一名扣3分

续上表

考核指标	权重	考 核 内 容	评 分 标 准
分类指标（70分）	40分	收费管理	评分标准见管理分公司收费管理考核工作标准暨评分标准
	8分	财务资产管理	评分标准见1.5××分公司财务资产二级考核工作标准暨评分标准
	4分	人力资源管理	评分标准见1.6××分公司人力资源二级考核工作标准暨评分标准
	6分	信息管理	信息上报任务少一篇扣0.5分,信息采用任务少一篇扣1分
	2分	车辆管理	评分标准见1.8××分公司车辆考核工作标准暨评分标准
	10分	三级考核履职情况	评分标准见1.9××分公司三级考核履职情况工作标准暨评分标准
特性指标（10分）	5分	其他工作	(1)专项工作完成好的每一项加0.2分,最多加3分,完成不好的每一项扣0.2分,最多扣3分; (2)临时工作未完成的一项扣0.5分 (注:其他工作包括专项工作和临时工作。专项工作是指由上级单位安排的日常工作外的阶段性、临时性重要工作,工作周期连续不低于一个月;同一项工作按年度计分,跨年度在12个月内完成的计算一次,超出12个月的再次计算;各单位专项工作按考核周期报考核督察办公室初审后,报分公司绩效考核管理委员会审定计分。临时工作是指分公司交办的其他工作。)
	5分	安全生产	评分标准见1.7××分公司安全生产管理考核工作标准暨评分标准

1.2　××分公司路政大队工作业绩考核评分标准

考核指标	权重	考 核 内 容	评 分 标 准
基本指标（15分）	5分	结案率	结案率达到95%不扣分,低1%扣1分
	5分	索赔率	索赔率达到95%不扣分,低1%扣1分
	5分	标志标牌完好率	标志标牌不完整、有错误一处扣1分,有丢失一处扣2分,有倒伏一处扣1分;在事故多发路段、特殊路段未设置警示标牌的扣2分,路政巡逻记录有记录并已经给养护公司下达维修通知书(现场提供有效)在24小时之内的不予扣分;最多扣5分

续上表

考核指标	权重	考核内容	评分标准
分类指标（75分）	40分	路政管理	评分标准见管理分公司路政管理考核工作标准暨评分标准
	8分	财务资产管理	评分标准见1.5××分公司财务资产二级考核工作标准暨评分标准
	5分	人力资源管理	评分标准见1.6××分公司人力资源二级考核工作标准暨评分标准
	2分	信息管理	信息上报任务少一篇扣0.5分,信息采用任务少一篇扣1分
	10分	车辆管理	评分标准见1.8××分公司车辆考核工作标准暨评分标准
	10分	三级考核履职情况	评分标准见1.9××分公司三级考核履职情况工作标准暨评分标准。
特性指标（10分）	5分	其他工作	(1)专项工作完成好的每一项加0.2分,最多加3分,完成不好的每一项扣0.2分,最多扣3分; (2)临时工作未完成的一项扣0.5分 (注:其他工作包括专项工作和临时工作。专项工作是指由上级单位安排的日常工作外的阶段性、临时性重要工作,工作周期连续不低于一个月;同一项工作按年度计分,跨年度在12个月内完成的计算一次,超出12个月的再次计算;各单位专项工作按考核周期报考核督察办公室初审后,报分公司绩效考核管理委员会审定计分。临时工作是指分公司交办的其他工作。)
	5分	安全生产	评分标准见1.7××分公司安全生产管理考核工作标准暨评分标准

1.3 ××分公司超限站工作业绩考核评分标准

考核指标	权重	考核内容	评分标准
基本指标（10分）	10分	超限、超载率	超限超载率控制在4%以内不扣分,每超1%扣1分

续上表

考核指标	权重	考 核 内 容	评 分 标 准
分类指标（80分）	40分	超限管理	评分标准见管理分公司超限管理考核工作标准暨评分标准
	8分	财务资产管理	评分标准见1.5××分公司财务资产二级考核工作标准暨评分标准
	10分	人力资源管理	评分标准见1.6××分公司人力资源二级考核工作标准暨评分标准
	2分	信息管理	信息上报任务少一篇扣0.5分，信息采用任务少一篇扣1分
	10分	车辆管理	评分标准见1.8××分公司车辆考核工作标准暨评分标准
	10分	三级考核履职情况	评分标准见1.9××分公司三级考核履职情况工作标准暨评分标准
特性指标（10分）	5分	其他工作	（1）专项工作完成好的每一项加0.2分，最多加3分，完成不好的每一项扣0.2分，最多扣3分； （2）临时工作未完成的一项扣0.5分 （注：其他工作包括专项工作和临时工作。专项工作是指由上级单位安排的日常工作外的阶段性、临时性重要工作，工作周期连续不低于一个月；同一项工作按年度计分，跨年度在12个月内完成的计算一次，超出12个月的再次计算；各单位专项工作按考核周期报考核督察办公室初审后，报分公司绩效考核管理委员会审定计分。临时工作是指分公司交办的其他工作。）
	5分	安全生产	评分标准见1.7××分公司安全生产管理考核工作标准暨评分标准

1.4　××分公司运维分中心工作业绩考核评分标准

考核指标	权重	考 核 内 容	评 分 标 准
基本指标（20分）	10分	设备完好率	（1）通信系统、监控系统、供配电系统、收费系统各占2.5分； （2）通信系统完好率不低于99%、监控系统不低于98%、供配电系统不低于99%、收费系统不低于95%；不达标每项扣2.5分
	10分	故障维修及时率	评分标准依据管理分公司绩效考核评价办法机电运维考核评分标准

续上表

考核指标	权重	考 核 内 容	评 分 标 准
分类指标（70分）	40分	机电运维管理	评分标准见管理分公司机电运维考核工作标准暨评分标准
	8分	财务资产管理	评分标准见1.5××分公司财务资产二级考核工作标准暨评分标准
	5分	人力资源管理	评分标准见1.6××分公司人力资源二级考核工作标准暨评分标准
	2分	信息管理	信息上报任务少一篇扣0.5分，信息采用任务少一篇扣1分
	5分	车辆管理	评分标准见1.8××分公司车辆考核工作标准暨评分标准
	10分	三级考核履职情况	评分标准见1.9××分公司三级考核履职情况工作标准暨评分标准
特性指标（10分）	5分	其他工作	（1）专项工作完成好的每一项加0.2分，最多加3分，完成不好的每一项扣0.2分，最多扣3分； （2）临时工作未完成的一项扣0.5分 （注：其他工作包括专项工作和临时工作。专项工作是指由上级单位安排的日常工作外的阶段性、临时性重要工作，工作周期连续不低于一个月；同一项工作按年度计分，跨年度在12个月内完成的计算一次，超出12个月的再次计算；各单位专项工作按考核周期报考核督察办公室初审后，报分公司绩效考核管理委员会审定计分。临时工作是指分公司交办的其他工作。）
	5分	安全生产	评分标准见1.7××分公司安全生产管理考核工作标准暨评分标准

1.5　××分公司财务资产二级考核工作标准暨评分标准

考核内容	考核工作标准	评 分 标 准
财务管理（35分）	（1）保险柜里不得存放与工作无关的钱、物，无“小金库”； （2）会计信息真实； （3）财务管理规范，会计档案完整	（1）存放与工作无关钱物的发现一次扣5分，发现有小金库的扣20分； （2）账表虚假、不真实扣5分，提供虚假会计信息的扣20分； （3）凭证未编号一处扣5分，随意改变记账凭证编号顺序的一处扣5分，粘贴单及记账凭证填写不完整的一处扣5分，当凭证及账本有误时，未按规定修改的一处扣5分，

续上表

考核内容	考核工作标准	评 分 标 准
财务管理（35分）	(4)按时与银行对账并编制余额调节表； (5)银行账、现金账数据真实、无误； (6)资产负债表数据真实； (7)个人借款及时入账； (8)及时整改上季度工作中问题	会计凭证及报表未及时装订的一次扣5分，上一年度财务档案没有及时归档的扣10分； (4)未按时与银行对账并编制未达账项调节表的一次扣10分； (5)银行账、现金账数据有错误的一处扣5分； (6)数据不真实的，账表不符的一处扣10分； (7)入账不及时的一次扣5分，白条抵账的一次扣10分； (8)整改落实不及时的一处扣10分
经费管理（20分）	(1)经费专款专用，不得随意挪用、不得无故超支； (2)月末核销经费； (3)账表相符	(1)随意挪用的一次扣5分，超支未经领导批准的一次扣10分； (2)月末未核销经费的一次扣5分； (3)账表不符的一处扣5分
部门岗位职责建立情况（5分）	明确三级资产管理人员及工作职责	未明确人员的扣5分，未明确职责的扣5分
账、卡、物管理（20分）	(1)卡片信息资料齐全，账、卡、物登记相符，建立实物信息档案； (2)明确实物责任部门和专人负责，三级核算单位建立资产台账； (3)定期组织资产盘点	(1)卡片资料信息不齐全的一项扣5分，账、卡、物信息不相符的一项扣10分，未建立实物档案的一项扣10分； (2)未明确实物管理部门和专人的一项扣5分，三级管理单位无台账的一项扣10分； (3)未进行的一次扣10分
资产管理程序执行情况（20分）	资产的新建、购置、验收、调拨、拆除、报废、盘盈、盘亏按照规定程序办理，手续齐全、完善，分类归档	(1)资产的新建无批准手续的一项扣10分； (2)购置无审批、验收手续，或不符合审批、验收规定的一项扣10分； (3)协议供货范围内的固定资产购置，未在指定单位购置且无购货合同的一项扣20分； (4)资产调拨未办理手续的一项扣10分； (5)拆除、报废资产未按规定办理，无批复手续一项扣10分； (6)盘亏资产未说明原因、无审批手续的一项扣10分； (7)未按规定分类归档的扣5分

1.6 ××分公司人力资源二级考核工作标准暨评分标准

考核内容	考核工作标准	评分标准
人力资源 (100分)	(1)基层单位建立休假台账,员工的各类假期统计及时准确; (2)严格执行员工岗位调整审批制度; (3)劳务派遣人员严格按照编制执行,严禁擅自超编; (4)劳务派遣人员的新增或离职,按要求填写劳务公司与劳务派遣人员合同或解除劳动合同,并在三个工作日内上报; (5)劳务派遣人员工资发放符合相关规定; (6)严格执行日考勤制度	(1)未按要求建立台账的扣5分,未及时登记或登记错误的一次扣2分,因台账不完善造成重复休假的一次扣5分; (2)未按要求及时上报审批表,擅自进行调整的一人次扣5分; (3)擅自超编的一人次扣5分; (4)未及时上报的一人次扣2分,瞒报或顶替的一人次扣5分; (5)违反规定发放的一人次扣2分; (6)考勤不及时一次扣2分,考勤弄虚作假的发现一次扣5分

1.7 ××分公司安全生产管理考核工作标准暨评分标准

考核内容	考核工作标准	评分标准
安全生产管理 (100分)	(1)建立安全生产工作领导组织机构,实行单位一把手负责制,有安全管理人员,建立健全安全管理制度,签订安全生产责任书; (2)坚持"预防为主",定期召开安全专项工作会议,分析安全工作形势,制订安全教育计划,查找安全隐患,制订改进措施;经常开展全员安全生产教育,会议有记录; (3)建立健全安全生产应急预案,有各类突发事件应急措施;预案中要求的人员、设备、物资等登记建档;定期开展应急预案演练并有影像资料; (4)安全系统管理软件启用并落实,安全管理生产平台管理规范; (5)每月组织一次安全综合检查,每次检查有内容、有记录;每周一次安全专项检查;重点部位每天进行检查;重大活动、重要时段、根据上级要求进行安全专项检查;发现各类安全隐患及时整改; (6)严格执行特殊行业、特殊工种操作规程;消防、防雷、防爆、配电房、安全警示标志、安全公示牌等设施齐全; (7)落实安全生产事故报告制度,无迟报、瞒报现象;发生人员伤亡事故及重大财产损失的,按照"四不放过"原则查处	(1)一项不达标扣2分,安全制度缺失一项扣5分; (2)未召开安全专题会议扣5分,无计划、会议记录、学习记录的一项扣2分,未开展安全教育的一次扣5分; (3)少建立一项应急预案的扣5分,未进行演练的扣5分,建档不全,少一项扣2分; (4)系统没有启用的扣5分,未按要求使用的扣2分,落实不到位的扣2分; (5)未按期组织检查的一次扣2分,发现隐患未整改的一项扣5分; (6)未执行操作规程的一项次扣5分,设施、标志不全的一项扣2分; (7)迟报一次扣5分;瞒报一次扣10分;未按要求查处的少一项次扣5分

1.8　××分公司车辆管理考核工作标准暨评分标准

考核内容	考核工作标准	评分标准
车容车貌 (20分)	(1)保持车辆干净整洁； (2)车身完好,无脱漆现象； (3)车内无浮尘、空气清新、脚垫平整清洁； (4)后备箱物品摆放整齐	(1)车身明显不洁净一处扣2分； (2)有脱漆现象一处扣2分； (3)车内有浮尘扣2分,车内有异味扣2分,车座上有杂物一处扣2分； (4)后备箱物品杂乱扣2分
保养维护 (30分)	(1)定期检查保养,保证车况良好； (2)驾驶室内各种仪表齐全,功能良好； (3)随车工具齐全	(1)未定期保养一车扣5分;车辆机油、刹车油、轮胎气压低于或超出正常标准,一项不合格扣5分； (2)水温表、里程表、速度表,缺失或功能不完整,一项扣2分； (3)千斤顶、套筒、备胎、灭火器等缺失一项扣2分
交通安全 (25分)	(1)严格遵守交通法规、文明驾驶、安全礼让、杜绝事故； (2)定期对驾驶员进行安全教育培训； (3)严格按照准驾类别驾驶车辆； (4)严禁无照驾驶	(1)违章驾驶一次扣2分,发生交通责任事故一次扣10分； (2)未按要求开展培训的一次扣2分； (3)违反规定的一次扣10分； (4)违反规定的一次扣10分
遵守制度 (25分)	(1)严禁酒后驾驶； (2)严禁公车私用,未经批准不得擅自驶离工作区域； (3)严格履行派车单制度,严禁无单出车； (4)车辆一律停放在本单位指定位置； (5)车辆应有专人负责管理,建立健全各类车辆档案； (6)公务用车由专职驾驶员驾驶,其他人员未经批准严禁驾驶公务车	(1)违反规定一次扣20分； (2)违反规定一次扣5分； (3)违反规定一次扣5分； (4)不按规定停放一次扣2分； (5)无专人管理的扣5分,档案不全缺一项扣2分； (6)违反规定一次扣2分

1.9　××分公司三级考核履职情况考核工作标准暨评分标准

考核内容	考核工作标准	评分标准
基础工作 (40分)	(1)三级考核应建立考核机构,人员配备到位,器材配置齐全； (2)三级考核应结合自己的实际情况,依据分公司绩效考核评价办法,制定本单位的考核办法； (3)三级考核应严格执行上级有关规定和政策,认真落实考核岗位责任； (4)建立健全内业资料； (5)按照要求按时上报考核资料	(1)没有建立考核机构的扣10分,人员配备不到位,器材配置不齐全的一项扣2分； (2)没有制定三级考核办法的扣20分； (3)岗位责任不落实或落实不到位的扣10分； (4)内业资料缺失一项的扣3分； (5)没有按时上报考核资料的一次扣5分

续上表

考核内容	考核工作标准	评分标准
工作开展情况（60分）	(1)三级考核应积极开展考核工作，每年度对所有考核工作标准进行考核； (2)每日对当班人员至少进行一次考核； (3)认真开展考核工作，做好记录、存档工作，保证考核内容真实有效； (4)每月对考核成绩进行汇总、通报，并在次月5日前将考核结果向二级考核上报备案，并及时归档； (5)考核领导小组每月对考核结果进行总结分析，查找原因，制订整改措施	(1)没有全面考核的扣10分； (2)未按要求进行考核的一次扣5分； (3)未按规定做好记录和存档工作的一次扣5分，弄虚作假的一次扣10分； (4)未按时对月度考核成绩进行汇总、通报的扣5分，未按时向二级考核上报的扣5分，未归档的扣3分； (5)未对考核结果进行分析的扣5分，未制订整改措施的扣5分

1.10.1 ××分公司机关办公室考核工作标准暨评分标准

考核内容	考核工作标准	评分标准
机关管理（20分）	做好机关食堂、水电、通信、绿化、安全、值班、固定资产、环境卫生等管理工作	按照公司制度定期检查，对照条款评分
办公用品、设施（10分）	管理有序、保障及时、配备合理、发放登记	影响工作一次扣1分，管理不到位造成浪费扣2分
公文、档案（15分）	收发文程序规范、无错误，传递、归档及时，档案、印鉴管理规范	出现一次问题扣1分，失误造成严重后果一次扣5分
会议、接待（10分）	会议组织周密，接待服务规范	出现一次问题扣1分，失误造成严重后果一次扣5分
法律事务（5分）	完成公司涉法事务	出现一次问题扣2分，失误造成严重后果一次扣5分
信访、协调（5分）	及时受理、督办、回复	出现责任越级上访、协调出现缺失造成工作被动的一次扣5分
车辆、驾驶员管理（10分）	科学管理车辆，确保安全行车无责任事故	在派车、车况、服务、安全行车、停放、车辆手续、驾驶员管理等方面出现问题，一项一次扣3分；重大问题扣10分
公司信息管理（5分）	做好公司信息收集整理上报工作，完成信息考核工作	重大信息未上报一次扣2分，任务未完成按比例扣分；未开展信息工作扣5分
其他工作（20分）	按时完成	一项未完成扣5分

续上表

考核内容	考核工作标准	评 分 标 准
备　注	每季度初各部门按照季度实际情况确定工作项目和分值，根据管理情况、制度规定制定目标及评分标准。季度考核标准报主管领导审定后报考核督察办公室备案；表内所列考核内容、工作标准、评分标准为参考指标	

1.10.2　××分公司机关路产科考核工作标准暨评分标准

考 核 内 容	考核工作标准	评 分 标 准
贯彻宣传路政法律法规、方针政策、指示精神，健全规章制度（10分）	宣传到位，制度健全	制度、规定未及时传达到基层的扣2分，未安排法规宣传的一次扣2分，内部制度缺一项的扣2分
依法保护路产路权，维护合法权益，查处各类侵占路产路权事件（15分）	结案率、索赔率达标，案件办理及时	结案率、索赔率每低于标准1%的扣1分，案件未办理的一起扣2分，积压案件3个月以上的一起扣5分
制订阶段工作计划，按期检查、指导业务（10分）	计划科学，定期检查	未制订计划扣5分，计划未落实一项扣2分，未按期检查指导的一次扣1分
各类施工、穿越、超限运输手续（10分）	按要求及时办理相关手续	一项未办理扣3分，一项违规办理扣5分
恶劣天气、道路施工、突发事件的道路保通（10分）	制订预案，组织保通	没有预案扣5分，预案有较大漏项扣2分，出现责任堵车事故一次扣5分
安全生产（10分）	制度健全、措施到位、定期检查、发现隐患及时上报	一项未达标扣2分
业务培训、考核评比（5分）	定期开展培训、考核	少一项次扣1分
各类信息、报表（10分）	准确、及时上报	错误一处扣1分，延迟一次扣2分，未按要求上报扣2分
其他工作（20分）	按时完成	一项未完成扣5分
备　注	每季度初各部门按照季度实际情况确定工作项目和分值，根据管理情况、制度规定制定目标及评分标准。季度考核标准报主管领导审定后报考核督察办公室备案；表内所列考核内容、工作标准、评分标准为参考指标	

1.10.3 ××分公司机关养护科考核工作标准暨评分标准

考核内容	考核工作标准	评分标准
养护计划(10分)	严格执行上级计划,做好本级计划,制订各类预案	一项不达标扣5分
养护巡查(10分)	按要求做好各类巡查,记录完整	巡查不及时、记录不完整一次扣2分
养护内业(10分)	各类内业资料齐全	资料不齐全一项一处扣1分
养护费用(10分)	按照合同约定支付,手续齐全	未及时支付一次扣5分,手续缺一项扣2分
养护施工管理(10分)	按照养护作业安全操作规程做好施工管理	不达标一项扣2分
路容路貌管理(10分)	路面、桥涵、边坡、标志标牌、护栏等维修及时,保持完好	一项不达标扣2分
绿化管理(10分)	绿化整齐,成活率达标,及时管养,绿化带无杂物	一项不达标扣2分
专项工程(10分)	审批手续齐全,施工组织科学合理、周密严谨	一项不达标扣2分
其他工作(20分)	按时完成	一项未完成扣5分
备　注	每季度初各部门按照季度实际情况确定工作项目和分值,根据管理情况、制度规定制定目标及评分标准。季度考核标准报主管领导审定后报考核督察办公室备案;表内所列考核内容、工作标准、评分标准为参考指标	

1.10.4 ××分公司机关政工科考核工作标准暨评分标准

考核内容	考核工作标准	评分标准
计划、方案(10分)	计划科学,落实到位	未制订计划扣5分,不落实一项扣2分
思想教育(10分)	根据年初计划或上级部门要求,制订教育计划,落实学习制度	未制订计划一项扣5分,不落实一项扣2分
党(团)员管理(15分)	规范做好党(团)员、入党积极分子、发展党员、党员转正、收缴党费、组织关系接转、团员离团等日常工作	一项未完成扣2分,一项不规范扣1分

续上表

考核内容	考核工作标准	评分标准
精神文明创建和争先创优(15分)	制订规划、计划和方案,切合实际、开展活动	未制订规划、计划、方案的一项扣5分,未开展活动一项扣2分
宣传工作(5分)	按要求做好内、外部宣传	未达到要求一次扣2分
基层党(团)支部考核(10分)	定期对基层党(团)支部建设指导、检查	未按期检查少一次扣2分,基层业务问题未及时指导回复的一次扣1分
内业管理(10分)	文件收发及时,资料整理规范	文件收发不及时一项扣5分,资料不规范一处扣2分
企业文化建设(5分)	具体工作措施符合实际	不符合实际一项扣2分
其他工作(20分)	按时完成	一项未完成扣5分
备　　注	每季度初各部门按照季度实际情况确定工作项目和分值,根据管理情况、制度规定制定目标及评分标准。季度考核标准报主管领导审定后报考核督察办公室备案;表内所列考核内容、工作标准、评分标准为参考指标	

1.10.5　××分公司机关工会考核工作标准暨评分标准

考核内容	考核工作标准	评分标准
计划、方案(10分)	计划科学,落实到位	未制订计划扣5分,不落实一项扣2分
日常工作(10分)	及时召开工会例会,规范会籍管理、会费收缴等日常性工作	不按要求或管理不规范一次扣2分
民主管理(10分)	参与企务民主管理,督促企务公开	一项不落实扣2分
思想教育(10分)	制订职工思想道德教育和职业道德教育计划并落实,开展女职工"四自"教育	未制订计划的扣5分,不落实的一项扣2分
创建工作(10分)	制订"学习型组织""巾帼文明岗"示范标兵等创建计划,扎实有效开展各项活动	未制订计划的扣5分,活动不落实一项扣2分
帮扶工作(10分)	落实"六必访"、"金秋助学""特困帮扶"等工作,建立相应台账	活动不落实一次扣5分,未建立台账一次扣2分

续上表

考核内容	考核工作标准	评分标准
“绿色家园”建设(10分)	督促检查基层单位开展“绿色家园”建设活动	未督促检查的一次扣2分
女工“四期”保护(10分)	按要求做好女工“四期”保护工作	未达到要求一次扣2分
其他工作(20分)	按时完成	一项未完成扣5分
备　注	每季度初各部门按照季度实际情况确定工作项目和分值,根据管理情况、制度规定制定目标及评分标准。季度考核标准报主管领导审定后报考核督察办公室备案;表内所列考核内容、工作标准、评分标准为参考指标	

1.10.6　××分公司机关财务科考核工作标准暨评分标准

考核内容	考核工作标准	评分标准
制定支出计划,控制费用开支(10分)	计划合理,费用不超支	费用超支一项扣2分,总预算超支扣10分
编制财务报表及预算执行分析(10分)	报表准确,上报及时,科学分析	报表错误一处扣1分,迟报扣2分,报表分析内容简单、流于形式扣2分
审核支付日常费用,下拨经费,支付工资(20分)	严格审核,及时拨付、发放	审核疏漏一处扣5分,下拨发放不及时一次扣5分
税费缴纳(10分)	按时准确缴纳	不按时缴纳一次扣2分,出现错误扣5分,造成严重后果扣10分
资产管理(10分)	定期开展检查	未开展检查扣5分
财务档案(10分)	按时装订、存档	未及时装订扣1分,档案丢失、保管不当扣5分
财务安全(10分)	确保财务室、资金、财务资料安全	出现安全问题扣10分
其他工作(20分)	按时完成	一项未完成扣5分
备　注	每季度初各部门按照季度实际情况确定工作项目和分值,根据管理情况、制度规定制定目标及评分标准。季度考核标准报主管领导审定后报考核督察办公室备案;表内所列考核内容、工作标准、评分标准为参考指标	

1.10.7　××分公司机关通行费管理科考核工作标准暨评分标准

考核内容	考核工作标准	评分标准
通行费任务(20分)	(1)合理分解通行费任务,制定目标责任制; (2)圆满完成通行费计划任务	(1)通行费任务分解不及时、不合理的一项扣2分; (2)每降低计划任务2%扣2分
堵漏增收(15分)	应征不漏,应免不征	(1)未科学制订堵漏增收方案的扣2分; (2)在同一收费站当月出现同一辆车闯卡、超出规定闯卡比率或其他逃费行为的没有召开专题研讨会的扣5分
IC卡、票据的管理(10分)	IC卡、票据管理规范	(1)未建立IC卡领取、发放台账的一项扣2分,IC卡调配不及时、不合理影响收费工作的扣5分; (2)票据管理不规范的一项扣2分
库房管理(10分)	(1)库房干净整洁,各类物品摆放整齐; (2)做到"三专六防"	(1)票、卡摆放不整齐、卫生脏乱的扣2分; (2)未做到"三专六防"的每项扣2分
基层单位的日常管理(10分)	调查研究,解决日常工作中的实际问题	(1)无工作计划的扣2分; (2)未按计划对基层单位进行指导、监督、检查和服务的扣5分
业务培训、考核评比(10分)	定期开展培训、检查	无计划的扣5分,未按计划进行落实的一项扣2分
信息及各类报表的统计和上报(10分)	准确、及时、按要求上报	错误一处扣2分,延迟一次扣2分,未上报扣5分
收费设施(10分)	确保收费设施正常运行	收费设施损坏后未及时上报或未采取有效措施的扣5分
其他工作(5分)	按时完成	未完成的一项扣2分
备　　注	每季度初各部门按照季度实际情况确定工作项目和分值,根据管理情况、制度规定制定目标及评分标准。季度考核标准报主管领导审定后报考核督察办公室备案;表内所列考核内容、工作标准、评分标准为参考指标	

1.10.8 ××分公司机关人事劳动科考核工作标准暨评分标准

考核内容	考核工作标准	评分标准
薪酬管理(10分)	按时准确发放	出现错误一次扣5分,不及时发放一次扣3分
保险管理(10分)	按时交纳、及时调整	出现错误一次扣5分,不及时调整一次扣2分
合同管理(10分)	按要求签订,建立台账	未签订合同的一人次扣5分,未建立台账的扣3分
员工管理(10分)	按要求开展工作	出现错误一次扣1分
服装管理(10分)	发放及时,台账准确	发放不及时一次扣2分,未建立台账扣5分,台账不准确扣3分
休假管理(10分)	及时审批,台账规范	出现错误一次扣2分
档案管理(10分)	归档及时,内容齐全	出现错误一次扣1分
职称管理(10分)	按要求开展工作	出现错误一次扣1分
其他工作(20分)	按时完成	一项未完成扣5分
备注	每季度初各部门按照季度实际情况确定工作项目和分值,根据管理情况、制度规定制定目标及评分标准。季度考核标准报主管领导审定后报考核督察办公室备案;表内所列考核内容、工作标准、评分标准为参考指标	

1.10.9 ××分公司机关考核督察办公室考核工作标准暨评分标准

考核内容	考核工作标准	评分标准
考核工作(30分)	全面开展考核,及时下发通报	考核未覆盖全部单位扣5分,考核漏项扣5分
三级考核管理(20分)	定期检查三级考核开展情况,定期汇总三级考核情况	未检查扣5分,未汇总扣5分
考核结果(10分)	及时汇总,准确上报	延误一次扣2分,上报错误一处扣5分

续上表

考 核 内 容	考核工作标准	评 分 标 准
考核问题整改督办(10分)	及时督办,反馈整改情况	一项未督办的扣5分
考核奖惩(10分)	按要求落实	一项未落扣2分
其他工作(20分)	按时完成	一项未完成扣5分
备　　注	每季度初各部门按照季度实际情况确定工作项目和分值,根据管理情况、制度规定制定目标及评分标准。季度考核标准报主管领导审定后报考核督察办公室备案;表内所列考核内容、工作标准、评分标准为参考指标	

1.10.10　××分公司机关监察室考核工作标准暨评分标准

考 核 内 容	考核工作标准	评 分 标 准
督促检查(20分)	每季度不少于一次对各基层单位反腐倡廉工作开展检查	少一次扣2分
廉洁文化建设(10分)	按计划落实廉洁文化建设任务	未落实的扣5分
反腐倡廉教育(10分)	按要求制订计划,落实反腐倡廉教育内容	无计划扣5分,落实不到位扣2分
"三重一大"工作(20分)	监督到位,符合工作程序	未监督、不符合程序一次扣5分
受理举报,查处案件(20分)	按要求开展	不按要求一次扣2分
其他工作(20分)	按时完成	一项未完成扣5分
备　　注	每季度初各部门按照季度实际情况确定工作项目和分值,根据管理情况、制度规定制定目标及评分标准。季度考核标准报主管领导审定后报考核督察办公室备案;表内所列考核内容、工作标准、评分标准为参考指标	

1.10.11 ××分公司机关科室分类指标考核工作标准暨评分标准

考核内容	考核工作标准	评分标准
公文处理(30分)	公文处理规范,承办及时,及时做好相关文件的起草工作,及时报送相关材料	处理不规范一次扣2分,延误一次扣3分,出现较大失误扣5分,出现重大失误造成影响扣10分
工作信息(20分)	完成信息报送任务	未完成任务按比例扣分
劳动纪律(30分)	遵守公司劳动纪律、工作纪律相关规定	违反规定一项一次扣5分
环境卫生(20分)	遵守机关卫生管理规定,做好办公室、责任区域环境卫生	违反规定一项一次扣3分
备注	表内所列工作标准、评分标准为参考指标	

1.10.12 ××分公司机关科室民主测评表

项目	分值	得分	说明
计划能力	20		优秀20~18分(含18);良好18~15分(含15);一般15~12分(含12);较差12分以下。总分60分以下为无效票
工作执行效率	20		
工作作风	20		
队伍建设	20		
廉洁自律	20		
合计	100		

2 ××分公司党群工作二级考核工作标准暨评分标准

考核内容		考核工作标准	评分标准
党的建设和思想政治(35分)	工作机制(7分)	(1)重视党建思想政治工作,认真落实党建工作责任制和思想政治工作领导责任制度,对党建工作部署有传达、有落实、有记录; (2)党建工作按上级安排部署进行落实; (3)党支部开展各项活动的场所、时间得到保障; (4)按时上报党员统计报表、党建工作信息、各类学习和工作会议等材料,完成上级安排的各项工作任务	(1)会议未传达的一项扣0.5分,记录不规范、不完整一处扣0.5分,制度未落实的一项扣0.5分; (2)未落实一项扣1分; (3)党支部活动时间、地点未得到保障的扣1分; (4)党建工作信息、各类学习和工作会议等材料未按要求及时、准确上报的,一次扣0.5分;工作任务不落实的扣1分

续上表

考核内容		考核工作标准	评分标准
党的建设和思想政治（35分）	思想教育（6分）	（1）落实支部委员及班子理论学习和会议制度：①理论学习每月不少于1次，学习有记录；②支部委员和班子成员个人学习半年不少于3次，学习笔记不少于3篇，心得不少于1篇； （2）利用“三会一课”形式或其他形式开展党员教育活动	（1）①领导班子理论学习不落实一次扣1分；无记录的一次扣0.5分；②领导班子成员个人学习缺一次学习笔记或少一篇学习心得扣0.5分，学习笔记、心得体会别人代写的每人次扣0.5分； （2）未开展党员教育活动的扣1分
	组织建设（10分）	（1）党支部充分发挥政治核心作用，群众满意率90%以上； （2）落实支部民主生活会制度：每半年召开一次符合程序的支部民主生活会，会议有议题、有征集群众意见、记录完整、按时上报； （3）每月按时收缴党费，党费收缴本填与规范； （4）及时规范办理调动党员的组织关系接转手续	（1）群众满意率低于90%的，每下降1个百分点扣0.5分； （2）民主生活会缺少一次扣3分，未按要求和程序的一处扣0.5分； （3）未按时收缴党费的一人次扣0.2分，党费收缴本填写错一处扣0.5分； （4）调动党员的组织关系超过一个月未及时办理的一人次扣0.5分，办理程序不规范的一人次扣0.1分
	党员管理（6分）	（1）党员档案规范，要建立党员信息表和入党积极分子统计表，并及时更新； （2）对入党积极分子、发展对象进行培养，手续完整、档案齐全规范； （3）按照“在优秀人才中发展党员”的指导思想，发展党员，严格执行“培训制、公示制、审查制、责任追究制”，做到“七公开”，把好“四关”； （4）按照要求和程序，认真做好每年一次民主评议党员工作，党员合格率达95%； （5）认真落实党员联系群众制度、党员汇报制度（党员每半年至少向党支部书面汇报一次），建立各项制度记录； （6）发挥党员先锋模范作用，党员无违纪违规事件发生	（1）统计表内容缺一项扣0.5分，未建立档案的扣2分，不及时更新的扣1分； （2）档案或培养手续不完整、不规范一处扣0.5分，无培养档案的扣2分； （3）发展党员工作不符合发展程序的一处扣1分； （4）党员合格率每下降1个百分点扣0.2分，没有开展评议工作的扣1分； （5）各项制度不健全、记录不规范一处扣0.5分，制度不落实的一项扣2分； （6）党员中发生违纪违规，受到上级纪检监察部门处理的扣5分
	创先争优（6分）	积极开展创先争优活动，有方案、计划、措施，各类活动扎实有效开展	活动缺少一项扣3分，方案、计划、措施缺少一项扣1分（以公司文件为准）

续上表

考核内容		考核工作标准	评分标准
精神文明和企业文化（15分）	文明创建（10分）	（1）创建机构健全，创建计划和目标合理可行； （2）积极参加创建活动，档案资料整理齐全规范（含工会、团组织活动档案）	（1）创建机构不健全扣2分，无创建计划和目标的扣1分； （2）活动缺一项扣2分，档案不齐全、不规范一处扣1分
	企业文化（5分）	（1）单位企业文化建设氛围浓，符合公司统一要求和实际； （2）群众参与度和认可度高，熟知公司企业文化相关内容，理解企业精神、理念、发展战略等相关知识	（1）无企业文化氛围扣2分；不符合公司要求和实际的扣2分； （2）随机抽人了解公司企业文化相关知识，不熟知扣1分，不能正确理解企业精神、理念含义的扣2分
工会建设（30分）	组织建设（6分）	（1）工会（小组）管理制度健全，认真贯彻落实上级工会工作安排； （2）对会员登记造册，按月缴纳会费； （3）积极落实"职工小家"建设活动方案，会员或会员代表"评家"满意率在95%以上	（1）管理制度不健全扣1分，未贯彻落实的一项扣1分； （2）会员管理台账不齐全扣1分，会费交纳不及时一次扣1分； （3）未落实的扣2分，满意率低于95%的扣1分
	队伍建设（8分）	（1）积极组织参加上级工会开展的活动； （2）积极开展上级工会安排的创建活动，做到有组织、有实施； （3）积极开展职工道德教育，实施女职工素质教育工程，搞好"四自"教育； （4）积极开展健康文明、形式多样、职工喜闻乐见的文体活动，促进职工身心健康，每年结合本单位实际组织1～2次文体活动	（1）未参加活动的一次扣1分； （2）未开展活动的一次扣2分； （3）未开展教育活动的一次扣2分； （4）未开展文体活动的扣1分
	民主管理（8分）	（1）根据公司召开职代会的要求，及时选举职工代表，并落实职代会议精神； （2）工会小组民主管理、民主参与、民主监督，制定伙食管理制度、物品采购制度等民主管理制度，每月对伙食进行民主测评	（1）未按规定进行选举职工代表的扣1分，职代会精神落实不到位扣1分； （2）无管理制度扣1分，伙食民主测评满意率达不到80%扣1分
	关爱职工（8分）	（1）落实关爱职工的制度并建立档案，及时掌握广大职工的呼声并按规定及时上报，督促落实解决，并为职工办好事，办实事； （2）贯彻落实"金秋助学"、"特困帮扶"工作，建立特困、困难职工档案并实行动态管理	（1）制度不落实一次扣2分，未建立档案的一项扣1分，未及时上报的扣1分，未为职工办好事、办实事的扣1分； （2）无具体活动的扣1分，未建立档案的扣1分，未及时更新的扣0.5分

续上表

考核内容		考核工作标准	评分标准
工会建设（30分）	关爱职工（8分）	（3）扎实开展建设"绿色家园"活动，有台账、有资料； （4）做好女工的"四期"保护工作，依法维护女工的特殊利益，并落实公司有关女职工保护的具体措施	（3）无台账、资料的一项扣1分； （4）未落实的一人次扣0.2分
团的建设（20分）	基础工作（10分）	（1）团员管理规范，按时足额缴纳团费，并有记录； （2）认真按照上级工作安排积极开展工作； （3）聘请党支部书记作为团支部的政治辅导员，每半年为团支部上团课不少于1次，利用"三会一课"或其他形式对团员进行思想教育； （4）抓好团员青年的素质培养，团员学习笔记和心得体会每季度不少于1篇	（1）无团员花名册扣1分，团费收缴不及时、不规范一人次扣0.5分； （2）制度不健全扣1分，未落实的一次扣0.5分； （3）未聘请政治辅导员的扣1分，未开展团员教育的扣1分； （4）无学习笔记和心得体会的一人次扣0.2分
	青年活动（10分）	（1）有固定青年活动场所，有挂牌、室内有团徽、有团的标语，活动设施能正常使用； （2）积极开展创先争优活动，做到组织健全、档案齐全、措施到位； （3）积极开展志愿者活动，半年开展此类活动不少于1次（含公司组织活动）	（1）没有固定青年活动场所的扣2分，未挂牌、团徽、标语不全的一处扣1分，活动设施不能正常使用的扣1分； （2）未开展活动的一次扣2分，组织、档案、措施不健全的一处扣1分； （3）活动少一次扣1分

3　××分公司反腐倡廉二级考核工作标准暨评分标准

考核内容		考核工作标准	评分标准
党风廉政建设责任制落实情况（30分）	履行责任制情况（15分）	（1）把反腐倡廉工作纳入站（队）总体工作规划，半年、年度工作计划中有反腐倡廉工作部署，与业务工作同要求、同检查； （2）成立反腐倡廉建设组织机构，党支部书记履行反腐倡廉建设第一责任人职责	（1）无工作部署的扣2分，未开展检查的扣2分； （2）无反腐倡廉建设组织的扣1分

续上表

考核内容		考核工作标准	评分标准
党风廉政建设责任制落实情况（30分）	实施责任考核和责任追究情况（15分）	(1)落实上级单位反腐倡廉建设工作年度目标，并责任到人； (2)党支部每季度不少于1次会议，进行一次廉政建设有关工作落实的自我考评和总结	(1)未落实的扣2分； (2)未开展的缺一次扣1分
推进工作情况（70分）	教育（15分）	(1)开展职工警示教育活动每年至少1次； (2)把反腐倡廉理论作为党支部理论学习内容，单位负责人每年讲廉政课不少于1次； (3)结合实际加强廉洁文化建设，思路清晰； (4)对职工的反腐倡廉教育每月不少于1次	(1)未开展警示教育活动的扣2分； (2)未开展的扣1分； (3)未开展廉洁文化建设活动的扣1分； (4)反腐倡廉教育少一次扣2分
	制度落实（10分）	(1)严格落实“三重一大”制度，执行民主集中制； (2)落实《国有企业领导人员廉洁从业若干规定》等反腐倡廉规章制度要求	(1)未执行的扣2分； (2)单位负责人出现违反《国有企业领导人员廉洁从业若干规定》未落实的扣2分
	监督（5分）	注重监督，支持各社会监督主体发挥作用，每年召开不少于1次社会监督员参加的座谈会	未建立社会监督员制度的扣2分，未召开座谈会的扣2分
	纠风（10分）	(1)落实行风建设责任制，开展公路“三乱”等治理工作； (2)整改落实公路“三乱”及有关问题	(1)出现公路“三乱”问题的扣5分； (2)对存在不正之风问题未整改和落实的扣2分
	内部稽查（30分）	(1)反腐倡廉建设领导小组及单位主要负责同志，支持内部稽查活动，经常性开展工作纪律等情况检查； (2)严格按照监督稽查管理办法及各项业务工作规范对违规违纪行为进行处理； (3)支持执纪执法机关、上级监督部门履行职责，配合做好本单位内部有关违法违纪问题的调查	(1)未组织开展内部稽查活动的每次扣1分； (2)对发现的违规违纪行为不处理的每次扣2分； (3)出现不配合执纪执法机关办案及上级监督部门履行职责情况的，每起扣5分

4　××分公司所属基层单位负责人考核评价要点及评分标准

考评内容	考 评 指 标	考评要点及标准
综合素质（10分）	政治素质	政治立场坚定，旗帜鲜明，注重学习，与时俱进，牢固树立科学发展观和正确的政绩观；坚持原则，顾全大局，维护团结，党性观念和组织纪律观念强
	职业素质	爱岗敬业，具有强烈的事业心和责任感，有开拓精神，品行端正，具有良好的职业道德，遵守法律法规和公司章程；熟悉现代企业管理，具备扎实的业务知识和丰富的管理经验
	廉洁从业	艰苦奋斗，勤俭节约，维护公司权益，自觉遵守党和国家关于党风廉政建设的各项规定和企业规章制度；作风正派、严于律己，自觉接受组织和职工群众监督
履职能力（10分）	决策能力	思路清晰、方向明确，决策科学民主，能够针对公司形势变化，及时调整思路和对策；对重大问题和突发事件，反应敏捷，判断准确
	执行能力	认真贯彻落实上级精神，具备驾驭全局、应对复杂局面、解决疑难问题的能力；大胆管理，敢于承担责任；善于优化资源配置，协调各方力量，有序推进各项工作
	创新能力	学以致用，不断创新、大胆管理，增强可持续发展能力；勇于创造，大力推动科技进步，不断增强企业发展的动力和核心竞争力
个人贡献（10）		公司班子成员重点评价：执行公司决议、自主创新、管理效能、人力资源管理、财务管理、安全生产、完成工作目标等方面的情况。 机关各科室负责人重点评价：保证监督党的路线方针政策和国家法律法规贯彻执行、参与重大问题决策、选人用人和人才队伍建设、党组织建设、思想政治工作、党风建设和反腐倡廉工作、精神文明和企业文化建设、维护职工合法权益和企业稳定等方面的工作
工作业绩（70分）		工作业绩突出，完成上级下达任务及质量情况，日常工作的开展情况等考核指标

5 二级考核报表

一、二级考核报表包括:表2.1《河南高速公路发展有限责任公司二级考核月报表》、表2.2《河南高速公路发展有限责任公司二级考核________季度排名表》、表2.3《管理分公司________季度经营业绩考核统计表》。

二、二级考核报表由分公司考核督察,办公室负责填写。

三、《河南高速公路发展有限责任公司二级考核月报表》考核重点、发现问题填报内容须具体详细;在季度末月填报时,被考核单位数、基层单位数、被扣分单位数含机关科室。

四、《管理分公司________季度经营业绩考核统计表》累计值指年初至本月累计数,专项工作严格按照规定要求填报。

河南高速公路发展有限责任公司二级考核月报表 表2.1

单　位		考核月份	
考核重点			
考核方式		下发督办通知单份数	
基层单位数		被考核单位数	
被扣分单位数		发现问题条数	
考核发现问题			

单位负责人:　　　主管领导:　　　考核办主任:　　　制表人:

河南高速公路发展有限责任公司二级考核________季度排名表　　表2.2

单位(公章)　　　　　　　　　　　　年　月　日

类　别	排　名	单　位	成　绩	备　注
收费	1			
	2			
	3			
	4			
	5			
	6			
	7			
	8			
路政	1			
	2			
	3			
	4			
机关	1			
	2			
	3			
	4			
	5			
	6			
	7			
	8			
	9			

单位负责人：　　　主管领导：　　　考核办主任：　　　制表人：

管理分公司____季度经营业绩考核统计表　　表2.3

考核内容	实际执行情况	累计值	备　注
通行费收入	第一个月		
	第二个月		
	第三个月		

续上表

考核内容			实际执行情况	累计值	备注
预算执行数			第一个月		
			第二个月		
			第三个月		
收费管理	闯卡数量	实际闯卡			
		误闯卡			
	已治理数				
	治理金额				
	其他逃费治理数				
	其他逃费治理金额				
路政管理	结案率				
	路产索赔率				
	标志标牌完好率				
	超限超载率				
	肇事逃逸事故起数				
机电运维管理	设备完好率				
安全生产					
专项工作					
备注					

制表人：　　　　考核办主任：　　　　主管领导：

三、管理分公司三级考核

1　××收费站三级绩效考核评价办法

第一章　总　　则

第一条　为进一步规范收费站对全体员工的绩效考核评价工作，建立科学有效的激励约束机制，根据《××管理分公司绩效考核评价办法》，参照河南省地方标准《河南省高速公路收费人员操作规范》(DB 41/T 610—2009)的要求和高发公司形象示范站星级评定标准，制定本办法。

第二条 考核的目的是督促收费站各岗位人员认真履行职责,有计划地做好各项管理工作,完成工作目标;为员工评先、绩效工资评定等提供依据;增强全体人员工作责任感和竞争意识,落实各项制度,全面提高管理水平,提升企业竞争力。

第三条 本办法考核对象包括收费员、监控员、收费班长、监控班长、票据票管员、内业、外勤、电工、厨师、保洁、驾驶员、保安等岗位。

第四条 绩效考核评价应遵循的原则

1. 公开、公平、公正;
2. 现场考核与调阅录像相结合;
3. 个人考核和班组考核相结合;
4. 日常考核与阶段考核相结合;
5. 综合考核和岗位考核相结合;
6. 素质考核和能力考核相结合。

第二章 考核机构

第五条 组织机构及职责

(一)收费站成立三级绩效考核领导小组,负责收费站绩效考核工作的组织和实施。

组长由站长或书记担任,副组长由其他班子成员担任,成员由班长、内业或监控担任。

(二)三级考核的主要工作职责

1. 根据二级绩效考核评价办法并结合本单位的实际情况,制定三级考核评价办法,完善三级考核制度;
2. 负责对本单位各项日常工作的开展情况进行考核,日考核结果在次日公示,时间不得少于一天;
3. 负责对考核结果汇总、通报,并将考核结果在次月5日前向分公司考核督察办公室上报备案;
4. 接受并处理本单位员工对考核结果的申诉、复议;
5. 建立、健全三级绩效考核档案管理制度。

第三章 考核方式及依据

第六条 考核方式

(一)收费站三级绩效考核实行日考核月排名。

(二)每日考核由一名值班站领导带领专(兼)职考核员进行。

第七条 考核依据

考核标准依据《××分公司绩效考核评价办法》，参照《河南省高速公路收费人员操作规范》(DB 41/T 610—2009)进行。

第四章 岗 位 考 核

第八条 考核内容

(一)收费员岗位

对收费员岗位的考核包括日常工作、通行费收入完成情况和业务技能等，采用百分制计分。

(二)监控员岗位

监控员岗位的考核包括环节管理、设备维护、业务技能和监控资料等，采用百分制计分。

(三)监控班长岗位

监控班长岗位的考核包括监控业务、业务监督和设备维护等，采用百分制计分。

(四)收费班长岗位

收费班长岗位的考核突出现场管理，主要对站区当班期间的工作秩序进行有效管理，采用百分制计分。

(五)票管票款员岗位

票管票款员岗位的考核以票据、票款、账目、报表、库房等管理内容为主，采用百分制计分。

(六)收费站其他岗位

收费站其他岗位的考核内容以工作纪律、基本工作完成为主，采用百分制计分。

各岗位考核具体内容详见1.1.1～1.1.12《收费站××岗位考核工作标准及评分标准》。

第九条 员工绩效考核成绩构成

(一)收费班长个人考核综合成绩权重构成为：本班收费员平均成绩占30%，班长岗位考核占60%，政治学习和廉政教育占5%(详见1.2《收费站员工政治学习及廉政教育考核工作标准暨评分标准》)，民主测评占5%。

收费站员工个人考核综合成绩权重构成为：岗位考核占90%(每季度前两月占95%)，政治学习和廉政教育占5%(详见1.2《收费站员工政治学习及廉政教育考核工作标准暨评分标准》)，民主测评占5%(每季度末进行民主测评并计入成绩)。

员工的民主测评由三级绩效考核领导小组每季度末组织实施,民主测评采用无记名方式进行,测评内容为收费站员工个人的德、能、勤、绩、廉五个方面。员工民主测评成绩满分为100分,折合权重后计入个人综合成绩。测评权重为:本单位班子成员占30%,收费班长、监控员占30%,收费站员工占40%(详见1.3《收费站员工民主测评表》)。

(二)收费站劳务派遣人员考核评价综合成绩构成为:岗位考核占90%,民主测评10%。

第十条　员工考核评价等级

员工考核评价结果分为优秀(100~95分,含95分)、称职(95~90分,含90分)、基本称职(90~85分,含85分)和不称职(85分以下)四个等级。

第五章　奖 惩 办 法

第十一条　三级考核奖惩

(一)奖励

1. 在分公司举办的各类竞赛活动中获得前三名的,第一名加3分,第二名加2分,第三名加1分。

2. 因工作突出获得分公司通报表彰的一次加2分。

3. 因工作突出获得分公司以上单位或地方市委、市政府通报表彰的一次加5分。

4. 代表分公司参加高发公司以上单位举办的竞赛活动并获得前三名的,第一名加5分,第二名加3分,第三名加2分。

5. 个人获得地市级党政类报刊正面报道宣传的一次加2分,获得省、部级党政类报刊正面报道宣传的一次加5分,获得国家级党政类报刊正面报道宣传的一次加10分。

6. 获得省(部)级荣誉称号或全省通报表彰的一次加5分,获得国家级荣誉称号或表彰的一次加10分。

7. 以上内容加分累计不能超过10分。

(二)处罚

1. 对于一、二级考核中所发现的问题,三级考核中不得加倍扣分。

2. 被分公司通报批评的,一次扣3分。

3. 因个人工作原因,被投诉、举报经查证属实给单位声誉造成恶劣影响的,一次扣5分。

4. 被分公司以上单位通报批评的经查证情况属实的,一次扣5分。

5. 被市级以上媒体曝光经查证情况属实的,一次扣10分。

6. 出现下列情况之一的,在月考核中直接列为末位。对相关责任人实行“一票否决”,取消年终评先资格。“一票否决”由收费站绩效考核管理委员会依据国务院《生产安全事故报告和调查处理条例》、《特别重大事故调查程序暂行规定》等相关法规及河南省交通投资集团、高发公司的有关规定进行认定。

(1)发生重大安全责任事故的;

(2)计划生育出现重大问题的;

(3)出现严重违法违纪问题的。

第六章　绩效考核评价结果的公示及复议

第十二条　为保证绩效考核评价工作公开、公平、公正,三级考核必须将月考核结果予以公示,公示不得少于3天。

第十三条　如有对三级考核结果持有异议时,应在公示之日起3日内向站三级考核领导小组提出复议。对复议结果仍有异议的,可向上一级考核机构申诉。

第七章　考核评价结果应用

第十四条　收费站正式员工绩效考核评价结果与绩效工资挂钩(具体办法依据高发公司和管理分公司的有关规定自行制定)。

第十五条　采用经济处罚手段的,单次处罚额度不得超过当月绩效工资的10%,多次被处罚的,全年合计值不得超过全年绩效工资总额的10%;劳务派遣人员全年各类处罚总额累计不能超过本岗位全年工资总额的10%。

第十六条　三级考核经济罚款要在规定时间内上交,未及时交纳的,除按照三级考核标准进行扣分外,上报分公司处理。

第十七条　绩效考核评价结果作为星级收费员评定的主要依据。

第十八条　员工每月绩效考核评价结果综合成绩的平均分值作为半年度、年度绩效考核评价的依据。年度考核评价结果达到优秀的员工是年度评先的必备条件。

第八章　考核工作要求

第十九条　三级绩效考核领导小组负责组织、协调、监督绩效考核工作,现场考核人员不得少于两人,考核结果须双方签字。

第二十条　三级考核每日按班次不少于一次。

第二十一条　每月5日前完成上月考核结果的审核评定工作，并按规定上报分公司考核督察办公室。

第二十二条　为保证考核工作的独立性、公正性，考核人员要严格执行考核工作纪律和廉政建设方面各项规章制度。

第二十三条　考核人员收集各类数据信息要实事求是、准确完整，不得弄虚作假。

第九章　附　则

第二十四条　因实际工作情况需调整考核内容的，须向上级考核备案。

第二十五条　本办法自下发之日起实施。

1.1.1　收费员岗位考核工作标准暨评分标准

<table>
<tr><th colspan="3">考核内容</th><th>考核工作标准</th><th>评分标准</th></tr>
<tr><td colspan="3">通行费收入(10分)</td><td>完成当月通行费收入任务</td><td>完成当月通行费收入任务的，每增加2%，加1分，最多加5分；每降低2%，扣1分</td></tr>
<tr><td rowspan="3">业务技能(40分)</td><td>堵漏增收(30)</td><td>(1)升档；
(2)闯卡车治理；
(3)治理逃漏费</td><td>(1)按规定车型操作；
(2)闯卡车治理规范；
(3)增加通行费收入</td><td>(1)每升档一辆加0.5分，最多加5分，没有升档不加分，得基本分5分；
(2)当月发现闯卡车辆，收费员按程序操作的，不予扣分；按程序操作有效治理闯卡车并挽回通行费损失的一辆次加1分；未按规定程序操作的，造成闯卡车逃费的，1辆闯卡车扣5分；
(3)当月收费员发现灰名单等逃费车辆，按收费站打逃方案程序处理，一辆每次加3分；未发现灰名单等逃费车辆造成通行费流失的一辆次扣3分</td></tr>
<tr><td colspan="2">发卡(5)</td><td>正确判断车型，发卡程序操作规范</td><td>(1)发卡过程中出现发卡员责任的错卡一次扣1分；
(2)收费员个人发卡数量最高为基准，最多加5分，具体计分方法为：实际发卡数量与最高发卡数量比率×5分</td></tr>
<tr><td colspan="2">票款差错(5)</td><td>通行费收入无差错</td><td>当班期间长、短款一次扣1分</td></tr>
<tr><td>日常工作(50分)</td><td colspan="2">(1)文明服务
(2)工作程序
(3)工作纪律</td><td>依据《收费管理考核工作标准暨评分标准》</td><td>依据《收费管理考核工作标准暨评分标准》</td></tr>
</table>

1.1.2 监控员岗位考核工作标准暨评分标准

考核内容	考核工作标准	评分标准
环节管理 (10分)	(1)负责实时监控收费过程及收费广场、收费车道情况;负责对收费员执行劳动纪律情况和行为规范的监督、检查、纠正; (2)做好突发事件录像资料的跟踪采集,确保信息资料完整; (3)严禁擅自违规处理特情车	(1)监控人员必须对收费过程进行监督,当班收费人员有违规违纪现象不提醒、不制止一次扣1分; (2)突发事件录像资料跟踪采集不及时,造成影响的扣5分;信息资料不完整或未对特情进行跟踪的扣3分; (3)违反规定的一次扣5分
记录规范 (10分)	各项监控记录严格按照相关规定填写,记录准确	记录漏项、错误、不规范的一处扣1分
设备维护 (10分)	(1)不得私自移动、拆卸各种设备,严禁私接外部设备入网,对各种设备严格按照规定操作;并能熟练、正确操作各种监控设施,避免因误操作造成的人为故障和安全责任事故; (2)负责监控室环境卫生,确保温湿度正常(温度:22 ~ 26℃,相对湿度:40% ~ 70%),消防设施和防鼠措施管理有效; (3)做好监控室机电设备的日常维护管理工作,按照维护管理流程,做好故障申报的上传下达工作,并做好记录	(1)不按规定、不能熟练、正确操作各种监控设施的扣1分;监控人员私自移动、拆卸各种设备,私自接入外部设备入网,每项每次扣5分;造成人为故障或者安全责任事故的一次扣10分; (2)监控室工作环境不整洁、温湿度未达到要求的每项扣1分;消防设施和防鼠措施管理不尽责的扣1分; (3)故障未及时上报的扣5分,未做好故障记录的一项一次扣1分
工作纪律 (40分)	(1)监控室实行24小时工作制度,监控员不准脱岗、串岗、睡岗等(吃饭期间可由后勤或站领导顶替),不得做与监控工作无关的事; (2)与监控工作无关的物品不得带入监控室; (3)规范使用文明用语; (4)未经上级主管领导批准,不得向外界人员透漏有关收费、监控数据、录像资料; (5)做好监控室出入人员登记	(1)违反规定一项扣2分; (2)违反规定一次扣1分; (3)违反规定一次扣1分; (4)擅自透漏有关收费、监控数据、录像资料的一次扣5分; (5)出入人员无登记的一次扣2分
日常工作 (30分)	(1)文明服务 (2)工作程序 (3)工作纪律 | 依据《收费管理考核工作标准暨评分标准》	依据《收费管理考核工作标准暨评分标准》

1.1.3　监控班长岗位考核工作标准暨评分标准

考核内容	考核工作标准	评分标准
业务监督 (30分)	(1)完成对收费广场、收费车道、收费亭内特情信息监控、录像等资料的收集工作； (2)特情车辆录像资料的审核无误； (3)监控内业资料审核，及时发现和纠正监控人员的记录错漏，记录资料完整准确； (4)监控室的日常管理规范，监控员各项工作安排合理	(1)违反此项规定一次扣1分； (2)未认真审核特情车辆录像资料的一次扣1分，对审核中发现的问题未及时上报的扣3分； (3)未查阅各项工作记录、未及时发现和纠正记录错漏、各种记录资料不完整的一项一次扣1分； (4)未做好日常管理造成工作遗漏的扣1分
监控业务 (30分)	(1)监控室设备使用与管理规范 (2)熟知操作程序，正确使用和维护设备，操作规范，杜绝人为故障，确保人员和设备安全； (3)各类记录填写规范，及时上报各类数据； (4)确保监控资料安全	(1)违反规定一次扣1分； (2)不熟悉操作程序的扣1分，未按规定使用和维护设备的扣5分； (3)记录填写不完整、不规范的一次扣1分，各类数据、报表不及时、不准确的一次扣1分； (4)擅自泄漏监控资料的一次扣5分
设备维护 (10分)	(1)设备故障处理规范、及时； (2)设备管理严格，操作规范； (3)监控室环境卫生整洁，温湿度正常(温度:22～26℃，相对湿度:40%～70%)，消防设施和防鼠措施管理有效； (4)定期对监控设备进行日常维护和设备安全检查	(1)设备故障处理不规范、不及时一项扣1分； (2)不按规定、不能熟练、正确操作各种监控设施的扣1分；监控人员私自移动、拆卸各种设备，私自接入外部设备入网的扣5分； (3)监控室工作环境不整洁、温湿度未达到要求、消防设施和防鼠措施管理不尽责的一项一次扣1分； (4)未定期进行日常维护和安全检查一次扣1分
日常工作 (30分)	(1)文明服务 (2)工作程序 (3)工作纪律　依据《收费管理考核工作标准暨评分标准》	依据《收费管理考核工作标准暨评分标准》

1.1.4　收费班长岗位三级考核工作标准暨评分标准

考核内容	考核工作标准	评分标准
职责履行 (40分)	(1)车道开启符合规定，车辆安全畅通	(1)因组织不力造成堵车5辆以上扣1分，堵车10辆以上扣3分，对私自关闭车道、人为造成堵车、造成社会影响、受到上级批评的一次扣5分

续上表

<table>
<tr><th>考核内容</th><th colspan="2">考核工作标准</th><th>评 分 标 准</th></tr>
<tr><td>职责履行
(40分)</td><td colspan="2">(2)收费设施、设备管理规范,异常故障及时处理、上报;
(3)保持收费站区、广场及收费设施干净、整洁;
(4)特情车辆程处理程序规范,处理收费过程中的特殊情况,突发事件及时处理上报;
(5)运营秩序正常;
(6)认真履行收费班长工作职责,严格执行各项管理规章制度</td><td>(2)未及时上报和登记的一次扣1分;
(3)未达到要求的扣1分;
(4)未按规范程序处理的一次扣3分,对现场突发事件处理不当造成事态恶化的一次扣3分,造成严重后果的一次扣5分;
(5)未及时对站区停留车辆进行询问、劝离闲杂人员的一次扣1分;
(6)未按规定交接班的一项扣2分;未组织本班人员进行业务技能学习的一次扣1分;当班期间《收费工作日志》、《票据交接本》等内业资料填写不及时、不准确的一次扣1分;绿色通道管理,违反验货程序的一次扣5分;未组织本班人员参加站内开展的各类活动的一次扣3分</td></tr>
<tr><td>规范程序
(20分)</td><td colspan="2">(1)严格控制各类逃漏费车辆;
(2)严禁擅自使用"车队"键;
(3)严禁擅自进行手工输入收费;
(4)严格执行免征规定,严禁擅自扩大免征范围;
(5)对于无卡车应按照规定收取IC卡工本费</td><td>(1)未按规定程序操作造成车辆逃费的一辆车扣5分;
(2)未按规定及时上报和审批的一次扣5分,《收费工作日志》未及时登记车队带队车号及通行数量的一次扣1分;
(3)未按有关规定使用的一次扣5分;
(4)通过收费站的免征车中发现一辆免征范围外的车辆扣3分,若有处理结果(查相关记录)的不扣分;
(5)未收取工本费的扣3分,未将票号登记到工作日志上的扣1分</td></tr>
<tr><td>日常工作
(40分)</td><td>(1)文明服务
(2)工作程序
(3)工作纪律</td><td>依据《收费管理考核工作标准暨评分标准》</td><td>依据《收费管理考核工作标准暨评分标准》</td></tr>
</table>

1.1.5 票据、票款员岗位考核工作标准暨评分标准

考核内容	考核工作标准	评 分 标 准
票据管理 (20分)	(1)票据计划、领取、保管、发放、入账、核销等环节手续齐全、及时准确,做到日清月结,月底自检	(1)票据断码未发现扣1分,领取不及时扣1分,发放不规范扣1分,入账不及时或不准确扣1分,月底未自检或盘存扣1分,无自检或盘存记录扣1分,账票、账实不符扣5分

续上表

考核内容	考核工作标准	评 分 标 准
票据管理 (20分)	(2)废票和票款登记簿管理规范; (3)组织票款稽查	(2)废票回收不及时、不登记或保管、销毁程序违反规定一项扣1分,长款未及时收缴、登记的一次扣5分,长款不入账、擅自支出的一次扣10分; (3)未开展票款稽查的扣5分
账目管理 (30分)	(1)统计报表反映真实,计算准确,上报及时; (2)审核收费报表	(1)统计报表不及时一次扣5分,统计报表不准确的一次扣1分; (2)未对报表进行审核签字的一次扣1分
	(1)凭证、账目齐全、准确,账实相符、账表相符、装订规范; (2)IC卡管理规范,信息准确	(1)各类记账凭证和报表缺一项扣3分,记账凭证和报表制作不及时、不完整和不按规定装订的一项扣1分; (2)IC卡未及时清洗扣1分,存放混乱扣1分,未规范组盒使信息不准确的扣3分
库房管理 (20分)	(1)票据库库存充足、分类上架、摆放整齐、标签清晰、制度明确; (2)保险柜及通行费收入管理规范; (3)票证、票款保管严密,防范措施完善	(1)票据未上架、无标签一项扣1分,摆放不整齐、有杂物、有灰尘一项扣1分,无管理制度扣1分; (2)保险柜内存放私人物品的一次扣3分,通行费收入不按时上解的一次扣5分; (3)票款室安全防范措施(防盗门、防盗窗、监控设施等)不到位、不完好的一项扣5分,票管室夜间关灯或没有24小时进行有效监控的扣5分,票证、票款、通行卡有丢失的一项扣10分
日常工作 (30分)	(1)文明服务 (2)工作程序 (3)工作纪律 依据《收费管理考核工作标准暨评分标准》	依据《收费管理考核工作标准暨评分标准》

1.1.6　内业岗位考核工作标准暨评分标准

考核内容	考核工作标准	评 分 标 准
岗位职责 (50分)	(1)办理各类文件材料管理规范; (2)组织、通知各种会议,并做好会议记录; (3)固定资产管理规范; (4)做好来访的接待服务工作;	(1)管理不规范的一处扣1分; (2)会议通知不及时、记录不真实完整、文件没有整理归档的一次扣1分; (3)违反规定一项扣3分; (4)接待出现差错扣1分,造成恶劣影响的一次扣5分

续上表

考核内容	考核工作标准		评分标准
岗位职责（50分）	(5)办公用品管理规范； (6)严格执行印信管理规定； (7)各类工作计划、措施、总结等文字材料，上报及时； (8)各项统计报表数据填写准确，及时上报； (9)信息上传下达及时； (10)完成领导交办的其他任务		(5)办公用品领用发放不及时、保管不严密、登记不准确的一次扣3分； (6)违反规定扣1分； (7)未按时完成文字材料工作的一次扣1分，未按时上报的一次扣1分； (8)数据填写不准确、漏项、漏报、延报的一次扣1分； (9)信息传达不及时的扣1分，信息传达错误造成负面影响的扣5分； (10)未完成的一次扣1分
日常工作（50分）	(1)文明服务 (2)工作程序 (3)工作纪律	依据《收费管理考核工作标准暨评分标准》	依据《收费管理考核工作标准暨评分标准》

1.1.7 外勤岗位考核工作标准暨评分标准

考核内容	考核工作标准		评分标准
岗位职责（50分）	(1)当班期间不准擅自离岗、脱岗； (2)统一着装、仪容仪表干净整洁； (3)按规定着反光背心； (4)协助班长处理突发情况，保证车道车辆畅通； (5)协助当班班长做好站区安全、设备等巡查工作，发现问题及时上报； (6)遵守安全生产规定，无安全责任事故		(1)当班期间擅自离岗、脱岗的一次扣3分； (2)着装不规范的一次扣1分； (3)未穿反光背心一人次扣1分； (4)未及时疏导车辆造成堵车的一次扣5分； (5)未及时劝离站区闲杂人员和滞留车辆的扣1分；发现问题未及时上报的扣3分； (6)违反规定的一次扣5分
日常工作（50分）	(1)文明服务 (2)工作程序 (3)工作纪律	依据《收费管理考核工作标准暨评分标准》	依据《收费管理考核工作标准暨评分标准》

1.1.8 电工岗位考核工作标准暨评分标准

考核内容	考核工作标准	评分标准
岗位职责（50分）	(1)持证上岗，严格执行《电工安全工作规程》及当地供电部门的有关规定，遵守值班制度，确保供电安全	(1)未持证上岗的扣5分，未执行《电工安全工作规程》及有关规定、未遵守值班制度、供电系统存在安全隐患的一处扣5分

续上表

考核内容	考核工作标准		评分标准
岗位职责（50分）	（2）配电房各种工具摆放整齐有序，广场照明设施及匝道灯正常，机房消防设施、防雨、防鼠板设施管理规范，配电房设施完好，发电机运行正常并按规定进行维修、保养和使用； （3）电缆井、通信井等整洁、无积水； （4）电工交接班日志本、油机发电本、故障记录本填写规范； （5）保管好配电室内各种资料图表、材料、油料、工具仪表和消防器材等； （6）掌握供配电系统的结构及安装性能、操作程序和维护方法、配电室现行的运行方式、负荷情况及负荷调整、电压调节等； （7）电工房设施设备、门窗、文件柜、地面、消防器材、开关等保持干净无灰尘； （8）电工宿舍内物品摆放整齐，干净整洁，无杂物； （9）完成收费站交办其他交办的事项		（2）配电房物品摆放凌乱一处扣1分，广场照明设施及匝道灯不完好或设备故障未及时上报、修复的一处扣3分，机房消防设施、防雨、防鼠板设施管理不到位的一处扣1分，发电机未按规定正常检修、保养的一次扣2分； （3）不整洁、有积水的一处扣1分； （4）记录不规范、不齐全、不完整一处扣1分； （5）有丢失、损坏现象的一次（处）扣3分； （6）不熟练掌握的一项扣5分； （7）不干净有积尘的一处扣1分； （8）摆放凌乱、有积尘、有杂物的一处扣1分； （9）未完成交办事项的一次扣1分
日常工作（50分）	（1）文明服务 （2）工作程序 （3）工作纪律	依据《收费管理考核工作标准暨评分标准》	依据《收费管理考核工作标准暨评分标准》

1.1.9　厨师岗位考核工作标准暨评分标准

考核内容	考核工作标准	评分标准
岗位职责（70分）	（1）厨房卫生干净整洁，确保良好就餐环境； （2）厨师仪容仪表干净整洁； （3）厨师积极主动、服务热情，确保员工按时就餐。 （4）严禁无关人员进入餐厅操作间，未经批准的外来人员不允许在餐厅就餐； （5）食堂设施、餐厅、操作间干净整洁，各类食物、调料等分类摆放整齐； （6）储藏室食品摆放整齐，干净卫生； （7）厨房要经常性灭鼠、防蝇和防食物腐烂变质； （8）保障饮食卫生、安全，避免出现饮食卫生安全责任事故	（1）厨房卫生不干净整洁、就餐环境脏乱差的一处扣1分； （2）不干净整洁的一人次扣1分； （3）因主观原因与职工发生矛盾的一次扣5分，未按时开饭的扣5分； （4）餐厅操作间无关人员随便进出、未经批准外来人员在餐厅就餐的一次扣3分； （5）食堂内各类设施、餐厅、操作间不干净一处扣3分，各类食物没有分开存放、生熟没有分开的一项扣3分； （6）摆放凌乱、不卫生的一次扣1分； （7）不落实防鼠、蝇和防腐烂变质规定的一次扣3分，发生腐烂变质的一次扣5分； （8）出现饮食卫生、安全责任的一次扣10分，出现集体饮食安全事故的一次扣20分

续上表

考核内容	考核工作标准	评分标准
劳动纪律（30分）	（1）在岗期间遵守公司劳动纪律； （2）完成领导交办的其他事项	（1）违反劳动纪律的一次扣5分； （2）未完成工作的一次扣5分

1.1.10 驾驶员岗位考核工作标准暨评分标准

考核内容	考核工作标准	评分标准
岗位职责（70分）	（1）持证上岗，严格遵守交通法规； （2）车辆干净、整洁，仪表齐全，功能完整； （3）定期检查，保证车辆时刻处于良好状态； （4）上班期间不准饮酒，严禁酒后驾驶； （5）公务车辆严禁私自出入旅游景点； （6）严禁公车私用； （7）节假日期间除值班车辆，其他车辆一律停放在本单位指定位置	（1）未持证上岗的一人次扣20分，违章驾驶一人次扣5分，交通责任事故的一次扣10分； （2）车身明显不洁净的扣1分，车内物品杂乱的扣1分，车内仪表功能不完整的一项扣3分； （3）车辆机油、刹车油、轮胎气压低于或超出正常标准的一项扣3分，千斤顶、套筒、钳子、螺丝刀、灭火器等缺失一项扣3分，车灯一处不亮的扣1分； （4）驾驶员当班期间饮酒或酒后驾驶一次扣10分； （5）私自出入旅游景点一次扣20分； （6）发现一次扣10分； （7）节假日车辆不在指定位置停放一次扣10分
劳动纪律（30分）	（1）在岗期间遵守公司劳动纪律； （2）完成领导交办的其他事项	（1）违反劳动纪律的一次扣5分； （2）未完成工作的一次扣5分

1.1.11 保安、保洁、门卫岗位考核工作标准暨评分标准

考核内容	考核工作标准	评分标准
岗位职责（70分）	（一）保安 （1）工作时间不准擅自离岗、脱岗； （2）当班期间着装规范、仪容仪表整洁；按规定着反光背心； （3）当班期间协助班长处理突发情况，保证车道车辆畅通； （4）加强白天和夜间巡逻，提高警惕，注意盘查、询问各种可疑人员，发现问题及时汇报	（1）擅自离岗、脱岗一次扣5分； （2）着装不整的一次扣1分，未穿反光背心一次扣2分； （3）未及时疏导车辆造成堵车的扣5分； （4）玩忽职守的扣5分
	（二）保洁 （1）确保办公区域、收费广场干净整洁	（1）办公区域、收费广场不干净整洁的一处扣1分

续上表

考核内容	考核工作标准	评 分 标 准
岗位职责（70分）	（2）当班期间按规定着反光背心	（2）未穿反光背心一次扣2分
	（三）门卫 （1）工作时间不准擅自离岗、脱岗； （2）当班期间着装规范，仪容仪表整洁； （3）加强白天和夜间巡逻，提高警惕，注意盘查、询问各种可疑人员，发现问题及时汇报； （4）严格进出登记制度	（1）擅自离岗、脱岗一次扣5分； （2）着装不整者一次扣1分； （3）玩忽职守者扣5分； （4）进出未登记的一次扣2分
劳动纪律（30分）	（1）在岗期间遵守公司劳动纪律； （2）完成领导交办的其他事项	（1）违反劳动纪律的一次扣5分； （2）未完成工作的一次扣5分

1.2　××收费站员工政治学习及廉政教育考核工作标准暨评分标准

考核内容	考核工作标准	评 分 标 准
政治学习（100分）	积极参加党、团支部和工会组织开展的各类会议和学习活动	（1）无故不参加党、团支部和工会组织的会议和学习活动一次扣5分； （2）会议记录、学习笔记缺少一篇扣5分； （3）会议记录、学习笔记内容与单位组织开展的活动内容不一致的扣5分； （4）没有会议记录和学习笔记的扣10分
廉政教育（100分）	积极参加分公司组织开展的各类会议和廉政教育活动	（1）无故不参加分公司组织的会议和学习活动一次扣5分； （2）会议记录、学习笔记缺少一篇扣5分； （3）会议记录、学习笔记内容与单位组织开展的活动内容不一致的扣5分； （4）没有会议记录和学习笔记的扣10分

注：收费站劳务派遣人员不进行政治学习和廉政教育考核。

1.3　××收费站员工民主测评标准

评议项目	评 议 内 容	分值	备　注
德	（1）爱岗敬业，维护集体利益； （2）服从管理，团结同事； （3）家庭和睦，邻里关系融洽； （4）孝敬父母，尊重长辈	20分	
能	（1）精通业务，熟练掌握收费工作技能； （2）主动加强收费业务知识学习	20分	

续上表

评议项目	评议内容	分值	备注
勤	(1)当月无违反劳动纪律; (2)积极参加单位组织的争先创优活动	20分	
绩	(1)完成当月通行费收入目标任务; (2)按规定做到"应征不漏、应免不征"	20分	
廉	(1)遵守公司各项廉政制度,无违规违纪现象; (2)积极参加廉政教育学习	20分	

注:1. 收费站员工的民主测评由三级绩效考核领导小组每季度末月组织实施。

2. 测评主体权重为:本单位班子成员占30%,收费班长、监控占30%,收费站员工占40%。

3. 员工民主评议成绩满分为100分,折合权重成绩后计入个人考核综合成绩。

4. 民主测评采用无记名方式进行。

5. 员工民主测评综合得分低于60分(不含)的评议票视为无效票。

2 ××路政大队(超限站)三级绩效考核评价办法

第一章 总 则

第一条 为进一步规范路政大队(超限站)全体员工三级绩效考核评价工作,建立科学有效的激励约束机制,完善内部管理体系,根据《××管理分公司绩效考核评价办法》,制定本办法。

第二条 考核的目的是督促路政大队(超限站)各岗位工作人员认真履行职责,有计划做好各项管理工作,完成工作目标;为员工评先、绩效工资评定等提供依据;增强全体员工工作责任感和竞争意识,落实各项制度,全面提高管理水平,提升企业竞争力。

第三条 本办法考核对象包括路政中队长、路政员、内业、路警联合指挥中心值班员、超限中队长、检测员、引导员、仓库保管员、票管员、厨师、保洁员、驾驶员、保安等岗位。

第四条 三级绩效考核应遵循的原则

1. 公开、公平、公正;

2. 现场考核与调阅录像相结合;

3. 个人考核和班组考核相结合;

4. 日常考核与阶段考核相结合;

5. 综合考核和岗位考核相结合;

6. 素质考核和能力考核相结合。

第二章　考 核 机 构

第五条　组织机构及职责

(一)路政大队(超限站)成立三级绩效考核领导小组,负责路政大队(超限站)绩效考核工作的组织和实施。

组长由队长或书记担任,副组长由其他班子成员担任,成员由中队长、内业等担任。

(二)三级考核的主要工作职责

1. 根据二级绩效考核评价办法并结合本单位的实际情况,制定三级考核评价办法,完善三级考核制度;

2. 负责对本单位各项日常工作的开展情况进行考核,日考核结果在次日公示,时间不得少于一天;

3. 负责对考核结果汇总、通报,并将考核结果在次月 5 日向分公司考核督察办公室上报备案;

4. 接受并处理本单位员工对考核结果的申诉、复议;

5. 建立、健全三级绩效考核档案管理制度。

第三章　考核方式及依据

第六条　考核方式

(一)定期考核:由值班领导带领专(兼)职考核员,对员工每班进行一次考核。

(二)不定期考核:由大队长(站长)带领专(兼)职考核员,对员工进行不定期考核,每月不低于四次。

(三)专项考核:由大队长(站长)带领专(兼)职考核员,每月对员工进行一次专项考核。

第七条　考核依据

考核标准参照《高速公路路政规范化管理读本》以及《××管理分公司二级绩效考核评价办法》进行考核。

第四章　岗 位 考 核

第八条　考核内容

(一)中队长岗位

路政(超限)中队长岗位的考核包括日常巡查、文明执法、业务管理等,采用百分制计分。

(二)队员岗位

路政(超限)队员岗位的考核包括日常巡查、文明执法、文书制作、业务技能等,采用百分制计分。

(三)内业岗位

路政(超限)内业岗位的考核包括档案制作、仓库管理、信息传达等,采用百分制计分。

(四)票款员岗位

路政(超限)票款员岗位的考核以票据、票款、账目、报表、库房管理等,采用百分制计分。

(五)其他岗位

路政(超限)其他岗位的考核内容以工作纪律、基本工作完情况等,采用百分制计分。

各岗位具体内容详见2.1《路政队(超限站)岗位考核工作标准暨评分标准》。

第九条 员工绩效考核成绩构成

(一)路政(超限)班长个人考核综合成绩权重构成为:本班路政(超限)员平均成绩占30%,班长岗位考核占60%,政治学习和廉政教育占5%(详见2.2《路政(超限)员工政治学习及廉政教育考核工作标准暨评分标准》),民主测评占5%。

路政(超限)员工个人考核综合成绩权重构成为:岗位考核占90%(每季度前两月占95%),政治学习和廉政教育占5%(详见2.2《路政(超限)员工政治学习及廉政教育考核工作标准暨评分标准》),民主测评占5%(每季度末进行民主测评并计入成绩)。

员工的民主测评由三级绩效考核领导小组每季度末组织实施,民主测评采用无记名方式进行,测评内容为收费站员工个人的德、能、勤、绩、廉五个方面。员工民主测评成绩满分为100分,折合权重后计入个人综合成绩。测评权重为:本单位班子成员占30%,路政(超限)班长30%,路政(超限)员工占40%(详见2.3《路政(超限)员工民主测评表》)。

(二)路政(超限)劳务派遣人员考核评价综合成绩构成为:岗位考核占90%,民主测评10%。

第十条 员工考核评价等级

员工考核评价结果分为优秀(100～95分,含95分)、称职(95～90分,含90分)、基本称职(90～85分,含85分)和不称职(85分以下)四个等级。

第五章　奖 惩 办 法

第十一条　三级考核奖惩

(一)奖励

1. 在分公司举办的各类竞赛活动中获得前三名的,第一名加3分,第二名加2分,第三名加1分。

2. 因工作突出获得分公司通报表彰的一次加2分。

3. 因工作突出获得分公司以上单位或地方市委、市政府通报表彰的一次加5分。

4. 代表分公司参加高发公司以上单位举办的竞赛活动并获得前三名的,第一名加5分,第二名加3分,第三名加2分。

5. 个人获得地市级党政类报刊正面报道宣传的一次加2分,获得省、部级党政类报刊正面报道宣传的一次加5分,获得国家级党政类报刊正面报道宣传的一次加10分。

6. 获得省(部)级荣誉称号或全省通报表彰的一次加5分,获得国家级荣誉称号或表彰的一次加10分。

7. 以上内容加分累计不能超过10分。

(二)处罚

1. 对于一、二级考核中所发现的问题,三级考核中不得加倍扣分。

2. 被分公司通报批评的,一次扣3分。

3. 因个人工作原因,被投诉、举报经查证属实给单位声誉造成恶劣影响的,一次扣5分。

4. 被分公司以上单位通报批评的经查证情况属实的,一次扣5分。

5. 被市级以上媒体曝光经查证情况属实的,一次扣10分。

6. 出现下列情况之一的,在月考核中直接列为末位。对相关责任人实行"一票否决",取消年终评先资格。"一票否决"由路政大队(超限站)绩效考核管理委员会依据国务院《生产安全事故报告和调查处理条例》、《特别重大事故调查程序暂行规定》等相关法规及河南省交通投资集团、高发公司的有关规定进行认定。

(1)发生重大安全责任事故的;

(2)计划生育出现重大问题的;

(3)出现严重违法违纪问题的。

第六章　绩效考核评价结果的公示及复议

第十二条　为保证绩效考核评价工作公开、公平、公正,三级考核必须将月考核结果予以公示,公示不得少于3天。

第十三条　如有对三级考核结果持有异议时,应在公示之日起3日内向三级考核领导小组提出复议。对复议结果仍有异议的,可向上一级考核机构申诉。

第七章　考核评价结果应用

第十四条　路政(超限)正式员工绩效考核评价结果与绩效工资挂钩(具体办法依据高发公司和管理分公司的有关规定自行制定)。

第十五条　采用经济处罚手段的,单次处罚额度不得超过当月绩效工资的10%,多次被处罚的,全年合计值不得超过全年绩效工资总额的10%;劳务派遣人员全年各类处罚总额累计不能超过本岗位全年工资总额的10%。

第十六条　三级考核经济罚款要在规定时间内上交,未及时交纳的,除按照三级考核标准进行扣分外,上报分公司处理。

第十七条　绩效考核评价结果作为星级路政(超限)员评定的主要依据。

第十八条　员工每月绩效考核评价结果综合成绩的平均分值作为半年度、年度绩效考核评价的依据。年度考核评价结果达到优秀的员工是年度评先的必备条件。

第八章　考核工作要求

第十九条　三级绩效考核领导小组负责组织、协调、监督绩效考核工作,现场考核人员不得少于两人,考核结果须双方签字。

第二十条　三级考核每日按班次不少于一次。

第二十一条　每月5日前完成上月考核结果的审核评定工作,并按规定上报分公司考核督察办公室。

第二十二条　为保证考核工作的独立性、公正性,考核人员要严格执行考核工作纪律和廉政建设方面各项规章制度。

第二十三条　考核人员收集各类数据信息要实事求是、准确完整,不得弄虚作假。

第九章　附　　则

第二十四条　因实际工作情况需调整考核内容的，须向上级考核备案。

第二十五条　本办法自下发之日起实施。

2.1　××路政大队(超限站)岗位考核工作标准暨评分标准

<table>
<tr><th colspan="2">考核内容</th><th colspan="2">考评工作标准</th><th>评分标准</th></tr>
<tr><td rowspan="2">路政
中队长
(100分)</td><td>岗位职责
(50分)</td><td colspan="2">(1)贯彻执行国家有关路政管理方针、政策和上级机关的指示、决定;
(2)带领本中队路政员做好路政巡查工作,填写巡逻登记表,确保辖区路段安全畅通;
(3)按照大队安排组织宣传高速公路路政管理的法律、法规、规章;
(4)按要求组织路政员及时调查沿线建筑控制区违章建筑、违章广告、违章种植及违章占用等;
(5)负责高速公路路政案件的调查、取证;
(6)负责中队队员的政治思想教育、业务学习等;
(7)负责组织本中队路政员对辖区路段进行徒步巡逻(危险路段除外);
(8)负责带领本中队路政案件档案的制作和初检;
(9)完成上级部门交办的临时性任务</td><td>(1)不执行的一项扣10分;
(2)无故少巡逻一次扣2分,记录填写错误、漏项一处扣1分,工作失误造成堵车一次扣5分;
(3)未宣传的扣5分,工作不认真有遗漏的扣2分;
(4)未开展的扣10分,工作不认真有遗漏的扣2分;
(5)工作不认真造成无法结案的一件扣5分;
(6)不组织学习的一次扣2分;
(7)未进行的一次扣2分;
(8)案卷上交后发现错误一处扣2分;
(9)未完成一次扣2分</td></tr>
<tr><td>日常工作
(50分)</td><td>(1)工作纪律
(2)工作程序
(3)安全管理</td><td>依据《路政(超限)管理考核工作标准暨评分标准》</td><td>依据《路政(超限)管理考核工作标准暨评分标准》</td></tr>
<tr><td>路政队员
(100分)</td><td>岗位职责
(50分)</td><td colspan="2">(1)执行路政巡查制度;坚持24小时路况巡查,每天车辆巡查不少于4次(具备电子巡查的应保证夜间两次车辆巡查),及时发现、处理各类交通违法案件、损害路产路权案件,如实填写工作日志;责任路段责任人每月对所负责路段至少进行一次徒步巡查(危险路段除外),巡逻车巡逻途径收费站须经收费站当班负责人签字;
(2)执行公务期间随身携带执法证、胸卡、勘验包、巡查记录等,做到证件、用具(油桶、水桶、锥形标、灭火器等)齐全;路政执法、巡逻、救援时不得少于2名正式人员,正常巡</td><td>(1)不按规定巡逻一次扣5分,记录内容少一项扣2分,错误一项扣1分;
(2)不符合要求的一项扣2分</td></tr>
</table>

续上表

考核内容		考评工作标准	评分标准
路政队员 (100分)	岗位职责 (50分)	逻车速保持在60~80公里/小时;巡逻过程中及时向驾乘人员提供帮助和服务,接到事故报警和救援、求助电话后,巡逻车应及时赶赴现场,白天5分钟、夜间10分钟出警; (3)加强对特殊路段、特殊天气下路况的巡查和汇报,并及时上报指挥中心,确保道路的安全畅通; (4)巡逻中及时清理或报告影响行车安全的障碍物,及时关闭开口的活动护栏; (5)检查监督高速公路附属设施完好情况,发现标志标牌等设施丢失或损坏的应及时上报,并在24小时内下达维修通知书; (6)辖区控制区内(隔离栅以内)无摆摊设点、倾倒垃圾、设置棚屋、挖沟引水、违章种植、违章放牧等现象;辖区建筑控制区内无违章跨(穿)越管线和建筑及违章占用公路用地案件发生,无违章标语、广告牌、标牌;在所辖公路管理范围内无随意开道口或在立交桥底下搭棚、砌墙等现象; (7)按规定对辖区内的养护施工作业进行监督管理,维护施工现场秩序,确保安全畅通; (8)及时记录路上影响通行故障车、重大险情及事故情况,并逐级上报; (9)按规定做好巡查记录,完成路政案件的登记和制作;交接班时认真填写交班记录,做到交接双方清楚明白并签字; (10)接听报警电话使用文明用语,对司乘人员的咨询要做好解答,电话记录规范;响铃20秒钟内无人接听视为值班人员脱岗;严禁私事使用报警电话,确保电话畅通; (11)巡查中发现需要处理的案(事)件时,将车辆停放在肇事车辆前方20米处,同时开启示警灯,迅速设置安全区,按案(事)件处理程序、权限办理并积极疏导交通; (12)勘察事故现场时,认真登记路产损失情况,各种笔录真实有效、按照规定现场制作,并对事故现场拍照取证	(3)巡查不及时、不到位造成堵车的每次扣5分; (4)违反规定一次扣2分; (5)未采取相应措施的每项扣2分; (6)发现未制止一次扣2分,现场制止不了未上报一项扣5分; (7)养护作业区不规范未制止的一次扣2分,施工监管不力造成堵车的扣5分; (8)未及时上报一次扣2分,造成不良后果一次扣5分; (9)未达到规定要求的一项扣2分; (10)未达到规定要求的一项扣2分; (11)设置安全区不规范一次扣2分,造成事故或堵车的一次扣5分; (12)有错误的一项扣2分

续上表

<table>
<tr><th colspan="2">考 核 内 容</th><th colspan="2">考评工作标准</th><th>评 分 标 准</th></tr>
<tr><td rowspan="2">路政队员（100分）</td><td>岗位职责（50分）</td><td colspan="2">(13)勘察事故现场完毕归队后,一个工作日内将事故相关材料移交内业人员,双方应有移交手续并签字;
(14)完成上级部门交办的临时性任务</td><td>(13)未按时移交的一次扣2分;
(14)未完成的一次扣2分</td></tr>
<tr><td>日常工作（50分）</td><td>(1)工作纪律
(2)工作程序
(3)安全管理</td><td>依据《路政(超限)管理考核工作标准暨评分标准》</td><td>依据《路政(超限)管理考核工作标准暨评分标准》</td></tr>
<tr><td rowspan="2">路政内业（100分）</td><td>岗位职责（50分）</td><td colspan="2">(1)建立完善的路产档案;案件档案一案一档,各类文书制作要准确、完整、规范,归档要齐全,无破损;
(2)建立路政装备台账,做到账物相符;
(3)报表准确、齐全、及时上报;
(4)路政赔(罚)款、资金收支账目清楚并及时上缴;
(5)及时录入路政管理系统内相关信息,督促当班人员工作小结、值班人员交接班情况,每日9点前完成登记;电子文书上传应在事故结案后24小时内完成;
(6)路政文书、票据、印章规范;
(7)及时完成各类相关材料、台账;负责会议通知、准备及会场布置,并做好会议记录;
(8)起草安全工作应急预案,做好安全生产活动记录,收集安全教育活动图片资料,及时更新安全应急管理平台信息,按时上报安全信息,规范填写安全生产管理台账;
(9)严格收发文制度,及时上报、处理、归档;
(10)每月按规定报送信息;
(11)完成好上级部门交办的临时性任务</td><td>(1)缺一项扣5分;未达到档案规范要求的每处扣2分,弄虚作假的一份扣5分;
(2)未建账扣5分,账物不符的每项扣2分;
(3)未及时上报一次扣2分,错误一处扣5分;
(4)账目混乱的扣2分,不及时上缴赔偿款的扣5分;
(5)未完成一次扣5分,登记错误一处扣2分;
(6)管理无规定扣5分、使用未登记一次扣2分;
(7)未落实一项扣2分;
(8)未落实一项扣2分;
(9)未落实一项扣2分;
(10)缺少一篇扣2分;
(11)未完成一次扣2分</td></tr>
<tr><td>日常工作（50分）</td><td>(1)工作纪律
(2)工作程序
(3)安全管理</td><td>依据《路政(超限)管理考核工作标准暨评分标准》</td><td>依据《路政(超限)管理考核工作标准暨评分标准》</td></tr>
</table>

续上表

<table>
<tr><th colspan="2">考 核 内 容</th><th colspan="2">考评工作标准</th><th>评 分 标 准</th></tr>
<tr><td rowspan="2">路警联合指挥中心（100分）</td><td>岗位职责（50分）</td><td colspan="2">（1）严格落实24小时值班制度，确保值班电话通信畅通；
（2）熟悉道路监控、录像调阅等系统设备的使用、维护方法，熟练掌握道路监控范围、内容、方法；
（3）按时进行电子巡逻，发现异常情况采取有效控制、录像、记录等措施，并及时通知相关单位前往处理；
（4）恶劣天气、交通事故以及突发事件，在3分钟内通知路政巡逻人员和高速交警，并通知相关联动单位采取应对措施，在可变情报板上发布路况提示信息，及时逐级向值班领导汇报；
（5）及时接听求助、报警电话，做到文明服务，问明地点、车辆状况、型号等详细情况，做好记录，答复准确，处置妥当；
（6）按照规定做好信息上传下达工作，对上级部门或下级单位“特急”或重大事项立即上报，及时反馈处理结果；
、（7）严格控制好指挥中心室内温度、湿度及光线亮度，认真做好防火漏电等安全工作，保证各种设备运转正常；
（8）禁止无关人员进入；
（9）认真落实保密制度，严禁外来人员私自调阅录像、查询资料记录；
（10）完成上级部门交办的临时性任务</td><td>（1）电话不畅通一次扣2分；
（2）业务技能不熟，不能熟练操作设备的扣2分；
（3）未按时开展电子巡逻一次扣5分，未能将异常情况通知相关单位处置的每次扣2分；
（4）未通知相关单位的一次扣2分，未发布路况提示一次扣2分，未及时向领导汇报一次扣2分；
（5）文明服务不规范的每次扣2分，答复不及时的每次扣2分；
（6）信息传达不及时的每次扣2分，处理结果未及时反馈的每次扣2分，造成不良后果的一次扣5分；
（7）未达到规定的一处扣2分；
（8）违反规定一次扣5分；
（9）违反规定一次扣5分；
（10）未完成一次扣2分</td></tr>
<tr><td>日常工作（50分）</td><td>（1）工作纪律
（2）文明服务
（3）工作程序</td><td>依据《路政（超限）管理考核工作标准暨评分标准》</td><td>依据《路政（超限）管理考核工作标准暨评分标准》</td></tr>
<tr><td>清障队员（100分）</td><td>岗位职责（50分）</td><td colspan="2">（1）清障人员持证上岗，执行公务时，按规定着装；
（2）车辆管理明确责任人，定期保养，确保车辆保持良好状态；
（3）清障出车履行登记制度，严禁私自使用车辆，车辆停放规范；
（4）随车工具齐全（灭火器、千斤顶、套筒、钳子、螺丝刀、扳手、备胎等）</td><td>（1）违反规定一项扣2分；
（2）违反规定一项扣2分；
（3）未及时登记扣2分，擅自出车一次扣5分，不按规定停放一次扣2分；
（4）缺少一件扣2分</td></tr>
</table>

续上表

考核内容		考评工作标准		评分标准
清障队员 （100分）	岗位职责 （50分）	（5）清障人员接到指令后，应迅速赶赴现场（10分钟内到达最近收费站），严格按照操作规程实施作业，做好安全防护工作； （6）清障完毕，及时清理现场，有序撤离； （7）完成上级部门交办的临时性任务		（5）出车不及时一次扣2分，违反操作规程一次扣2分，造成事故一次扣5分； （6）未清理现场一次扣2分； （7）未完成一次扣2分
	日常工作 （50分）	（1）工作纪律 （2）工作程序 （3）安全管理	依据《路政（超限）管理考核工作标准暨评分标准》	依据《路政（超限）管理考核工作标准暨评分标准》
超限 中队长 （100分）	岗位职责 （50分）	（1）合理安排开展超限检测、治理工作； （2）熟知有关超限超载的政策标准和相关法律法规，对被检测人员提出的疑问做好解释工作； （3）负责在治超工作中与内业、货场管理等岗位之间的协作配合工作； （4）检查当班期间制作的超限超载车辆文书档案等工作； （5）组织政治思想教育、业务学习； （6）执行交接班制度； （7）按规定汇总上报工作情况； （8）按规定着装，做到着装整洁，佩戴行政执法证和胸卡上岗； （9）卫生责任区域干净整洁，物品摆放统一、整齐； （10）完成好上级部门交办的临时性任务		（1）分工不明确一次扣2分； （2）未达到要求的扣5分； （3）影响工作的一次扣2分； （4）未达到要求的扣2分； （5）少一次扣2分； （6）交接不清影响工作一次扣5分； （7）未按规定汇报一次扣2分； （8）违反规定一人次扣2分； （9）不达标一处扣1分； （10）未完成一次扣2分
	日常工作 （50分）	（1）工作纪律 （2）文明服务 （3）工作程序	依据《路政（超限）管理考核工作标准暨评分标准》	依据《路政（超限）管理考核工作标准暨评分标准》
超限检测员、引导员 （100分）	岗位职责 （50分）	（1）熟知有关超限超载的政策标准和相关法律法规，对被检测人员提出的疑问做好解释工作； （2）着装整齐，持证上岗，文明执勤，交通指挥手势标准，合理指挥车辆进入检测区，防止交通堵塞； （3）引导车辆时，向驾驶员告知程序（敬礼）、出示执法证件，告知司机等候检测，注意观察，防止造成交通堵塞和受检车辆追尾，查收被检测车辆的有关证件，并及时上交		（1）不掌握相关知识扣2分，不向驾乘人员解释的一次扣5分； （2）着装不规范一人次扣2分，证件不全一人次扣2分，工作失误造成堵车一次扣5分； （3）违反规定一次扣2分

续上表

考核内容		考评工作标准	评分标准
超限检测员、引导员（100分）	岗位职责（50分）	（4）指挥、引导超限超载车辆进行检测，引导超限车辆进入卸货场，以及复称等工作，确保安全； （5）检测、引导过程中严格执行各项制度，严禁以罚代卸；严禁收费不开票和多收费少开票；严禁擅自提高收费标准；严禁越权执法；严禁同时双向拦截车辆；严禁擅自处理超限货物；严禁带通信工具上岗；严禁收受被检测车辆的钱物，私放被检车辆； （6）检测设备数据、图像保存完好，严禁私自删除、改动；各项数据和信息及时统计、汇总并逐级上报； （7）货场管理规范，货物卸载登记清晰； （8）超限档案规范，各种原始记录准确、保存完好； （9）完成上级部门交办的临时性任务	（4）违反规定一次扣2分； （5）违反规定一次扣10分； （6）擅自删除、改动一次扣5分，未及时上报一次扣2分； （7）未登记一次扣5分，登记错误、漏项一处扣2分； （8）档案缺一份扣5分，记录错误、漏项一处扣2分； （9）未完成一次扣2分
	日常工作（50分）	（1）工作纪律 （2）文明服务 （3）工作程序 依据《路政（超限）管理考核工作标准暨评分标准》	依据《路政（超限）管理考核工作标准暨评分标准》
超限站内业（100分）	岗位职责（50分）	（1）负责超限超载案件、超限运输车辆审批、货场管理等档案管理工作； （2）负责超限超载车辆驳载、保管等费用的收取、保管、上缴工作； （3）建立完善的超限档案，一案一档；各类文书制作要准确、完整、规范，归档要齐全、无破损； （4）建立超限装备台账，做到账物相符； （5）报表准确、齐全、及时上报； （6）超限赔（罚）款、资金收支账目清楚并及时上缴； （7）及时录入路政管理系统内相关信息，督促当班人员工作小结、值班人员交接班情况，每日9点前完成登记；电子文书上传应在事故结案后24小时内完成； （8）超限文书、票据、印章规范； （9）及时完成各类相关材料、台账；负责会议通知、准备及会场布置，并做好会议记录	（1）档案缺一项扣5分，错误、缺项一处扣2分； （2）未建账扣5分，未及时上解一次扣2分； （3）缺一项扣5分；未达到档案规范要求的每处扣2分，弄虚作假的一份扣5分； （4）未建账扣5分，账物不符的每项扣2分； （5）未及时上报一次扣2分，错误一处扣5分； （6）账目混乱的扣2分，不及时上缴赔偿款的扣5分； （7）未完成一次扣5分，登记错误一处扣2分； （8）管理无规定扣5分、使用未登记一次扣2分； （9）未落实一项扣2分

续上表

考核内容		考评工作标准		评分标准
超限站内业(100分)	岗位职责(50分)	(10)起草安全工作应急预案,做好安全生产活动记录,收集安全教育活动图片资料,及时更新安全应急管理平台信息,按时上报安全信息,规范填写安全生产管理台账; (11)严格收发文制度,及时上报、处理、归档; (12)每月按规定报送信息; (13)完成好上级部门交办的临时性任务		(10)未落实一项扣2分; (11)未落实一项扣2分; (12)缺少一篇扣2分; (13)未完成一次扣2分
	日常工作(50分)	(1)工作纪律 (2)文明服务 (3)工作程序	依据《路政(超限)管理考核工作标准暨评分标准》	依据《路政(超限)管理考核工作标准暨评分标准》
超限站票款员(100分)	岗位职责(50分)	(1)票据申领、使用、保管规范; (2)负责超限检测费、装卸费、货物保管费的收缴工作,确保账目清晰,账款相符,定期上缴,防止出现现金被盗、丢失等情况; (3)熟知各类收费标准,对被检测人员提出的疑问做好解释工作; (4)严禁私放被检车辆,私自收受被检测车辆的钱物;严禁携带私款和通信工具上岗; (5)完成上级部门交办的临时性任务		(1)申领不及时一次扣2分,使用不规范一次扣2分; (2)收缴差错一次扣5分,上缴延迟一天扣2分,现金被盗、丢失一次扣10分; (3)未达到要求的一项扣2分; (4)违反规定一次扣10分; (5)未完成一次扣2分
	日常工作(50分)	(1)工作纪律 (2)文明服务 (3)工作程序	依据《路政(超限)管理考核工作标准暨评分标准》	依据《路政(超限)管理考核工作标准暨评分标准》
超限站货场管理员(100分)	岗位职责(50分)	(1)负责组织对进场超限超载车辆的登记和超限部分进行卸货; (2)负责对进场装货车辆的指挥工作; (3)负责货场的安全保卫工作,杜绝闲杂人员进入货场,保持货场设施完好,确保货物安全; (4)对所卸货物分类管理,存放有序; (5)负责货场的卫生管理,定时对煤、沙等散物进行洒水,防止对周围环境的污染; (6)负责对超限超载运输人员提出的问题做好解释工作; (7)完成上级部门交办的临时性任务		(1)未按程序一次扣2分; (2)未按程序一次扣2分; (3)闲杂人员进入货场一人次扣1分,货场设施损坏一处扣5分,出现货物安全问题一次扣5分; (4)未分类管理扣5分,存放混乱一处扣2分; (5)货场有杂物一处扣1分,未定期洒水一次扣2分,造成环境污染一次扣5分; (6)不做解释的一次扣2分; (7)未完成一次扣2分

续上表

考 核 内 容		考评工作标准		评 分 标 准
超限站货场管理员（100分）	日常工作（50分）	(1)工作纪律 (2)文明服务 (3)工作程序	依据《路政（超限）管理考核工作标准暨评分标准》	依据《路政（超限）管理考核工作标准暨评分标准》
厨师（100分）	岗位职责（70分）	(1)厨房卫生干净整洁，确保良好就餐环境； (2)厨师仪容仪表干净整洁； (3)厨师积极主动、服务热情；确保员工按时就餐。 (4)严禁无关人员进入餐厅操作间，未经批准的外来人员不允许在餐厅就餐； (5)食堂设施、餐厅、操作间干净整洁，各类食物、调料等分类摆放整齐； (6)储藏室食品摆放整齐，干净卫生； (7)厨房要经常性灭鼠、防蝇和防食物腐烂变质； (8)保障饮食卫生、安全，避免出现饮食卫生安全责任事故		(1)厨房卫生不干净整洁、就餐环境脏乱差的一处扣3分； (2)不干净整洁的一人次扣1分； (3)因主观原因与职工发生矛盾的一次扣5分，未按时开饭的扣5分； (4)餐厅操作间无关人员随便进出、未经批准外来人员在餐厅就餐的一次扣3分； (5)食堂内各类设施、餐厅、操作间不干净一处扣3分，各类食物没有分开存放、生熟没有分开的一项扣3分； (6)摆放凌乱、不卫生的一次扣1分； (7)不落实防鼠、蝇和防腐烂变质规定的一次扣3分，发生腐烂变质的一次扣5分； (8)出现饮食卫生、安全责任的一次扣10分，出现集体饮食安全事故的一次扣20分
	日常工作（30分）	(1)在岗期间遵守公司劳动纪律； (2)完成领导交办的其他事项		(1)违反劳动纪律的一次扣5分； (2)未完成一次扣5分
驾驶员（100分）	岗位职责（70分）	(1)持证上岗，严格遵守交通法规； (2)车辆干净、整洁；仪表齐全，功能完整； (3)定期检查，保证车辆时刻处于良好状态		(1)无证上岗的一人次扣20分，违章驾驶一人次扣5分，交通责任事故的一次扣10分； (2)车身明显不洁净的扣1分，车内物品杂乱的扣1分，车内仪表功能不完整的一项扣3分

续上表

考核内容		考评工作标准	评分标准
驾驶员 (100分)	岗位职责 (70分)	(4)上班期间不准饮酒,严禁酒后驾驶; (5)公务车辆严禁私自出入旅游景点; (6)严禁公车私用; (7)节假日期间除值班车辆,其他车辆一律停放在本单位指定位置	(3)车辆机油、刹车油、轮胎气压低于或超出正常标准的一项扣3分,千斤顶、套筒、钳子、螺丝刀、灭火器,缺失一项扣3分,车灯一处不亮的扣1分; (4)驾驶员当班期间饮酒或酒后驾驶一次扣10分; (5)私自出入旅游景点一次扣20分; (6)发现一次扣10分; (7)节假日车辆不在指定位置停放一次扣10分
	日常工作 (30分)	(1)在岗期间遵守公司劳动纪律; (2)完成领导交办的其他事项	(1)违反劳动纪律的一次扣5分; (2)未完成一次扣5分
保安 保洁 门卫 (100分)	岗位职责 (70分)	(一)保安 (1)工作时间不准擅自离岗、脱岗; (2)当班期间着装规范、仪容仪表整洁;按规定着反光背心; (3)当班期间协助班长处理突发情况,保证车道车辆畅通; (4)加强白天和夜间巡逻,提高警惕,注意盘查、询问各种可疑人员,发现问题及时汇报	(1)擅自离岗、脱岗一次扣5分; (2)着装不整的一次扣1分,未穿反光背心一次扣2分; (3)未及时疏导车辆造成堵车的扣5分; (4)玩忽职守的扣5分
		(二)保洁 (1)确保办公区域、收费广场干净整洁; (2)当班期间按规定着反光背心	(1)办公区域、收费广场不干净整洁的一处扣1分; (2)未穿反光背心一次扣2分
		(三)门卫 (1)工作时间不准擅自离岗、脱岗; (2)当班期间着装规范,仪容仪表整洁; (3)加强白天和夜间巡逻,提高警惕,注意盘查、询问各种可疑人员,发现问题及时汇报; (4)严格进出登记制度	(1)擅自离岗、脱岗一次扣5分; (2)着装不整者一次扣1分; (3)玩忽职守者扣5分; (4)进出未登记的一次扣3分
	日常工作 (30分)	(1)在岗期间遵守公司劳动纪律; (2)完成领导交办的其他事项	(1)违反劳动纪律的一次扣5分; (2)未完成一次扣5分

2.2 ××路政大队(超限站)员工政治学习及廉政教育考核工作标准暨评分标准

考核内容	工作标准	评分标准
政治学习(100分)	(1)积极参加党、团、工会组织的创先争优、学习、绿色家园建设等活动; (2)认真落实党、团、工会等各项制度,做好活动、学习记录,按要求向组织汇报思想,及时递交心得体会、思想汇报等; (3)按规定及时缴纳党费、团费、工会会费	(1)无故不参加活动的一次扣5分; (2)制度一项不落实扣5分;记录、笔记、心得、汇报缺少一篇各扣5分,内容不真实扣10分; (3)一项一次不按规定缴纳扣10分
廉政教育(100分)	(1)认真落实各项廉政建设规章制度; (2)积极参加单位组织开展的各类会议、学习和廉政教育活动; (3)做好各项活动、学习记录	(1)有违反廉政规定的一次扣5分; (2)无故不参加会议和学习活动一次扣5分; (3)会议记录、学习笔记缺少一篇各扣5分,内容不真实扣10分

注:路政大队(超限站)劳务派遣人员不进行政治学习和廉政教育考核。

2.3 ××路政大队(超限站)员工民主测评标准

评议项目	评议内容	分值	备注
德	(1)爱岗敬业,维护集体利益; (2)服从管理,团结同事; (3)家庭和睦,邻里关系融洽; (4)孝敬父母,尊重长辈	20分	
能	(1)精通业务,熟练掌握路政工作技能; (2)主动加强路政业务知识学习	20分	
勤	(1)当月无违反劳动纪律; (2)积极参加单位组织的争先创优活动	20分	
绩	(1)当月路政基础工作开展扎实有效; (2)按规定做到“保护路产、维护路权、确保畅通”	20分	
廉	(1)遵守公司各项廉政制度,无违规违纪现象; (2)积极参加廉政教育学习	20分	

注:1. 路政(超限)大队员工的民主测评由三级绩效考核领导小组每季度末组织实施。

2. 评议主体权重为:本单位班子成员占40%,路政(超限)中队长占20%,路政队员占20%,内业占20%。

3. 员工民主评议成绩满分为100分,折合权重成绩后计入个人考核综合成绩,每项低于60分的无效。

4. 民主评议采用无记名方式进行。

5. 员工民主评议综合得分低于60分(不含)的评议票视为无效票。

3　××机电运营维护分中心三级绩效　考核评价办法

第一章　总　　则

第一条　为进一步规范机电运营维护分中心对全体员工的绩效考核评价工作,建立科学有效的激励约束机制,根据《××管理分公司绩效考核评价办法》,参照《河南省高速公路服务》(DB 41/T 611—2009)的要求,结合机电运营维护分中心实际情况,制定本办法。

第二条　考核的目的是督促机电运营维护分中心各岗位人员认真履行职责,有计划地做好各项管理工作,完成工作目标;为员工评先、绩效工资评定等提供依据;增强全体人员工作责任感和竞争意识,落实各项规章制度,全面提高管理水平,提升企业竞争力。

第三条　本办法考核对象包括收费、监控、通信、供配电四大系统维护员、系统维修班长、监控班长、监控员、内业、仓库管理员、财务资产管理员、厨师、电工、保洁员、驾驶员、保安等。

第四条　绩效考核评价应遵循的原则

1. 公开、公平、公正;

2. 现场考核与调阅录像相结合;

3. 个人考核与班组考核相结合;

4. 日常考核与阶段考核相结合;

5. 综合考核与岗位考核相结合;

6. 素质考核与能力考核相结合。

第二章　考 核 机 构

第五条　组织机构及职责

(一)机电运维分中心成立三级绩效考核领导小组,负责分中心绩效考核工作的组织和实施。

组长由主任或书记担任,副组长由其他班子成员担任,成员由班长、内业等担任。

(二)三级考核的主要工作职责

1. 根据二级绩效考核评价办法并结合本单位的实际情况,制定三级考核评价办法,完善三级考核制度;

2. 负责对本单位各项日常工作的开展情况进行考核,日考核结果在次日公

示,时间不得少于一天;

3. 负责对考核结果汇总、通报,并将考核结果在次月 5 日向分公司考核督察办公室上报备案;

4. 接受并处理本单位员工对考核结果的申诉、复议;

5. 建立、健全三级绩效考核档案管理制度。

第三章 考核方式及依据

第六条 考核方式

(一)机电运维分中心三级绩效考核实行日考核月排名。

(二)每日考核由一名中心领导带领兼职考核员进行。

(三)单人多岗或多岗单人考核办法:单人多岗按岗位数采用加权综合评定;单岗多人责任人明确的,对相应责任人进行考核评价,责任未明确的采用逐一考核评价。

(四)代维考核:考核小组每季度对代维项目进行考核。

第七条 考核依据

(一)考核标准依据《××分公司绩效考核评价办法》,参照《河南省高速公路机电运营维护人员操作规范》(DB 41/T 610—2009)进行。

(二)代维考核参照代维合同进行。

第四章 岗 位 考 核

第八条 考核内容

(一)内业岗位

分中心内业岗位的考核考核包括内业资料的收集、整理、建档等,采用百分制计分。

(二)仓库管理员岗位

分中心仓库管理员考核包括备品备件的保管、台账管理、出入库管理等,采用百分制计分。

(三)收费系统维护员岗位

分中心收费系统维护员考核包括业务技能、日常工作等,采用百分制计分。

(四)通信系统维护员岗位

分中心通信系统维护员考核包括业务技能、日常工作等,采用百分制计分。

(五)监控系统维护员岗位

分中心监控系统维护员考核包括业务技能、日常工作等,采用百分制计分。

（六）供配电系统维护员岗位

分中心供配电系统维护员考核包括业务技能、日常工作等，采用百分制计分。

（七）维修班长岗位

分中心维修班长考核包括日常维修工作的组织、安排、设备完好率、维修及时率等，采用百分制计分。

（八）监控班长岗位

分中心监控班长考核包括监控室管理和监督等，采用百分制计分。

（九）监控员岗位

分中心监控员考核包括业务技能、日常工作等，采用百分制计分。

（十）分中心其他岗位人员的考核

分中心其他岗位考核内容包括工作纪律、日常工作等，采用百分制计分。

各岗位考核具体内容详见3.1《运维分中心岗位考核工作标准暨评分标准》。

第九条　员工绩效考核成绩构成

（一）班长个人考核综合成绩权重构成为：本班员工平均成绩占30%，班长岗位考核占60%，政治学习和廉政教育占5%（详见3.2《运维分中心员工政治学习及廉政教育考核工作标准暨评分标准》），民主测评占5%。

员工个人考核综合成绩权重构成为：岗位考核占90%（每季度前两月占95%），政治学习和廉政教育占5%（详见3.2《运维分中心员工政治学习及廉政教育考核工作标准暨评分标准》），民主测评占5%（每季度末进行民主测评并计入成绩）。

员工的民主测评由三级绩效考核领导小组每季度末组织实施，民主测评采用无记名方式进行，测评内容为员工个人的德、能、勤、绩、廉五个方面。员工民主测评成绩满分为100分，折合权重后计入个人综合成绩。测评权重为：本单位班子成员占30%，班长30%，员工占40%（详见3.3《运维分中心员工民主测评表》）。

（二）劳务派遣人员考核评价综合成绩构成为：岗位考核占90%，民主测评10%。

第十条　员工考核评价等级

员工考核评价结果分为优秀（100~95分，含95分）、称职（95~90分，含90分）、基本称职（90~85分，含85分）和不称职（85分以下）四个等级。

第五章　奖 惩 办 法

第十一条　三级考核奖惩

(一)奖励

1. 在分公司举办的各类竞赛活动中获得前三名的,第一名加 3 分,第二名加 2 分,第三名加 1 分。

2. 因工作突出获得分公司通报表彰的一次加 2 分。

3. 因工作突出获得分公司以上单位或地方市委、市政府通报表彰的一次加 5 分。

4. 代表分公司参加高发公司以上单位举办的竞赛活动并获得前三名的,第一名加 5 分,第二名加 3 分,第三名加 2 分。

5. 个人获得地市级党政类报刊正面报道宣传的一次加 2 分,获得省、部级党政类报刊正面报道宣传的一次加 5 分,获得国家级党政类报刊正面报道宣传的一次加 10 分。

6. 获得省(部)级荣誉称号或全省通报表彰的一次加 5 分,获得国家级荣誉称号或表彰的一次加 10 分。

7. 重大科技创新,获得分公司以上单位认可、采纳者一次加 5 分。

8. 当月考核加分累计不能超过 10 分。

(二)处罚

1. 对于一、二级考核中所发现的问题,三级考核中不得加倍扣分。

2. 被分公司通报批评的,一次扣 3 分。

3. 因个人工作原因,被投诉、举报经查证属实给分中心、公司声誉造成恶劣影响的,一次扣 5 分。

4. 被分公司以上单位通报批评的经查证情况属实的,一次扣 5 分。

5. 被市级以上媒体曝光经查证情况属实的,一次扣 10 分。

6. 出现下列情况之一的,在月考核中直接列为末位。对相关责任人实行"一票否决"制,取消年终评先资格。"一票否决"由运维分中心绩效考核管理委员会依据国务院《生产安全事故报告和调查处理条例》、《特别重大事故调查程序暂行规定》等相关法规及省交通投资集团、高发公司的有关规定进行认定。

(1)发生重大安全责任事故的;

(2)计划生育出现重大问题的;

(3)出现严重违法违纪问题的。

第六章　绩效考核评价结果的公示及复议

第十二条　为保证绩效考核评价工作公开、公平、公正，三级考核必须将月考核结果予以公示，公示不得少于3天。

第十三条　如有对三级考核结果持有异议时，应在公示之日起3日内向三级考核领导小组提出复议。对复议结果仍有异议的，可向上一级考核机构申诉。

第七章　考核评价结果应用

第十四条　分中心正式员工绩效考核评价结果与绩效工资挂钩（具体办法依据高发公司和管理分公司的有关规定自行制定）。

第十五条　采用经济处罚手段的，单次处罚额度不得超过当月绩效工资的10%，多次被处罚的，全年合计值不得超过全年绩效工资总额的10%；劳务派遣人员全年各类处罚总额累计不能超过本岗位全年工资总额的10%。

第十六条　三级考核经济罚款要在规定时间内上交，未及时交纳的，除按照三级考核标准进行扣分外，上报分公司处理。

第十七条　绩效考核评价结果作为星级员工评定的主要依据。

第十八条　员工每月绩效考核评价结果综合成绩的平均分值作为半年度、年度绩效考核评价的依据。年度考核评价结果达到优秀的员工是年度评先的必备条件。

第八章　考核工作要求

第十九条　三级绩效考核领导小组负责组织、协调、监督绩效考核工作，现场考核人员不得少于两人，考核结果须双方签字。

第二十条　三级考核每日按班次不少于一次。

第二十一条　每月5日前完成上月考核结果的审核评定工作，并按规定上报分公司考核督察办公室。

第二十二条　为保证考核工作的独立性、公正性，考核人员要严格执行考核工作纪律和廉政建设方面各项规章制度。

第二十三条　考核人员收集各类数据信息要实事求是、准确完整，不得弄虚作假。

第九章　附　　则

第二十四条　因实际工作情况需调整考核内容的，须向上级考核备案。

第二十五条　本办法自下发之日起实施。

3.1　××机电运营维护分中心岗位考核工作标准暨评分标准

考核内容		考核工作标准	评分标准
内业(100分)	资料管理(40分)	(1)按要求建立各类内业档案,并规范管理:上级下发的有关文件,设备台账和技术档案,已交工工程的竣工文件、设备操作手册、设备维护手册、设备说明书、培训教材、样品设备资料、办公用品资料等进行分类存档; (2)收集整理各系统资料,确保资料的连续性和完整性; (3)内业资料室干净整洁;各类档案资料完好,防止档案资料丢失、霉变、鼠咬等; (4)严格落实各种资料登记制度,未经批准,禁止复印、翻录、借阅	(1)未建立内业档案的缺一项扣2分,设备台账、技术档案建立不完整、不及时的一项扣1分,技术档案未分类存档的扣1分; (2)资料不连续、不完整的扣1分; (3)未达到要求的扣1分; (4)未按规定执行的扣3分
	日常工作(30分)	(1)单位印鉴使用管理规范; (2)及时上报各类信息;上级传达的信息,及时反馈给值班领导; (3)起草安全生产教育活动的计划,做好记录;参与安全隐患排查; (4)完成领导安排的其他工作任务	(1)未按规定执行一项一次扣3分; (2)未及时上报、反馈的一次扣1分,未完成信息任务的扣3分; (3)未按规定执行的扣1分; (4)一项未完成的扣1分
	工作纪律(30分)	(1)遵守上、下班制度,严禁工作期间脱岗、迟到、早退、旷工; (2)工作期间遇到重要事项须及时逐级汇报; (3)当班期间不得做与工作无关的事情,严禁酒后上岗,严禁赌博; (4)严格履行请销假制度; (5)积极参加本单位或上级组织的集体活动	(1)迟到、早退一人次扣1分,脱岗一人次扣3分,旷工一人次扣5分; (2)未及时上报的一次扣3分; (3)发现一次扣5分; (4)违反规定的一次扣2分; (5)无故不参加的一次扣5分
仓库管理员(100分)	库房管理(40分)	(1)备件分类存放,标签清晰,摆放整齐; (2)库房内要保持整洁,备件存放要做到"三勤五防",即勤查、勤看、勤整理、防火、防盗、防锈、防潮、防鼠	(1)未达到要求的一项扣3分; (2)未达到要求的一项扣3分
	日常工作(30分)	(1)备品备件台账管理规范,台账内容完整、准确;每月对存放的备件进行盘点,做到账、卡、物相符; (2)备品备件出入库时须填写出入库单,及时记账;领取时经领导签字同意后方可领取	(1)未建立台账的一项扣5分,未按月盘点的扣3分,账、卡、物不符的一项扣5分; (2)未按规定执行的一次扣3分

续上表

考核内容		考核工作标准	评分标准
仓库管理员(100分)	日常工作(30分)	(3)严禁将备品备件挪作他用； (4)每月对备品备件出入库情况以报表形式上报给分中心主任； (5)需要维修的备品备件做好登记，及时上报； (6)备品备件借出应办理相关手续并进行登记，未经领导同意严禁借出； (7)完成领导安排的其他工作任务	(3)私自挪用的扣5分； (4)未按规定执行的扣1分； (5)未按规定执行的扣1分； (6)借出手续不全、未进行登记的一项扣3分，未经领导同意借出的扣5分； (7)一项未完成的扣1分
	工作纪律(30分)	(1)遵守上、下班制度，严禁工作期间脱岗、迟到、早退、旷工； (2)工作期间遇到重要事项须及时逐级汇报； (3)当班期间不得做与工作无关的事情，严禁酒后上岗，严禁赌博； (4)严格履行请销假制度； (5)积极参加本单位或上级组织的集体活动	(1)迟到、早退一人次扣1分，脱岗一人次扣3分，旷工一人次扣5分； (2)未及时上报的一次扣3分； (3)发现一次扣5分； (4)违反规定的一次扣2分； (5)无故不参加的一次扣5分
收费系统维护员(100分)	业务技能(40分)	(1)设备故障及时维修，确保收费设备完好率不低于95%； (2)按照河南高速公路发展有限责任公司《高速公路建设与管理读本(工程建设卷)》交通机电管理部分，做好收费系统的巡检及维修保养工作；按时完成月、季、年维护保养计划； (3)对损坏设备进行检修并做技术鉴定，并及时将结果上报分管领导	(1)设备故障未及时修复的一处扣1分，因自身原因造成收费网络不通的每处扣5分，由于维护不当造成收费数据丢失的扣10分； (2)未按规定进行巡检及维修保养的一项一次扣3分，未按时完成维护保养计划的一次扣1分； (3)未按要求执行的扣1分
	日常工作(30分)	(1)协助内业完善相关技术档案、设备台账； (2)负责收费系统管理工作，认真执行《收费系统运行管理规定》； (3)及时掌握设备状况，定期检查设备运行状况；做好收费系统设备的硬件维护、软件维护、故障修复工作，确保硬件与软件的技术支持； (4)积极参加相关业务技术培训； (5)认真监管收费系统代维工作履约情况； (6)严格执行各项设备安全操作规程，严防各种责任事故发生； (7)完成领导安排的其他工作任务	(1)未及时提供相关资料的一次扣1分； (2)未按规定执行的扣3分； (3)未按要求执行的扣3分； (4)无故未参加技术培训的扣1分； (5)监管不到位的一次扣2分； (6)出现责任事故的一次扣10分； (7)一项未完成的扣1分

续上表

考核内容		考核工作标准	评分标准
收费系统维护员（100分）	工作纪律（30分）	(1)遵守上、下班制度，严禁工作期间脱岗、迟到、早退、旷工； (2)工作期间遇到重要事项须及时逐级汇报； (3)当班期间不得做与工作无关的事情，严禁酒后上岗，严禁赌博； (4)严格履行请销假制度； (5)积极参加本单位或上级组织的集体活动	(1)迟到、早退一人次扣1分，脱岗一人次扣3分，旷工一人次扣5分； (2)未及时上报的一次扣3分； (3)发现一次扣5分； (4)违反规定的一次扣2分； (5)无故不参加的一次扣5分
通信系统维护员（100分）	业务技能（40分）	(1)设备故障及时维修，确保通信设备完好率不低于99%； (2)按照河南高速公路发展有限责任公司《高速公路建设与管理读本（工程建设卷）》交通机电管理部分，做好通信系统的巡检及维修保养工作；按时完成月、季、年维护保养计划； (3)对损坏设备进行检修并做技术鉴定，并及时将结果上报分管领导； (4)竖井整洁，人局井积水不能浸泡电缆	(1)设备故障未及时修复的一处扣1分，因自身原因造成通信网络不通的每处扣5分，由于维护不当造成收费数据丢失的扣10分； (2)未按规定进行巡检及维修保养的一项一次扣3分； (3)未按要求执行的扣1分； (4)竖井不整洁，积水浸泡电缆的一处扣1分
通信系统维护员（100分）	日常工作（30分）	(1)协助内业完善相关技术档案、设备台账； (2)负责通信系统管理工作，认真执行《通信系统运行管理规定》； (3)及时掌握设备状况，定期检查设备运行状况；做好通信系统设备的硬件维护、软件维护、故障修复工作，确保硬件与软件的技术支持； (4)积极参加相关业务技术培训； (5)认真监管通信系统代维工作履约情况； (6)严格执行各项设备安全操作规程，严防各种责任事故发生。 (7)所辖路段通信机房干净整洁，温湿度正常，有安全和防鼠设施； (8)完成领导安排的其他工作任务	(1)未及时提供相关资料的一次扣1分； (2)未按规定执行的扣3分； (3)未按要求执行的扣3分； (4)无故不参加技术培训的扣1分； (5)监管不到位的一次扣2分； (6)出现责任事故的一次扣10分； (7)未达到要求的一项扣2分； (8)一项未完成的扣1分
	工作纪律（30分）	(1)遵守上、下班制度，严禁工作期间脱岗、迟到、早退、旷工	(1)迟到、早退一人次扣1分，脱岗一人次扣3分，旷工一人次扣5分

续上表

考核内容		考核工作标准	评分标准
通信系统维护员（100分）	工作纪律（30分）	（2）工作期间遇到重要事项须及时逐级汇报； （3）当班期间不得做与工作无关的事情，严禁酒后上岗，严禁赌博； （4）严格履行请销假制度； （5）积极参加本单位或上级组织的集体活动	（2）未及时上报的一次扣3分； （3）发现一次扣5分； （4）违反规定的一次扣2分； （5）无故不参加的一次扣5分
监控系统维护员（100分）	业务技能（40分）	（1）设备故障及时维修，确保监控设备完好率不低于98%； （2）按照河南高速公路发展有限责任公司《高速公路建设与管理读本（工程建设卷）》交通机电管理部分，做好监控系统的巡检及维修保养工作；按时完成月、季、年维护保养计划； （3）对损坏设备进行检修并做技术鉴定，并及时将结果上报分管领导	（1）设备故障未及时修复的一处扣1分，因自身原因造成监控网络不通的每处扣5分，由于维护不当造成收费数据丢失的扣10分； （2）未按规定进行巡检及维修保养的一项一次扣3分； （3）未按要求执行的扣1分
	日常工作（30分）	（1）协助内业相关技术档案、设备台账的完善； （2）负责监控系统管理工作，认真执行《监控系统运行管理定》； （3）及时掌握设备状况，定期检查设备运行状况；做好监控系统设备的硬件维护、软件维护、故障修复工作，确保硬件与软件的技术支持； （4）积极参加相关业务技术培训； （5）认真监管监控系统代维工作履约情况； （6）严格执行各项设备安全操作规程，严防各种责任事故发生； （7）完成领导安排的其他工作任务	（1）未及时提供相关资料的一次扣1分； （2）未按规定执行的扣3分； （3）未按要求执行的扣3分； （4）无故不参加的扣1分； （5）监管不到位的一次扣2分； （6）出现责任事故的一次扣10分； （7）一项未完成的扣1分
	工作纪律（30分）	（1）遵守上、下班制度，严禁工作期间脱岗、迟到、早退、旷工； （2）工作期间遇到重要事项须及时逐级汇报； （3）当班期间不得做与工作无关的事情，严禁酒后上岗，严禁赌博； （4）严格履行请销假制度； （5）积极参加本单位或上级组织的集体活动	（1）迟到、早退一人次扣1分，脱岗一人次扣3分，旷工一人次扣5分； （2）未及时上报的一次扣3分； （3）发现一次扣5分； （4）违反规定的一次扣2分； （5）无故不参加的一次扣5分

续上表

考核内容		考核工作标准	评分标准
供配电系统维护员(100分)	业务技能(40分)	(1)设备故障及时维修,确保供配电设备完好率不低于98%; (2)按照河南高速公路发展有限责任公司《高速公路建设与管理读本(工程建设卷)》交通机电管理部分,做好供配电系统的巡检及维修保养工作;按时完成月、季、年维护保养计划; (3)对损坏设备进行检修并做技术鉴定,并及时将结果上报分管领导	(1)设备故障未及时修复的一处扣1分; (2)未按规定进行巡检及维修保养的一项一次扣3分; (3)未按要求执行的扣1分
	日常工作(30分)	(1)协助内业完善相关技术档案、设备台账; (2)负责供配电系统管理工作,认真执行《供配电费系统运行管理规定》; (3)及时掌握设备状况,定期检查设备运行情况;做好供配电系统的硬件故障修复工作; (4)积极参加相关业务技术培训; (5)认真监管供配电系统代维工作履约情况; (6)严格执行各项设备安全操作规程,严防各种责任事故发生; (7)负责供配电安全工作:协助检查分析供配电安全形势,及时提出安全供电建议; (8)完成领导安排的其他工作任务	(1)未及时提供相关资料的一次扣1分; (2)未按规定执行的扣3分; (3)未按要求执行的扣3分; (4)无故不参加培训的扣1分; (5)监管不到位的一次扣2分; (6)出现责任事故的一次扣10分; (7)未按规定执行造成用电安全事故的一次扣10分; (8)一项未完成的扣1分
	工作纪律(30分)	(1)遵守上、下班制度,严禁工作期间脱岗、迟到、早退、旷工; (2)工作期间遇到重要事项须及时逐级汇报; (3)当班期间不得做与工作无关的事情,严禁酒后上岗,严禁赌博; (4)严格履行请销假制度; (5)积极参加本单位或上级组织的集体活动	(1)迟到、早退一人次扣1分,脱岗一人次扣3分,旷工一人次扣5分; (2)未及时上报的一次扣3分; (3)发现一次扣5分; (4)违反规定的一次扣2分; (5)无故不参加的一次扣5分
维修班长(100分)	业务技能(40分)	(1)掌握各系统设备结构组成、技术参数等指标; (2)熟练各类设备维修技术,及时维修设备故障,确保各系统完好率达标	(1)未掌握的一项扣1分; (2)未达到要求的一项扣1分

续上表

考核内容		考核工作标准	评分标准
维修班长（100分）	日常工作（30分）	(1)负责维修班的日常管理,组织维护人员对系统进行维修,确保设备运行正常； (2)组织维修班人员按计划对设备进行巡检、保养,并督促完成各项记录； (3)发现设备隐患,及时采取措施,并上报； (4)严禁擅自将备品备件挪作他用； (5)负责组织维修人员业务技术培训； (6)严格执行各项设备安全操作规程,严防各种责任事故发生； (7)完成领导安排的其他工作任务	(1)因管理造成维修不及时的一次扣3分； (2)未进行巡检及维修保养的一次扣3分,记录不及时、不完整的一项扣1分； (3)发现设备隐患未处理和上报的一次扣1分； (4)擅自挪用的一次扣3分； (5)未进行业务培训的扣1分； (6)出现责任事故的一次扣10分； (7)一项未完成的扣1分
	工作纪律（30分）	(1)遵守上、下班制度,严禁工作期间脱岗、迟到、早退、旷工； (2)工作期间遇到重要事项须及时逐级汇报； (3)当班期间不得做与工作无关的事情,严禁酒后上岗,严禁赌博； (4)严格履行请销假制度； (5)积极参加本单位或上级组织的集体活动； (6)严禁维修班人员以维修名义私自外出,做与工作无关的事情	(1)迟到、早退一人次扣1分,脱岗一人次扣3分,旷工一人次扣5分； (2)未及时上报的一次扣3分； (3)发现一次扣5分； (4)违反规定的一次扣2分； (5)无故不参加的一次扣5分； (6)未尽到监管责任的一次扣5分
监控分中心监控班长（100分）	监控业务（40分）	(1)熟练操作各种监控设施,避免因误操作造成的人为故障和安全事故； (2)做好监控资料安全工作,未经上级主管领导批准,不得向外界人员透漏有关收费、监控数据、录像资料； (3)对监控设备进行日常清洁保养和设备安全检查,设备发生故障及时上报； (4)当班期间需查阅各项工作记录,及时发现和纠正监控人员的记录错漏； (5)不得私自移动、拆卸各种设备,严禁私接外部设备入网； (6)按规定做好可变情报板信息发布,并做好记录	(1)发生人为故障、责任安全事故的一次扣10分； (2)违反规定的一次扣5分； (3)未进行设备清洁保养和检查的一次扣1分,发生故障未按程序及时上报的一次扣3分； (4)未达到要求的一次扣1分； (5)违反规定的一项一次扣3分； (6)信息发布不及时、不准确、发布无记录的一项扣1分

续上表

考核内容		考核工作标准	评分标准
监控分中心监控班长（100分）	日常工作（30分）	（1）确保分中心监控室干净整洁，消防设施和防鼠措施正常使用，保持温湿度正常（温度：22～26℃相对湿度：40%～70%）； （2）组织监控人员业务知识学习； （3）完成领导安排的其他工作任务	（1）未达到要求的一项一次扣1分； （2）未组织业务学习的扣1分； （3）一项未完成的扣1分
	工作纪律（30分）	（1）执行24小时工作制度，不准脱岗、串岗、睡岗等，不得做与监控工作无关的事； （2）与监控工作无关的物品不得带入监控室； （3）规范使用文明用语； （4）发现收费员违规违纪时应立即制止并及时汇报	（1）迟到、早退一人次扣1分，脱岗、睡岗一人次扣3分，旷工一人次扣5分； （2）违反规定一次扣1分； （3）违反规定一次扣1分； （4）监控人员未发现违规违纪的一次扣1分，发现未及时制止和上报的扣5分，伙同收费人员共同违纪的一次扣10分
监控员（100分）	监控业务（40分）	（1）熟练操作各种监控设施，避免因误操作造成的人为故障和安全事故； （2）各项记录规范、完整，按规定存档； （3）对监控设备进行日常清洁保养和设备安全检查，设备发生故障及时上报； （4）当班期间需做好各项工作记录，保持各种记录、资料的准确、完整； （5）不得向外透漏有关收费、监控数据、录像资料； （6）严禁私自移动、拆卸各种设备、私接外部设备入网	（1）发生人为故障、责任安全事故的一次扣10分； （2）记录不完整、未及时存档的一项扣1分； （3）未进行设备清洁保养和检查的一次扣1分，发生故障未按程序及时上报的一次扣3分； （4）未达到要求的一次扣1分； （5）违反规定的一次扣5分； （6）违反规定的一项一次扣3分
	日常工作（30分）	（1）保持分中心监控室干净整洁；消防设施和防鼠措施正常使用，温湿度正常（温度：22～26℃相对湿度：40%～70%）； （2）按规定做好可变情报板信息发布工作，并做好记录； （3）设备故障及时上报，并对故障信息进行回复； （4）监控各站监控员工作状态，对于出现的各类违规现象进行及时提醒； （5）做好各类信息的上传下达工作； （6）道路监控图像故障根据路政巡查结果同时进行设备故障巡查，站级图像及其他外场设施每班不少于一次巡查； （7）完成领导安排的其他工作任务	（1）未达到要求的扣1分； （2）未按要求进行信息发布、记录不完整的一项一次扣3分； （3）上报不及时的一次扣3分，未及时回复的一次扣1分； （4）未及时提醒违规现象的一次扣3分； （5）未达到要求的扣一次2分； （6）未达到要求的扣一次2分； （7）一项未完成的扣1分

续上表

考核内容		考核工作标准	评分标准
监控员(100分)	工作纪律(30分)	(1)执行24小时工作制度,监控员不准脱岗、串岗、睡岗等,不得做与监控工作无关的事; (2)与工作无关的物品不得带入监控室; (3)规范使用文明用语; (4)做好监控室出入人员登记	(1)迟到、早退一人次扣1分,脱岗、睡岗一人次扣3分,旷工一人次扣5分; (2)违反规定一次扣1分; (3)违反规定一次扣1分; (4)出入人员无登记的一次扣1分
驾驶员(100分)	岗位职责(70分)	(1)持证上岗,严格遵守交通法规; (2)车辆干净、整洁;仪表齐全,功能完整; (3)定期检查,保证车辆时刻处于良好状态; (4)上班期间不准饮酒,严禁酒后驾驶; (5)公务车辆严禁私自出入旅游景点; (6)严禁公车私用; (7)节假日期间除值班车辆,其他车辆一律停放在本单位指定位置; (8)工程抢险或施工时,规范设置安全区,确保行车安全	(1)未持证上岗的一人次扣20分,违章驾驶一人次扣5分,交通责任事故的一次扣10分; (2)车身明显不洁净的扣1分,车内物品杂乱的扣1分,车内仪表功能不完整的一项扣3分; (3)车辆机油、刹车油、轮胎气压低于或超出正常标准的一项扣3分,千斤顶、套筒、钳子、螺丝刀、灭火器,缺失一项扣3分,车灯一处不亮的扣1分; (4)驾驶员当班期间饮酒或酒后驾驶一次扣10分; (5)私自出入旅游景点一次扣20分; (6)发现一次扣10分; (7)节假日车辆不在指定位置停放一次扣10分; (8)安全区设置不合理扣5分,出现责任事故的扣10分
	劳动纪律(30分)	(1)在岗期间遵守公司劳动纪律; (2)完成领导交办的其他事项	(1)违反劳动纪律的一次扣5分; (2)未完成工作的一次扣5分
保安保洁门卫(100分)	岗位职责(70分)	(一)保安 (1)工作时间不准擅自离岗、脱岗; (2)当班期间着装规范、仪容仪表整洁;按规定着反光背心; (3)当班期间协助班长处理突发情况,保证车道车辆畅通; (4)加强白天和夜间巡逻,提高警惕,注意盘查、询问各种可疑人员,发现问题及时汇报	(1)擅自离岗、脱岗一次扣5分; (2)着装不整的一次扣2分,未穿反光背心一次扣2分; (3)未及时疏导车辆造成堵车的扣5分; (4)玩忽职守的扣5分
		(二)保洁 (1)确保办公区域、收费广场干净整洁; (2)当班期间按规定着反光背心	(1)办公区域、收费广场不干净整洁的一处扣1分; (2)未穿反光背心一次扣2分

续上表

考核内容		考核工作标准	评分标准
保安保洁门卫（100分）	岗位职责（70分）	（三）门卫 （1）工作时间不准擅自离岗、脱岗； （2）当班期间着装规范，仪容仪表整洁； （3）加强白天和夜间巡逻，提高警惕，注意盘查、询问各种可疑人员，发现问题及时汇报； （4）严格进出登记制度	（1）擅自离岗、脱岗一次扣5分； （2）着装不整者一次扣2分； （3）玩忽职守者扣5分； （4）进出未登记的一次扣3分
	劳动纪律（30分）	（1）在岗期间遵守公司劳动纪律； （2）完成领导交办的其他事项	（1）违反劳动纪律的一次扣5分； （2）未完成工作的一次扣5分

3.2 ××机电运营维护分中心员工政治学习及廉政教育考核工作标准暨评分标准

考核内容	考核工作标准	评分标准
政治学习（100分）	积极参加党、团支部和工会组织开展的各类会议和学习活动	（1）无故不参加党、团支部和工会组织的会议和学习活动一次扣5分； （2）会议记录、学习笔记缺少一篇扣5分； （3）会议记录、学习笔记内容与单位组织开展的活动内容不一致的扣5分； （4）没有会议记录和学习笔记的扣10分
廉政教育（100分）	积极参加分公司组织开展的各类会议和廉政教育活动	（1）无故不参加分公司组织的会议和学习活动一次扣5分； （2）会议记录、学习笔记缺少一篇扣5分； （3）会议记录、学习笔记内容与单位组织开展的活动内容不一致的扣5分； （4）没有会议记录和学习笔记的扣10分

注：劳务派遣人员不进行政治学习和廉政教育考核。

3.3 ××机电运营维护分中心员工民主测评标准

评议项目	评议内容	分值	备注
德	（1）爱岗敬业，维护集体利益； （2）服从管理，团结同事； （3）家庭和睦，邻里关系融洽； （4）孝敬父母，尊重长辈	20分	
能	（1）精通业务，熟练掌握业务技能； （2）主动加强业务知识学习	20分	

续上表

评议项目	评议内容	分　值	备　注
勤	(1)当月无违反劳动纪律; (2)积极参加单位组织的争先创优活动	20分	
绩	确保设备运行正常	20分	
廉	(1)遵守公司各项廉政制度,无违规违纪现象; (2)积极参加廉政教育学习	20分	

注:1. 员工的民主测评由三级绩效考核领导小组每季度末月组织实施。

2. 评议主体权重为:本单位班子成员占30%,运营维护分中心员工占40%,监控占20%,维修班组占10%。

3. 员工民主评议成绩满分为100分,折合权重成绩后计入个人考核综合成绩。

4. 民主评议采用无记名方式进行。

5. 员工民主评议综合得分低于30分(不含)的评议票视为无效票。

4　三级考核报表

一、三级考核报表包括:表3.1.1《________收费站(路政、运维)班长岗位月考核排名表》、表3.1.2《________收费站岗位月考核排名表》、表3.2.1《________路政队(超限站)岗位日考核汇总表》、表3.2.2《________路政队(超限站)岗位月考核排名表》、表3.3.1《________运维分中心岗位日考核汇总表》、表3.3.2《________运维分中心岗位月考核排名表》。

二、三级考核报表由各基层单位据实填写并上报。

三、发现问题填报内容须具体详细。

________收费站(路政、运维)班长岗位月考核排名表　　表3.1.1

年　月　日

名次	姓名	扣分情况	政治廉政(5分)	民主测评(5分)	成绩		
					个人得分(60%)	班组平均分值(30%)	最后得分

考核人:　　　　　　　　审核人:

注:民主测评每季度末进行一次。

________收费站岗位月考核排名表 表 3.1.2

年 月 日

岗位	名次	姓名	扣分情况	政治廉政（5 分）	民主评议（5 分）	成绩
收费员外勤	1					
	2					
	3					
	4					
	5					
	6					
	7					
	8					
	9					
监控员	1					
	2					
	3					
	4					
内业票款	1					
	2					
	3					
	4					
劳务派遣人员（厨师、保安、保洁、驾驶员）	1					
	2					
	3					
	4					
	5					
	6					

考核人： 审核人：

注：民主测评每季度末进行一次。

______路政队（超限站）岗位日考核汇总表　　　　表 3.2.1

年　月　日

考核时间	被考核人	发现问题	扣　　分	备　　注

考核人：　　　　　　　　　　　　　　　　审核人：

______路政队（超限站）岗位月考核排名表　　　　表 3.2.2

年　月　日

岗位	名次	姓名	扣分情况	政治廉政（5 分）	民主评议（5 分）	成绩
中队长	1					
	2					
	3					
	4					
路政员	1					
	2					
	3					

续上表

岗位	名次	姓名	扣分情况	政治廉政（5分）	民主评议（5分）	成绩
路政员	4					
	5					
	6					
	7					
	8					
内业后勤	1					
	2					
	3					
	4					
劳务派遣人员（厨师、保安、保洁、驾驶员）	1					
	2					
	3					
	4					
	5					
	6					

考核人：　　　　　　　　　　　　审核人：

注：民主测评每季度末进行一次。

____________运维分中心岗位日考核汇总表　　表3.3.1

年　月　日

考核时间	被考核人	发现问题	扣　分	备　注

续上表

考核时间	被考核人	发现问题	扣　分	备　注

考核人：　　　　　　　　　　　　　　　　审核人：

______________运维分中心岗位月考核排名表　　　　表 3.3.2

年　月　日

岗位	名次	姓名	扣分情况	政治廉政（5分）	民主评议（5分）	成绩
内业后勤	1					
	2					
	3					
维护员	1					
	2					
	3					
	4					
	5					
班长	1					
	2					
	3					
	4					
监控员	1					
	2					
	3					
	4					
	5					

续上表

岗位	名次	姓名	扣分情况	政治廉政（5分）	民主评议（5分）	成绩
劳务派遣人员（厨师、保安、保洁、驾驶员）	1					
	2					
	3					
	4					
	5					
	6					

考核人：　　　　　　　　　　　　　　　　　　　审核人：

注：民主测评每季度末进行一次。

附录三　经营公司绩效考核评价办法

一、经营公司一级考核

1　经营公司经营业绩考核评价实施细则

第一章　总　　则

第一条　为进一步提高河南高速公路发展有限责任公司（以下简称“高发公司”）所属单位管理水平，建立健全以经济效益为中心的经营管理理念和有效的激励约束机制，结合实际情况，制定本细则。

第二条　本细则所称经营业绩考核，是指以投入产出分析为基本方法，通过建立经营业绩综合评价指标体系，对照相应行业评价标准，对所属单位特定经营期间的盈利能力、经营增长以及管理状况等进行的综合评价。

第二章　经营业绩考核体系

第三条　根据《河南高速公路发展有限责任公司绩效考核评价办法》，经营业绩考核分为高发公司所属单位经营业绩考核和所属单位负责人经营业绩考核。

第四条　所属单位经营业绩考核及单位负责人经营业绩考核是高发公司对所属单位及单位负责人考核评价工作的重要组成部分。高发公司考核督察办公室负责高发公司所属单位及负责人经营业绩考核工作的组织和评价工作。

第三章　经营业绩考核的形式和过程

第五条　经营业绩考核形式

所属单位经营业绩考核以半年度、年度为考核期，单位负责人经营业绩考核以自然年度为考核期。考核形式分为阶段性指标对比分析、听取所属单位汇报、现场实际查看等，具体由高发公司根据考核工作实际情况确定，必要时可聘请外部专家或专业机构参与。

第六条 经营业绩考核过程

经营业绩考核过程由考核督察办公室根据河南省交通投资集团和高发公司有关要求科学制定，建立考核指标过程跟踪评价制度。具体分为单位自评、过程跟踪、阶段分析和年终汇总。

（一）单位自评

每年年初经营业绩考核指标确定后，各所属单位须按照本细则，结合本单位日常经营情况，将指标进行分解，并以季度为单位开展经营业绩考核指标完成情况自我评价，内容包括年度经营总体目标、年度经营目标分解、经营活动开展情况、经营业绩考核指标完成情况等。本季度自评报告最迟于下一季度首月七日内上报高发公司相关业务管理部门和考核督察办公室。

（二）过程跟踪

高发公司业务管理部门对各所属单位实际经营情况进行过程跟踪，并按照季度为单位，结合各单位自评报告，对各单位经营业绩考核指标实际完成情况进行差异分析，并将分析结果送交高发公司考核督察办公室，考核督察办公室负责将各单位综合的经营情况分析汇总并提交高发公司绩效考核管理委员会。

（三）阶段分析

每年七月，由高发公司各业务管理部门组织召开所属单位半年度经营活动分析会，通报各单位经营业绩考核指标阶段性实际完成情况。各所属单位负责人需结合实际经营，就各自指标完成情况进行分析，并就全年经营情况进行展望。

（四）年终汇总

一个完整的自然年度结束后，由高发公司各业务部门依据所属单位经审计的企业财务决算数据，对上年度经营业绩考核目标的完成情况进行总结分析，并将年度总结分析送交考核督察办公室。考核督察办公室计算出年度考核成绩，形成考核意见后提交高发公司绩效考核管理委员会。

第四章 经营业绩考核指标构成

第七条 考核指标包括基本指标、分类指标和特性指标三大类。

（一）基本指标

一般竞争性单位、竞争性单位基本指标包括利润总额、成本费用利润率、预算执行情况。

基本指标权重占50%，利润总额、成本费用利润率、预算执行情况各占比重由公司相关业务部室提出建议值，送交考核督察办公室，报高发公司绩效考核管理委员会审定。

成本费用利润率 =(利润总额 ÷ 成本费用总额)×100%

成本费用总额 = 营业成本 + 营业税金及附加 + 销售费用(经营费用)+ 管理费用 + 财务费用

利润总额 = 营业利润 + 营业外收入 - 营业外支出

(二)分类指标

根据所属单位所处行业不同特点,针对一定期限内单位管理的关键环节,综合考虑单位经营管理水平、技术创新能力、风险控制能力、资源节约水平等因素,由高发公司分别制定相应分类考核指标,适用于同一行业内的所有单位,分类指标可根据单位具体情况进行适当调整。

分类指标包括总资产周转率(次)、销售(营业)增长率、应收账款周转率、资产管理、审计、信息管理、人力资源管理。

分类指标权重占35%,其中:资产管理权重占3%、审计权重占3%、信息管理权重占2%、人力资源权重占3%,总资产周转率(次)、销售(营业)增长率、应收账款周转率的权重由高发公司相关部门提出建议值,送交考核督察办公室,报高发公司绩效考核管理委员会审定。

总资产周转率(次)= 营业收入净额 ÷ 平均资产总额

应收账款周转率(次)= 赊销收入净额 ÷ 平均应收账款

销售增长率 = 本年销售增长额 ÷ 上年销售额 ×100%

(三)特性指标

特性指标指专项工作、其他工作、安全生产。

特性指标权重占15%,其中:专项工作权重占5%,其他工作权重占5%,安全生产权重占5%。其他工作目标由相关业务部室提出建议值,送交考核督察办公室,报高发公司绩效考核管理委员会审定。

其他工作是指上述指标未包含,且管理需要考核的指标。

第五章　经营业绩考核目标值确定原则

第八条　经营业绩考核目标值确定原则如下:

(一)规定与协商相结合原则。各项指标所占的权重和基本指标值由高发公司确定,分类指标、特性指标由高发公司根据所属单位行业特点,针对所属单位的管理需要,综合考虑反映所属单位经营管理水平、可持续发展能力及风险控制能力等因素经与各单位协商确定。

(二)争创一流原则。指标建议值由所属单位自报,鼓励所属单位对照省内外先进单位的指标，瞄准国内一流、省内同行业领先水平自树目标，自加压力，准确预测。

（三）全面预算管理原则。各所属单位根据考核目标值，同时结合宏观经济形势、单位实际发展状况，科学合理制定预算。

（四）全面进步原则。年度考核目标值原则上不低于上年指标值及前三年考核指标实际完成值的平均值，同时结合宏观经济形势、单位实际发展状况，以及当年的预计增长额。有行业标准值的考核指标原则上不低于全国同行业同规模单位前三年平均值的平均值。行业标准值为国务院国资委定期公布的单位绩效评价标准值。

（五）实事求是原则。对于在预测指标建议值过程中切实贯彻了自加压力原则的，应尊重所属单位意见；对于指标建议值不符合以上原则，与宏观经济运行态势和行业发展走势以及市场状况明显背离的，由高发公司组织相关部门进行审查，责成所属单位重新申报，并作为诚信表现记录在案。

第六章　经营业绩考核指标的修订和调整

第九条　涉及新的自然年度，需重新调整确定考核指标的，由高发公司相关业务管理部门按照指标值确定原则和程序拟定，报高发公司绩效考核管理委员会审核同意后下发执行。

第十条　考核指标一经确定，自然年度内一般不予调整。如遇国家宏观政策及其他政策性因素、市场条件发生重大变化，对单位经营发生重大影响；重大自然灾害；涉及合并、分立、股权重组、资产转让，导致单位法律结构或经济结构重大改变等情况确需调整的，经高发公司绩效考核管理委员会同意，可在年度内对基本指标值或具体分类指标权重调整一次，但须遵循以下程序：

（一）由提出调整要求的单位详细说明调整依据和考核指标调整建议值，在半年度经营活动分析会召开前报高发公司相关业务管理部门和考核督察办公室备案。

（二）高发公司相关业务管理部门对单位经营情况进行分析研究后，形成具体调整意见报高发公司绩效考核管理委员会审批后执行，在半年度经营活动分析会召开后予以明确。

第七章　经营业绩考核的计分

第十一条　经营业绩考核采用百分制计分，根据各指标完成情况进行相应加减，最高分值不超过 120 分。基本公式如下：

年度经营业绩考核的综合得分＝基本指标得分＋分类指标得分＋特性指标得分

第十二条　各类指标计分方法

(一)基本指标的得分

根据实际完成情况,采用从权重分值中倒扣分和加分的方式计算得出基本指标成绩。

(二)分类指标和特性指标的得分

总资产周转率、应收账款周转率、销售(营业)增长率、信息管理、专项工作、其他工作、安全生产根据实际完成情况,采用从权重分值中倒扣分和加分的方式计算得出。其他各分项指标采用百分制。根据实际考核情况,依据《考核工作标准暨评分标准》和相关业务部门工作要求,采取考核督察办公室(80%)和相关业务部门(20%)综合考核计分,从百分中倒扣分和加分的方式计算出各分项指标成绩,然后按各分项指标所占权重比例,折后汇总出分类指标成绩和特性指标成绩。

第十三条　年度经营业绩考核分级

根据所属单位及负责人经营业绩考核得分,经营业绩考核最终结果分为A(120～110分)(含110分)、B(110～100分)(含100分)、C(100～90分)(含90分)、D(90～80分)(含80分)、E(80分以下)五个级别,并根据下列情况予以修正:

(一)对于各考核指标的实际完成值均低于目标值的单位,年度考核结果原则上最高为D级。

(二)凡单位年度利润总额目标值低于上年目标值与实际完成值的平均值的单位,最终考核结果原则上不得进入A级(处于行业周期性下降阶段但与同行业其他单位相比仍处于领先水平的单位除外)。

(三)对于由盈利转为亏损和处于亏损状态且较上年增亏的单位,年度考核结果原则上最高为C级。

第八章　附　　则

第十四条　经营公司超额完成年度利润目标,在规定范围内的按照《经营公司经营业绩目标值及评分标准》加分。

利润目标超过加分范围的由高发公司绩效考核管理委员会研究设立特殊贡献奖予以奖励。

超额在200万元(含200万)以内的,计提15%奖励;超额200万～400万元

（含400万）的部分计提10%奖励；超额400万～600万元（含600万）的部分计提5%奖励；超额600万元以上的部分计提2%奖励；因国家和高发公司政策原因带来的超额利润，减半执行奖励。

第十五条 本细则自下发之日起实施。

第十六条 本细则由高发公司考核督察办公室负责解释。

1.1 经营公司经营业绩考核目标值及评分标准

考核指标	权重	考核内容	目标值	评分标准	备注
基本指标（50分）		利润总额	年初高发公司相关部门提出建议值，报绩效考核管理委员会研究确定	超过目标值时，每超过3%，加1分，最多加10分；低于目标值时，每低于2%，扣1分，最多扣10分	（1）六项指标权重、评分方法在每年初由高发公司相关部门根据所属经营公司不同情况提建议，报绩效考核管理委员会研究确定
		成本费用利润率	年初高发公司相关部门提出建议值，报绩效考核管理委员会研究确定	高于目标值时，每提高0.2个百分点，加1分，最多加4分；低于目标值时，每降低0.2个百分点，扣1分，最多扣4分	
		预算执行情况	（1）申报预算要切合企业实际经营情况，科学预测，据实申报； （2）实行全面预算管理，无预算不开支，有预算不超支； （3）严格执行预算，专款专用	（1）全年预算执行数超出上级主管部门预算批复数的扣1分； （2）企业年预算管理费用、公益性支出预算费用超出上级主管部门批复数的扣2分，每项超出10%，扣0.5分； （3）未经上级主管部门批准，占用挪用预算资金的扣2分	
分类指标（35分）		总资产周转率	年初高发公司相关部门提出建议值，报绩效考核管理委员会研究确定	低于目标值时，每降低0.1扣1分，最多扣2分	
		应收账款周转率	年初高发公司相关部门提出建议值，报绩效考核管理委员会研究确定	低于目标值时，每降低0.1扣1分，最多扣2分	
		销售（营业）增长率	年初高发公司相关部门提出建议值，报绩效考核管理委员会研究确定	低于目标值时，每降低0.1扣1分，最多扣2分	
	3	资产管理		具体评分标准见1.2《经营公司财务资产管理考核工作标准暨评分标准》	
	3	审计		具体评分标准见1.3《经营公司审计考核工作标准暨评分标准》	

续上表

<table>
<tr><th>考核指标</th><th>权重</th><th>考核内容</th><th colspan="2">目标值</th><th>评分标准</th><th>备注</th></tr>
<tr><td rowspan="5">分类指标（35分）</td><td>2</td><td>信息管理</td><td colspan="2">准确及时上报信息，完成信息报送采用指标</td><td>（1）报送指标为每月上报10条图文信息、1条视频信息，采用指标为每月采用3条。完成报送指标和采用指标各得1分。
（2）在完成报送采用指标的基础上，每多采用1条图文信息，加0.01分；每多采用1条视频信息加0.05分。
（3）公司好的做法、经验、事迹、人物等被省级媒体（含报纸、广播、电视等，不含网络媒体）正面报道的加0.02分；被国家级媒体正面报道的加0.05分（同一事件被多家媒体报道，只计算最高媒体的分数，不累计加分）。
（4）加分项目合并计算后，最多加1分</td><td rowspan="6">（2）其他工作指标由高发公司相关部门根据所属经营公司管理需要设定，报绩效考核管理委员会研究确定；
（3）全部加分分值为20分</td></tr>
<tr><td rowspan="4">3</td><td rowspan="4">人力资源管理</td><td>劳动合同管理</td><td>落实制度、管理规范</td><td rowspan="4">具体评分标准见1.4《经营公司人力资源考核工作标准暨评分标准》</td></tr>
<tr><td>薪酬管理</td><td>按照制度发放</td></tr>
<tr><td>员工管理</td><td>调配合理、培训有效</td></tr>
<tr><td>保险管理</td><td>依法缴纳、及时办理</td></tr>
<tr><td>特性指标（15分）</td><td>5</td><td colspan="3">其他工作</td><td>超过目标值时加分，最多加2分；低于目标值时扣分，最多扣2分。服务区广告经营管理：
（1）未建立高速公路广告经营管理制度的扣1分；
（2）无广告资源、公益广告点位统计、经营情况等详细档案的一项扣0.5分；
（3）每季度末对公司所辖高速公路广告资源进行全面认真核查统计和上报《公司高速公路广告资源统计总表》的一项次扣0.5分，每个月月底未对公司所属的公益广告进行一次全面认真检查和上报《公司高速公路公益广告情况统计表》的一项次扣0.5分；
（4）未建立广告设施日常维护情况台账的扣1分</td></tr>
</table>

续上表

考核指标	权重	考核内容	目 标 值	评 分 标 准	备注
特性指标（15分）	5	其他工作		（5）广告经营活动严格遵守国家法律法规和公司有关规定，坚持市场化运作，未严格执行公司相关招投标管理制度的一次扣3分；未及时将签订后的合同副本上报备案的一次扣0.5分； （6）未严格执行高速公路广告建设施工审批程序的一次扣1分	
	5	专项工作		专项工作完成好的每一项加0.2分，最多加3分，完成不好的每一项扣0.2分，最多扣3分 （注：专项工作是指由高发公司、市级地方政府以上安排的阶段性、临时性重要工作，工作周期连续不低于一个月；同一项工作按年度计分，跨年度在12个月内完成的计算一次，超出12个月的再次计算；各单位专项工作按考核周期报考核督察办公室初审后，报高发公司绩效考核管理委员会审定计分。）	
	5	安全生产		具体评分标准见1.5《经营公司安全生产管理考核工作标准暨评分标准》	

注："基本指标"和"分类指标"的权重未列出，实际工作中应根据每年具体情况确定。

1.2 经营公司财务资产管理考核工作标准暨评分标准

考核内容	考核工作标准	评 分 标 准
制度建设（15分）	（1）财务资产管理制度健全； （2）设置资产管理岗位、配备资产管理人员； （3）启用资产管理专用章、明确资产管理专用章的使用范围、使用程序	（1）财务资产管理制度不健全，缺一项扣1分，最多扣3分； （2）未设置资产管理岗位、配备专职资产管理人员扣5分； （3）未启用资产管理专用章的扣3分，资产管理专用章使用范围、使用程序未明确的扣3分
账、卡、物管理（10分）	（1）卡片及时录入、登记； （2）卡片信息资料齐全； （3）账、卡、物相符； （4）总账、明细账、卡片账对应并相符； （5）实物管理明确部门或专人	（1）卡片录入、登记不及时的一项扣1分； （2）卡片信息不齐全的一项扣1分； （3）账、卡、物不相符的一项扣3分； （4）总账、明细账、卡片账不相符的一项扣5分； （5）实物管理未明确部门或专人的扣2分

续上表

考核内容	考核工作标准	评 分 标 准
账、卡、物管理（10分）	(6)在用低值易耗品等建立备查账； (7)定期组织资产盘点清查工作	(6)建立低值易耗品等备查账不齐全的扣1分； (7)未定期组织资产盘点清查工作的扣5分
资产管理程序执行情况（20分）	资产的新建、改建、扩建、拆除、购置、验收、调拨、转让、捐赠、出租、报废、盘盈、盘亏按照程序办理	(1)资产的新建、改建、扩建无批准手续的一项扣1分； (2)未按期完成竣工决算和竣工验收的一项扣5分； (3)调拨未办理调拨手续或调拨手续不齐全的一项扣1分； (4)物品采购方式不符合规定要求的扣5分； (5)报废资产无鉴定小组鉴定意见的扣3分； (6)报废资产无批复手续的扣5分； (7)盘盈资产未及时评估入账的扣1分； (8)盘亏资产未查明原因明确责任的扣5分； (9)盘亏资产处理无批复手续的扣5分； (10)出租资产无批准手续、合同的一项扣1分； (11)转让、捐赠资产审批手续不符合规定要求的一项扣3分； (12)资产拆除手续不齐全，无申报、批复文件的一项扣3分； (13)拆除资产、移交资产资料未归档的一项扣1分； (14)通知书面手续不齐全的一项扣1分； (15)资产信息不齐全一项的扣1分
资产的移交管理（15分）	资产移交信息齐全、程序规范	(1)资产移交信息不齐全的一项扣1分； (2)资产权证移交不齐全的一项扣3分； (3)移交资料未装订归档的扣1分； (4)试运营移交资产未建立备查账的扣1分； (5)资产移交未经上级主管部门审核批准的扣2分； (6)移交资产与购建资产核对不符的一项扣3分； (7)未按照规定时间办理资产移交的扣2分； (8)未及时办理资产变更手续的一项扣2分； (9)移交清册无双方签章确认的扣1分

续上表

考核内容	考核工作标准	评分标准
资产网络、信息化管理（10分）	（1）资产实物信息、铭牌信息对应并相符； （2）实现实物图片与资产卡片一体化、可视化管理； （3）资产卡片信息与铭牌信息应完全一致； （4）本期资产增减变动及资产报表当期要及时填表上报； （5）资产盘点清查实现自动采集、核对、生成盘点清查表； （6）资产新增或转移要按规定时间更新（换）资产铭牌； （7）资产铭牌条码与资产编码保持一致； （8）资产增减录入、变动、调拨、计提折旧、结账、编制报表应严格按规定权限和程序操作； （9）非授权人员不得随意操作资产信息管理系统，明确系统安全，做好系统定期维护	（1）信息不相符的一项扣1分； （2）未实现一体化、可视化管理的，一项扣3分； （3）资产卡片信息与铭牌信息不一致的，一项扣3分； （4）未及时上报的，一项扣3分； （5）资产盘点清查未实现自动采集、核对、生成盘点清查表的扣1分； （6）资产新增或转移未按规定时间更新（换）资产铭牌的，一项扣1分； （7）资产铭牌条码与资产编码不一致的，一项扣1分； （8）资产增减录入、变动、调拨、计提折旧、结账、编制报表违反规定权限和程序操作的，一项扣1分； （9）非授权人员随意操作资产信息管理系统，发生系统安全问题，系统未定期维护的，一项扣3分
资产损耗率（10分）	资产损耗率＝全部资产损失/期末全部资产总额×100% （全部资产损失包括坏账损失、盘亏固定资产和非正常报废资产）	资产损耗比率小于0.1%不扣分，每增加0.1%扣3分
资产利用比率（10分）	资产利用比率＝在用资产原值/账面资产原值×100% （在用资产＝全部资产－不需用资产－封存资产－未使用资产）	资产利用比率大于97%不扣分，每下降1%扣3分
报表考核（10分）	（1）明确工作职责，由专人负责报表统计工作； （2）按统一要求和规定的时间认真组织报表数据的录入、审核、汇总、上报等各项工作； （3）及时沟通信息，主动反映报表工作中存在的问题，并提出解决问题的合理化建议； （4）按规定时间及时报送报表	（1）无专人负责扣1分； （2）未达到要求的扣1分； （3）有问题未反映一次一项扣3分； （4）不按时每次扣1分；

续上表

考核内容	考核工作标准	评 分 标 准
报表考核（10分）	(5)报送报表格式规范，符合要求，清新、整洁、公章齐全；电子数据符合要求、数据有效、无病毒； (6)编制说明内容详细、全面，有关问题说明清楚，提出整改措施并通报整改结果； (7)填报齐全，无漏填报表、指标现象，数据齐全； (8)各封面标识、表内各项数据填报真实、准确，内部勾稽关系正确、合理； (9)报表分析报告内容基本全面、完整，数据运用恰当、准确，分析问题深入透彻，提出建议合理、可行； (10)充分利用报表数据，认真编写各项专题分析	(5)不符合要求一次扣2分； (6)不符合要求一次扣1分； (7)不完整一项扣1分； (8)不准确一项扣3分； (9)不符合要求一次扣3分； (10)不符合要求一次扣1分

1.3　经营公司审计考核工作标准暨评分标准

考核内容	考核工作标准	评 分 标 准
审计落实整改情况（40分）	(1)按规定回复审计意见、报送审计整改报告； (2)按审计要求及时进行整改	(1)未按规定回复审计意见的一次扣10分，未按规定报送审计整改报告的一次扣10分； (2)未按要求进行审计整改的一次扣5分
审计信息报送（30分）	及时、准确、完整报送审计工作信息	未报送审计工作信息的一次扣15分，审计工作信息不符合要求的一次扣10分
社会审计机构管理（30分）	社会审计机构的选用原则、范围、条件、程序按照规定执行	选用原则、范围、条件、程序不符合要求的一项扣10分

1.4　经营公司人力资源管理考核工作标准暨评分标准

考核内容	考核工作标准	评 分 标 准
劳动合同管理（25分）	(1)按照规定与员工签订劳动合同，与劳务派遣公司签订劳务派遣协议，上岗后2月内完善合同手续； (2)建立合同台账； (3)建立健全劳动安全、劳动纪律、假期管理等制度； (4)劳动争议	(1)签订合同或协议错误一项扣2分，规定时间内未签订的一人次扣2分； (2)未建立合同台账扣2分，一处错误扣1分； (3)缺少一项制度扣5分，未执行制度一项扣2分； (4)出现一次责任劳动争议仲裁失败的扣5分

续上表

考核内容	考核工作标准	评分标准
薪酬管理（25分）	(1)严格执行工资发放标准,计算准确; (2)严格执行先审批后发放的原则; (3)员工调整岗位及时调整工资并报批,实行先报批后执行的原则; (4)按时发放工资(每月10日前审批工资,15日前发放工资)	(1)未执行的扣5分,错误一项扣1分; (2)违反一次扣2分; (3)报批延后1个月扣1分,未审批发放的扣2分; (4)推迟1个工作日的扣2分
员工管理（25分）	(1)各类人员定编定岗,严禁擅自超编; (2)做好各类新员工上岗培训,成批次新员工上岗前统一培训,陆续进入人员要参加调入后下一次的培训,新员工上岗前要组织体检; (3)严格员工调配手续,禁止擅自借调、未履行手续调整; (4)建立员工档案,加强档案管理;员工报到后10个工作日内建立档案,各类入档材料每半年、年度上报入档; (5)严格考勤管理制度	(1)未经上级批准,机关超编1人扣2分,基层超编1人扣1分; (2)未培训的1人次扣2分,未体检的一人次扣1分; (3)发现1次扣2分; (4)档案资料未入档一人次扣1分; (5)未达到要求的一次扣2分
保险管理（25分）	(1)按照规定办理各类法定保险,新进员工3个月内办理完毕; (2)加强各类保险的管理,依法按时足额交纳各类保险,及时调整年度缴费基数; (3)依法及时办理退休,退休当月办理手续,特殊情况到期三个月内办理手续	(1)漏办一项扣2分,未及时办理扣1分; (2)未及时缴纳扣2分,未按时调整扣2分; (3)未及时办理1人次扣1分

1.5　经营公司安全生产管理考核工作标准暨评分标准

考核内容	考核工作标准	评分标准
组织机构（5分）	建立安全生产工作领导组织机构和工作机构,实行单位一把手负责制,有分管安全生产领导,设专(兼)职安全管理人员	缺一项扣1分
规章制度（10分）	(1)根据实际工作的需要,按照《安全生产法》的要求,制定有针对性、实用性、可操作性、全面性的各类规章制度	(1)规章制度不健全的一项扣2分,缺乏针对性、实用性、可操作性、全面性的一项扣2分

续上表

考核内容	考核工作标准	评分标准
规章制度（10分）	(2)结合安全生产“防火、防盗、防中毒、防灾”等相关要求，制定切实、有效的相关规章制度； (3)制定特殊行业、特殊工种操作规程的相关规章制度	(2)未制定相关规章制度的一项扣2分； (3)未制定相关规章制度的扣2分
设备设施（10分）	(1)安全管理办公设施（电话、传真机、计算机、照相机、摄像机、交通工具等）齐全； (2)消防、防雷、防爆、配电房、安全警示标志、安全公示牌等设施齐全	(1)办公设施缺一项扣2分； (2)安全设施不齐全的一项扣2分
安全管理（40分）	(1)有年度安全工作计划、工作总结并及时上报； (2)层层签订目标责任书，有考核、有记录、有奖惩； (3)每月组织一次安全综合检查，每次检查有方案、有内容、有记录；每周一次安全专项检查；重点部位每天进行检查；重大活动、重要时段和根据上级要求进行安全专项检查； (4)办公区、生活区严禁违规使用大功率电器，用电线路、线盒等不得乱拉、乱扯、裸露、破损；各类安全隐患及时整改； (5)车辆专人负责管理并建立档案，定期保养，排查安全隐患； (6)安全档案种类齐全，内容详实，有专人管理； (7)及时上报日常安全工作信息、典型材料，重大活动结束3日内上报工作情况	(1)无年度工作计划、总结的扣3分，年度计划未落实的一项扣1分，未及时上报的扣2分； (2)未签订目标责任书的扣2分，考核、记录、奖惩缺一项扣1分； (3)未按期组织检查的一次扣2分； (4)违反规定一项扣5分，安全隐患未整改的一次扣5分； (5)未达到要求的扣5分，安全隐患未及时排除的扣10分，车辆出现责任事故的扣10分； (6)安全档案种类不齐全一项扣1分，无专人管理的扣2分； (7)未及时上报的一项次扣2分
宣传培训教育（10分）	制定宣传与培训计划，分层次（单位负责人、分管领导、安全管理人员、特殊工种操作人员、新员工班组）开展培训，各类安全培训有记录	无培训计划扣2分，未开展培训一项次扣2分，培训无记录扣2分
举报与奖励（5分）	(1)公布举报电话、联系方式，有举报登记、处理结果和落实情况有记录； (2)兑现奖励	(1)缺一项扣2分； (2)未兑现奖励的扣2分

续上表

考核内容	考核工作标准	评 分 标 准
应急预案（10分）	（1）有各类突发事件应急预案；预案中要求的人员、设备、物资等登记建档； （2）定期开展应急预案演练	（1）未建立预案的一项扣2分，未登记建档的扣1分； （2）未开展的一项扣5分
事故处理（10分）	（1）落实安全生产事故报告制度，无迟报、瞒报现象； （2）发生人员伤亡事故及重大财产损失的，按照“四不放过”原则查处，上报行业主管部门	（1）迟报一次扣5分，瞒报一次扣10分； （2）未按要求查处的少一项次扣5分，未按要求上报的扣10分

2 经营公司党群工作考核评价实施细则

一、考核评价内容包括：党的建设和思想政治、精神文明和企业文化、工会建设，以及高发公司党群部门安排的专项工作和检查。

二、考核评价办法：明查和暗访相结合。

参照工作标准和评分标准，采取听取组织汇报、征求党内外群众意见、查看日常原始记录的方式，并现场提取影像、记录等资料。按照日常工作开展情况、高发公司党群部门要求的阶段性工作开展情况进行考核。

三、考核计分办法：采用百分制计分，党群部门成绩占20%，考核督察办公室成绩占80%。

党群工作成绩 = 党群部门成绩 + 考核督察办公室成绩（所属单位得分 × 80% + 基层单位抽查得分 ×20%）

不要求设立基层支部的，所属单位明查得分占100%。

四、具体要求：

（一）二级考核机构要根据一级考核的方法和内容，制定详细的二、三级考核办法。

（二）二级考核机构对各基层单位的考核每季度进行一次，考核应遵循公平、公正、科学的原则，考核资料应及时完善、归档。一级考核随机抽查基层支部，发现问题的计入考核成绩。

（三）二级考核机构应督促、指导三级考核机构开展考核工作。

五、各项评分标准以考核内容分值为扣分上限。

六、考核内容中的各项标准，以上级党群部门下发的工作手册和相关规定为依据。

七、服务区管理分公司按照管理分公司考核内容考核。

经营公司党群工作一级考核工作标准暨评分标准

考核内容		考核工作标准	评分标准
党的建设和思想政治（55分）	工作机制（12分）	（1）党组织与行政机构同步组建，设置合理，党组织班子健全； （2）领导重视，工作机构健全、人员到位，认真落实党建工作责任制和思想政治工作领导责任制度，党建和思想政治工作制度健全；每半年召开一次党群工作专题会议，会议要有议题、有记录； （3）根据上级党组织工作安排，制订明确的年度党建工作计划，并贯彻落实，半年和年终有总结	（1）党组织和班子不健全扣1分，未建立党组织扣5分； （2）落实各项制度记录不规范、不健全一处扣0.5分，无制度或制度不落实一项扣1分，会议缺一次扣1分； （3）无工作计划和总结的一项扣1分
	思想教育（8分）	（1）坚持中心组学习制度，制定并认真落实集体学习和个人自学计划：①中心组每半年一次集中理论学习；②领导班子成员理论学习半年不少于3次，学习笔记不少于3篇，学习心得不少于1篇；③坚持党组织成员上党课制度：党委（总支、支部）领导班子成员上党课每季度不少于一次； （2）按上级要求，围绕中心任务开展主题鲜明的教育活动； （3）每半年组织一次党员和群众参加的政治学习； （4）利用网络平台、手机短信等形式开展经常性的思想教育活动，每月不少于2次	（1）①领导班子理论学习不落实一次扣1分；没有学习计划、记录不健全的一项扣0.5分；②领导班子成员个人学习缺一次或少一篇学习心得扣0.2分；③党课制度未落实一次扣1分； （2）未开展活动的扣2分； （3）未开展的扣2分； （4）少一次扣0.5分
	组织建设（10分）	（1）每半年（6月、12月）召开民主生活会，做到符合程序、准备充分、主题突出、效果明显，记录完整、会议纪要按时上报； （2）加强基层党支部书记和党务工作者的理论学习、研讨和业务培训，培训班或以会代训每半年不少于1次； （3）按时、规范收缴党费； （4）及时规范办理调动党员的组织关系接转手续	（1）民主生活会缺少一次扣3分，未按要求和程序召开的一项扣1分； （2）基层党支部书记和党务工作者培训或会议少一次扣1分； （3）未按时、不规范收缴党费一人次扣0.1分； （4）调动党员的组织关系超过一个月未及时办理的一人次扣0.2分，办理程序不规范的一人次扣0.1分
	党员管理（20分）	（1）基础管理规范，建立有申请人、入党积极分子、发展对象和党员档案； （2）积极做好培养对象和党员发展工作，做到标准严格、程序规范、公开监督	（1）缺一项档案扣0.5分，不规范、不完整一处扣0.5分； （2）培养对象和发展党员工作未按规定进行，不符合发展程序的扣1分

续上表

考核内容		考核工作标准	评 分 标 准
党的建设和思想政治(55分)	党员管理(20分)	(3)发挥党员先锋模范作用,每年开展不少于1次的主题实践活动; (4)建立党员联系群众制度、党员汇报制度	(3)未开展主题实践活动的一次扣0.5分; (4)缺一项制度扣0.5分
	创先争优(5分)	根据上级工作要求,积极开展党内创先争优各类活动和评先表彰工作,有相应的方案、计划、措施	未开展创先争优活动的一项扣2分,方案、计划、措施缺少一项扣1分,资料不齐全、不规范的一项扣0.5分
企业文化(10分)		(1)单位企业文化建设氛围浓厚,有符合公司统一要求和自身特点的具体方案和措施; (2)群众参与度和认可度高,熟知企业文化相关内容,理解企业精神、发展战略等相关知识	(1)方案或措施缺少一项扣3分; (2)职工不熟知企业文化相关内容、不理解企业精神和发展战略的一人次扣1分
工会建设(35分)	组织建设(7分)	(1)工会各级组织健全,工会专(兼)职干部配备到位,岗位职责明确;会员、会籍管理规范,正式在编职工入会率达到90%; (2)工会工作制度健全,年度工作有计划、有落实、有总结; (3)积极开展“职工之家”建设活动,有方案、计划和措施;会员或会员代表“评家”满意率在95%以上	(1)组织机构不健全扣5分,会员和会籍管理台账不齐全、不规范一处扣0.5分,入会率达不到90%扣1分; (2)工会管理制度不健全扣1分,无年度计划、总结的一项扣0.5分; (3)无方案、计划、措施的一项扣1分,不落实的扣2分,满意率低于95%的扣1分
	队伍建设(9分)	(1)按上级要求,积极组织开展劳动竞赛(技术比武、岗位练兵、技能培训等)、群众性经济、技术创新活动,做到有组织领导机构、有实施方案、有先进典型、有明显成效; (2)按上级要求,积极开展“创建学习型组织,争做知识型员工”、“工人先锋号”等创建工作,做到有方案、有组织、有实施; (3)积极开展职工思想道德和职业道德教育,实施女职工素质教育工程;制订巾帼文明岗、示范标兵创建方案,做到有计划、有目标、有落实; (4)认真做好先进模范人物和先进集体的评比、选拔、宣传和管理工作; (5)积极开展健康文明、形式多样,职工喜闻乐见的文体活动,促进职工身心健康;每年结合本单位实际,组织1~2次的文体活动	(1)无相应实施方案的扣1分,未开展活动的扣1分; (2)无相应实施方案的扣1分,未开展活动的扣1分; (3)无教育活动的扣0.5分,无创建方案的扣0.5分,无落实创建活动的扣0.5分; (4)未开展先进评比活动的扣1分,对先进集体和人物无管理措施的扣0.5分; (5)未开展文体活动的扣1分

续上表

考核内容		考核工作标准	评分标准
工会建设(35分)	民主管理(6分)	(1)及时召开职代会或职工大会,并做好职代会决议的执行监督; (2)职工代表积极参与企业重大问题研究,开展合理化建议活动; (3)实施企务公开,工作规范,公开内容真实、全面、及时,群众满意率达到80%以上	(1)未及时召开职代会和职工大会的扣1分,会议精神不落实的扣0.5分; (2)未开展合理化建议活动的扣1分; (3)未及时公布财务收支状况的扣1分,公布内容不真实、不全面扣0.5分,满意率达不到80%以上扣1分
	关爱职工(8分)	(1)维护职工合法权益,积极参与调解和事前处理各类群体性事件,无群体性事件发生; (2)积极做好"金秋助学"、"特困帮扶"等工作,制订有帮困扶贫的制度和具体措施,并贯彻落实;建立特困、困难职工档案并实行动态管理; (3)"六必访"、职工体检、职工疗养等工作有计划、有落实、有档案; (4)做好女工的"四期"保护工作,依法维护女工的特殊利益,并落实公司有关女职工保护的具体措施	(1)有群体性事件发生的扣2分; (2)无相应制度和措施的扣0.5分,未开展具体活动的扣0.5分,未建立特困职工档案的扣1分,未进行动态管理的扣0.5分; (3)无计划扣0.5分,档案缺一项扣0.5分,未开展扣1分; (4)未落实的一人次扣0.5分
	工会财务管理(5分)	(1)工会建立独立财务账号或科目,并设有专(兼)职人员负责工会财务工作;工会资产专人管理,实物、账实相符,保管完好; (2)依法落实工会经费的上缴、拨付工作,及时上缴工会经费,无拖欠、滞交工会经费; (3)工会财务制度、经费审查制度健全;工会经费和会员会费管理规范,无违纪开支现象;专项经费做到专款专用,无挪用、占用现象	(1)未设独立账号或科目扣1分,无专人负责财务或资产扣1分,账务不规范的扣1分; (2)会费上缴、拨付不规范扣1分,不及时扣0.5分; (3)制度不健全扣0.5分,经费和会费管理不规范扣1分,违纪开支、挪用、占用专项经费的扣3分

3 经营公司反腐倡廉工作考核评价实施细则

一、考核评价内容包括:党风廉政建设责任制落实情况、推进工作情况、采取措施以及上级纪委监察部门安排的专项工作和检查。

二、考核评价办法:明查和暗访相结合。

参照工作标准和评分标准,采取听取组织汇报、征求党内外群众意见、查看日常原始记录的方式,并现场提取影像、记录等资料。按照日常工作开展情况、上级纪委监察部门要求的阶段性工作开展情况进行考核。

三、考核计分办法：采用百分制计分，纪委监察部门成绩占20%，考核督察办公室成绩占80%。

反腐倡廉成绩＝监察部门成绩＋考核督察办公室成绩（所属单位得分×80%＋基层单位抽查得分×20%）

不要求设立基层支部的，所属单位明查得分占100%。

四、具体要求：

（一）二级考核机构要根据一级考核的方法和内容，制定详细的二、三级考核办法。

（二）二级考核机构对各基层单位的考核每季度进行一次，考核应遵循公平、公正、科学的原则，考核资料应及时完善、归档。一级考核随机抽查基层单位，发现问题的计入考核成绩。

（三）二级考核机构应督促、指导三级考核机构开展考核工作。

五、各项评分标准以考核内容分值为扣分上限。

六、考核内容中的各项标准，以上级纪检监察部门下发的工作手册和相关规定为依据。

七、服务区管理分公司按照管理分公司考核内容考核。

经营公司反腐倡廉工作一级考核工作标准暨评分标准

考核内容		考核工作标准	评分标准
党风廉政建设责任制落实情况（30分）	党委（总支、支部）履行责任情况（10分）	（1）把反腐倡廉工作纳入总体工作规划，半年、年度工作会议有反腐倡廉工作部署，与业务工作同要求、同检查； （2）党委（总支、支部）每半年不少于1次会议，专题研究反腐倡廉工作，分析廉政形势和各责任主体履职情况	（1）会议中无工作部署的扣5分，未开展检查的扣2分； （2）专题会议少一次扣2分，会议内容不全面扣1分
	纪检监察机构履行职责情况（10分）	（1）履行职责，加强监督，到所属单位开展反腐倡廉建设工作落实情况的检查，每季度不少于一次； （2）认真履行同级监督职责，对规定项目进行全面监督	（1）日常监督检查少一次扣1分； （2）应有纪检监察参与而未参与的每起扣2分
	实施责任分解、责任考核和责任追究情况（10分）	（1）党委（总支、支部）制定反腐倡廉建设工作年度目标，并进行任务分解，层层签订目标责任书； （2）党委（总支、支部）对反腐倡廉建设工作进行半年和年度检查考核	（1）无年度目标的扣2分，未进行任务分解的扣2分，未签订目标责任书的扣2分； （2）半年和年度述职述廉考评缺一次扣2分

续上表

考核内容		考核工作标准	评分标准
推进工作情况（65分）	教育（5分）	(1)反腐倡廉教育列入党委（总支、支部）年度工作要点，开展党员干部警示教育活动每年不少于1次； (2)把反腐倡廉理论作为党委（总支、支部）中心组理论学习内容，单位主要负责人每年讲廉政党课不少于1次； (3)结合实际，扎实开展企业廉洁文化建设活动	(1)未列入年度工作要点的扣1分，未开展警示教育活动的扣1分； (2)中心组理论学习无反腐倡廉内容的扣1分，单位主要负责人廉政党课未进行的扣1分； (3)未开展活动的扣1分
	加强领导干部廉洁自律和作风建设（10分）	(1)严格落实"三重一大"制度，执行民主集中制，重大问题集体研究、集体决策； (2)落实《国有企业领导人员廉洁从业若干规定》等制度，按上级规定对落实及执行情况进行检查； (3)执行重大事项报告、礼品礼金上缴登记规定	(1)违反三重一大制度落实的每次扣2分； (2)单位班子成员出现违反《国有企业领导人员廉洁从业若干规定》的每人次扣1分，未开展监督检查的扣1分； (3)未执行重大事项报告.礼品礼金上缴登记规定的一人次扣1分
	监督（10分）	(1)建立领导干部廉政档案，落实诫勉谈话制度要求； (2)监督制约重点领域和关键环节权力行使； (3)设立监督电话，监督渠道畅通，注重发挥各监督主体作用； (4)对用人失察失误责任人员进行追究	(1)未建立领导干部廉政档案的扣2分，应诫勉谈话但未进行诫勉谈话的扣1分； (2)重点领域和关键环节权力行使方面出现问题的每次扣1分； (3)未设监督电话扣1分，监督渠道不畅通的扣1分； (4)对用人失察失误责任人员未追究的扣2分
	纠风（5分）	(1)落实行风建设责任制，按要求专题安排部署纠风工作； (2)加大纠风工作力度及时整改落实反馈问题	(1)未部署纠风工作的扣1分； (2)对存在不正之风问题未整改和落实的扣2分
	违纪查处（30分）	(1)建立举报登记制度； (2)单位主要负责同志阅批重要信件，研究案情，支持纪检监察机构依法依纪办案； (3)对上级批办的举报件及违纪线索，及时进行初核；年度办结率不低于90%； (4)加强违纪问题查处的组织协调，执行"一案两报告"制度	(1)未建立的扣1分； (2)未建立案件请示和阅批档案的每件扣1分； (3)对批办的举报件未及时初核的每件扣1分，案件结案率低于90%的扣1分； (4)未执行"一案两报告"制度的每件扣2分

续上表

考核内容		考核工作标准	评分标准
推进工作情况（65分）	其他工作（5分）	按照集团、公司有关要求，扎实开展专项工作	未按要求开展的，每个专项活动扣1分
采取措施情况（5分）	惩防体系建设工作任务落实（4分）	按照“惩治和预防腐败体系工作规划实施办法”要求，组织本单位廉洁风险防控工作的落实	未建立组织机构的扣1分，未开展工作的扣1分
	反腐倡廉建设运用科技手段及工作创新情况（1分）	结合实际，采取新举措推进惩防体系建设工作，或提出建设性意见并上报	未提出建设性意见的扣0.5分

二、经营公司二级考核

1　服务区管理分公司绩效考核评价办法

第一章　总　　则

第一条　为规范公司对所属单位及单位负责人的绩效考核评价工作，促进公司考核工作科学化、规范化、系统化、专业化，提高服务区的经营管理和服务质量水平，树立良好社会形象，根据河南省交通运输厅相关文件要求，依据《河南高速公路发展有限责任公司绩效考核评价办法》，结合本单位实际，特制定本办法。

第二条　本办法适用于公司所属各单位、机关各部室及相关负责人。

第三条　考核的目的是督促各单位、各部室、各岗位人员认真履行职责，做好各项管理工作实现年度工作目标；为评选先进、绩效工资评定、干部选拔任用提供依据；增强全体人员工作责任感和竞争意识，落实各项制度，全面提高管理水平，提升企业竞争力。

第四条　绩效考核工作遵循的基本原则

1. 公开、公平、公正；

2. 以客观事实为依据；

3. 专项考核与综合考核相结合；

4. 日常考核与集中考核相结合；

5. 明查与暗访相结合；

6. 素质考核和能力考核相结合。

第二章　考 核 体 系

第五条　组织机构及职责

（一）绩效考核评价组织

公司成立绩效考核评价管理委员会，全面负责绩效考核评价工作的组织领导和绩效调整的实施工作。

主任由董事长、总经理担任，副主任由班子成员担任，成员由机关各部室负责人组成。

绩效考核管理委员会下设考核审计监察部，负责机关各部室和各基层单位考核工作的实施。

公司所属各基层单位成立考核小组，负责本单位考核工作的实施。

（二）二级考核的主要工作职责

1. 制定公司机关和服务区考核办法，完善各项考核制度，建立健全分公司内部全方位的考核网络，加大对业务技能方面考核的力度；

2. 依据《服务区管理分公司绩效考核评价办法》，负责对公司机关各部室进行考核；

3. 依据《服务区管理分公司绩效考核评价办法》，负责对所属各基层单位进行考核；

4. 负责指导、督查三级考核工作；

5. 负责对三级考核工作人员的业务培训；

6. 负责对季度、年度考核结果的收集汇总、通报；

7. 负责对考核过程中需限期整改的问题、领导安排的专项工作进行督导检查；

8. 完成上级交办的其他工作。

（三）三级考核的主要工作职责

1. 负责对本单位所属各部门及员工进行日常考核工作，将每日考核情况公示；

2. 负责对三级考核结果进行汇总、通报，奖罚；

3. 接受并处理本单位员工对考核结果的申诉、复议工作；

4. 建立健全三级绩效考核档案管理制度；

5. 负责对上级检查发现的问题，结合实际，合理的划分责任人，督促整改；

6. 按时上报各项资料数据。每月 25 日前报送上月 20 日至当月 19 日期间的三级考核工作月报；每周上报当周监控抽查记录；每日上报当日日清评估工作情况；根据二级及二级以上考核所开具的考核限期整改通知书 24 小时内上报整改结果及处理结果；根据公司考核审计监察部的要求，按时上报其他相关内容。

第六条 考核的内容

考核主要分所属基层单位、机关各部室及负责人的考核。

所属基层单位考核主要从经营业绩、党群工作和反腐倡廉工作三个方面进行；机关各部室考核主要从工作计划完成情况、综合管理检查完成情况、上级来文落实情况、服务区上报签呈处理情况、考勤制度执行情况、环境卫生检查情况、廉洁自律情况、服务区评价情况、周例会交办工作完成情况、二分之一工作法实施完成情况十项内容进行；所属基层单位及机关各部室负责人考核主要从经营业绩、个人贡献、综合素质和履职能力四个方面进行。

第七条 考核依据

考核工作以公司与所属基层单位签订的目标责任书和公司正式下达的目标任务，以及阶段性或重大特殊性任务指标为依据，并参照高发公司的有关管理规定进行。

第八条 考核时间

三级考核实行日考核月排名，二级考核实行月考核季度排名，各基层单位、机关各部室及负责人实行半年考核排名。

第九条 考核评价

所属基层单位考核结果按照季度考核综合得分情况进行评价；所属基层单位和机关各部室负责人考核结果按照半年度综合得分进行评价。

所属基层单位考核评价结果分为优秀(95 分以上，含 95 分)、良好(95 ~ 90 分，含 90 分)、一般(90 ~ 80 分，含 80 分)、较差(80 分以下)四个级别。

所属基层单位负责人考核评价结果分为优秀(95 分以上，含 95 分)、称职(95 ~ 90 分，含 90 分)、基本称职(90 ~ 85 分，含 85 分)和不称职(85 分以下)四个等级。

机关各部室考核评价结果分为优秀(95 分以上，含 95 分)、良好(95 ~ 85 分，含 85 分)、一般(85 ~ 80 分，含 80 分)、较差(80 分以下)四个级别。

机关各部室负责人考核评价结果分为优秀(95 分以上，含 95 分)、称职

(95 ~ 85 分,含 85 分)、基本称职(85 ~ 80 分,含 80 分)和不称职(80 分以下)四个等级。

第三章　所属基层单位及负责人考核

第十条　所属基层单位考核以季度为考核期,包括经营业绩考核、党群工作考核和反腐倡廉工作考核,采用百分制计分,其权重为经营业绩占 80%,反腐倡廉工作占 10%,党群工作占 10%(支部得分为所属各服务区得分)。

(一)经营业绩考核

经营业绩考核主要是对所属基层单位季度经营和管理状况的考核,以公司下达的年度目标任务、各业务部室的工作要求、考核工作标准为依据,采用百分制,按各项指标完成情况进行相应加减。

季度经营业绩考核结果分为 A(95 分以上,含 95 分)、B(95 ~ 90 分,含 90 分)、C(90 ~ 80 分,含 80 分)、D(80 分以下)四个级别。

(二)党群工作

党群工作考核主要是对所属基层单位季度、半年、年度党群组织建设等各项目标任务的考核,以年度党群工作目标责任书和《服务区党群工作二级考核工作标准暨评分标准》为依据,采用百分制计分。

(三)反腐倡廉工作

反腐倡廉工作考核主要是对所属基层单位季度、半年、年度反腐倡廉工作等各项目标任务的考核,以年度党风廉政建设目标责任书和《服务区反腐倡廉工作二级考核工作标准暨评分标准》为依据,采用百分制计分。

第十一条　所属基层单位负责人考核以半年为考核期,包括半年经营业绩、个人贡献、综合素质、履职能力四个方面考核,采用百分制计分。其权重为经营业绩占 70%,个人贡献占 10%,综合素质占 10%,履职能力占 10%。

(一)经营业绩考核

负责人半年经营业绩考核依据本单位半年经营业绩考核成绩折合计算。

(二)个人贡献考核

个人贡献考核主要考核班子各成员分管业务情况以及对单位的贡献等。

(三)综合素质考核

综合素质考核主要考核政治思想素质、职业道德素质、廉洁从业情况三个方面。

(四)履职能力考核

履职能力考核主要考核决策能力、执行能力和创新能力三个方面。

半年个人贡献、综合素质、履职能力得分均通过民主测评获得，民主测评采用公司领导班子成员、机关各部室负责人、本单位班子成员、本单位员工测评相结合的测评方法。

所属基层单位负责人民主测评权重为：公司领导班子成员占30%、机关各部室负责人占20%、本单位班子成员占10%、本单位员工占40%。

第四章　机关各部室及负责人考核

第十二条　机关各部室考核以季度为考核期，包括工作计划完成情况、综合管理检查完成情况、上级来文落实情况、服务区上报签呈处理情况、考勤制度执行情况、环境卫生检查情况、廉洁自律情况、服务区评价情况、周例会交办工作完成情况、二分之一工作法实施完成情况共计十项内容。

（一）机关考评小组

每月由考核审计监察部、综合管理部、人力资源部各出一人，其他部室以抽签的方法确定一个部室，由该部室指定一名代表参加，共同组成考评小组。

（二）考评时间

每季度末25日后两个工作日内由机关考评小组根据（详见1.5《服务区管理分公司机关考核工作标准暨评分标准》）完成各项考核工作。考评完将季度考评结果公示三天，无异议后，在下一季度第一个月15日前召开机关考评会。

（三）奖惩办法（具体内容根据实际情况制定）

第十三条　机关各部室负责人考核以半年为考核期，包括半年经营业绩、个人贡献、综合素质、履职能力四个方面，采用百分制计分，其权重为经营业绩占70%、个人贡献占10%、综合素质占10%、履职能力占10%。

半年个人贡献、综合素质、履职能力得分均通过民主测评获得，民主测评采用公司领导班子成员、机关各部室负责人、基层单位负责人、部室职工代表测评相结合的测评方法。

机关各部室负责人民主测评权重为：公司领导班子占40%、各部室负责人占20%、基层各单位负责人占20%、各部室职工代表占20%。

第五章　考核程序和方式

第十四条　所属单位季度、年度考核由考核审计监察部根据各单位日常考核成绩和各专项考核成绩整理汇总，做出考核评价，报公司绩效考核管理委员会审定。

第十五条　所属单位负责人的半年、年度考核，由人力资源部提前3个工作日将考核日程安排、考核方式通知被考核单位。所属单位根据半年、年度各项工作开展情况、工作计划和责任目标完成情况、所属单位负责人履职情况、廉洁从业情况，分别形成单位半年、年度工作报告及负责人个人述职述廉报告，并以书面形式上报。由本单位超过三分之二的职工对负责人个人贡献、综合素质、履职能力三个方面进行民主测评，由相关部门对成绩进行整理、汇总、上报。

第十六条　对本单位季度、半年、年度考核结束后，考核审计监察部对考核结果进行整理，形成文字报公司绩效考核管理委员会，并在公司内公布。

第十七条　考核方式

考核方式包括日考核、月考核、季度考核、半年度、年度考核。采取明查、暗访的形式，通过现场查看、检查各项记录和档案获得考核信息，作为考核评价的依据。

考核审计监察部对公司机关各部室的年度考核以每季度考核累计分值的均值核算考核结果。对公司所属各服务区及汽修厂、加油站的年度考核以每季度考核累计分值的均值和相关事项分值调整核算考核结果。对于一级考核在服务区考核时发现的问题由服务区公司纳入二级考核计分。服务区受到上级单位通报批评的纳入二级考核计分。

三级考核月报表由服务区考核办在本月25日前完成上报，二级考核报表和工作计划以及工作重点由考核审计监察部在次月7日前完成并上报。

第六章　考核结果的复议

第十八条　考核结果按照规定予以公示，公示时间不得少于3日。基层单位和个人对考核结果有异议的，3日内向分公司考核审计监察部提出复议申请，并提交相关材料，绩效考核管理委员会7日内做出复查决定。对复查决定仍有异议的，可向上级考核机构提出申诉，最终由高发公司绩效考核管理委员会裁定。

第十九条　复议的审核由绩效考核管理委员会成立复审小组，对复议项目进行裁定。复议的程序：提出复议的单位或个人陈述复议理由，相关部室提供考核时的材料和扣分依据，由复审小组根据《办法》的规定做出裁定。

第七章　考核结果的应用

第二十条　考核结果与奖惩、绩效工资挂钩

（一）一级考核结果与奖惩挂钩（具体内容根据实际情况制定）。

(二)二级考核结果与奖惩挂钩(具体内容根据实际情况制定)。

(三)三级考核结果与奖惩挂钩(具体内容根据实际情况制定)。

(四)采用经济处罚手段的,处罚额度全年不得超过绩效工资总额的10%,多次被处罚的,全年合计值不得超过全年绩效工资总额的10%。

(五)考核结果与绩效工资挂钩(具体内容根据实际情况制定)。

第二十一条 考核结果与干部任免挂钩

(一)对责任人的处罚,应符合国家的相关法规政策、干部管理规定等政策性规定。

(二)所属基层单位及机关各部室年度经营业绩考核结果为较差等级的,该基层单位及部室负责人不得确定为"优秀"等级。

第二十二条 考核结果与荣誉称号的挂钩(具体内容根据实际情况制定)。

第二十三条 出现下列情况之一的,对所属基层单位、相关负责人实行"一票否决",直接评为"较差"等级,取消评优评先资格。

(一) 发生重大安全责任事故的;

(二) 稳定工作出现重大问题的;

(三) 计划生育出现重大问题的;

(四) 廉政工作出现重大问题的;

(五) 出现严重违法问题或严重违纪问题被上级处理的。

第八章 考核工作要求

第二十四条 考核审计监察部负责组织、协调、监督考核工作,现场考核人员不得少于两人,考核结果须双方签字。

第二十五条 考核人员要严格执行工作纪律和廉政建设各项规章制度。

第二十六条 考核人员收集各类数据信息要实事求是,准确完整,所属基层单位、各部室要积极配合考核工作。

第二十七条 考核审计监察部和相关部室应结合阶段工作重点,调整考核内容,提升考核质量。

第二十八条 任何单位和个人不得暗示、要求考核人员更改考核结果,考核人员也不得泄露考核的方向、时间及内容。

第九章 附 则

第二十九条 所属基层单位及机关各部室的考核评价办法应在本绩效考核评价办法确立的基本框架内制定,并上报备案。

第三十条　本办法自发布之日起实施。

第三十一条　此办法最终解释权归属公司考核审计监察部。

1.1　服务区经营业绩考核目标值暨评分标准

<table>
<tr><th>考核指标</th><th>权重</th><th colspan="2">考核内容</th><th>目标值</th><th>评分标准</th></tr>
<tr><td rowspan="2">基本指标
（20分）</td><td>10</td><td colspan="2">利润总额</td><td>完成年度目标任务</td><td>每超过目标值2%，加1分，最多加10分；没有完成目标值，每低2%，扣1分，最多扣10分</td></tr>
<tr><td>10</td><td colspan="2">成本费用利润率</td><td>完成年度目标任务</td><td>高于目标值时，每提高0.2个百分点，加1分，最多加9分；低于目标值时，每降0.2个百分点，扣1分</td></tr>
<tr><td rowspan="20">分类指标
（70分）</td><td rowspan="8">25</td><td rowspan="8">综合管理</td><td>企业形象</td><td>体现企业文化，树立社会形象</td><td rowspan="8">具体评分标准见1.1.1《服务区综合管理二级考核工作标准暨评分标准》</td></tr>
<tr><td>档案管理</td><td>各种规章制度健全，档案规范</td></tr>
<tr><td>节能降耗</td><td>严格管理</td></tr>
<tr><td>广场管理</td><td>管理规范，环境卫生及公共秩序良好</td></tr>
<tr><td>卫生间管理</td><td>环境卫生及公共秩序良好</td></tr>
<tr><td>宿舍管理</td><td>管理规范，设施完好及环境卫生良好</td></tr>
<tr><td>设施设备管理</td><td>管理规范，确保设施完好</td></tr>
<tr><td>监控管理</td><td>管理规范，设施完好</td></tr>
<tr><td rowspan="5">25</td><td rowspan="5">经营管理</td><td>餐厅管理</td><td rowspan="5">管理规范，环境卫生良好</td><td rowspan="5">具体评分标准见1.1.2《服务区经营管理二级考核工作标准暨评分标准》</td></tr>
<tr><td>超市管理</td></tr>
<tr><td>汽修管理</td></tr>
<tr><td>客房管理</td></tr>
<tr><td>仓库管理</td></tr>
<tr><td rowspan="7">10</td><td rowspan="7">安全生产</td><td>餐厅安全</td><td rowspan="7">建立安全管理工作机构，建立健全制度预案，定期演练，责任制落实，开展安全教育培训</td><td rowspan="7">具体评分标准见1.1.3《服务区安全生产管理二级考核工作标准暨评分标准》</td></tr>
<tr><td>超市安全</td></tr>
<tr><td>客房安全</td></tr>
<tr><td>物业安全</td></tr>
<tr><td>仓库安全</td></tr>
<tr><td>宿舍安全</td></tr>
<tr><td>监控安全</td></tr>
</table>

续上表

考核指标	权重	考核内容		目标值	评分标准
分类指标（70分）	10	财务资产	现金管理	管理规范	具体评分标准见1.1.4《服务区财务资产管理二级考核工作标准暨评分标准》
			资产管理	管理规范，制度健全	
			阳光采购	采购制度健全，过程公开透明	
特性指标（10分）	2	信息管理		准确及时上报信息	每多采用一篇加0.01分，最多加1分
	6	三级考核履职情况		管理规范，上报资料准确、及时，积极开展考核，考核真实有效，及时整改，措施到位	未开展考核扣6分，上报资料不及时、不准确扣1分，整改不及时、措施不到位扣2分
	2	三项体系认证			已通过认证的服务区，未通过复检的扣2分；参加认证的服务区，未通过的扣2分

1.1.1 服务区综合管理二级考核工作标准暨评分标准

考核内容	考核工作标准	评分标准
企业形象	（1）服务区各经营场所营业执照必须有效，公开展示，公示年度最新版河南省高速公路地图； （2）经营场所标志齐全，指示明确、完好，无乱贴、乱画现象； （3）广告、宣传设施规范、美观； （4）各种经营项目执行国家有关物价法规，经核定价格后收费，明码标价，接受顾客监督，要设有行风监督员；服务窗口要设有意见箱、意见簿、举报投诉公示电话，公开24小时投诉监督电话，一般性投诉能够在24小时内回复投诉人，复杂投诉回复投诉人时间不超过一周；无责任事故投诉； （5）有对顾客承诺的服务公约； （6）有文明优质服务典型示范岗位以及示范岗位标志； （7）挂牌服务，服务员按要求着装上岗，仪表端庄，举止大方，用语规范； （8）有对身高1.3米以下的儿童就餐半价收费的公告； （9）有对“五一”劳动奖章获得者、战斗英雄、省级优秀志愿者凭有效证件就餐免费的公告； （10）服务区应免费供应开水； （11）为接触职业病危害的职工进行上岗前、在岗期间、离岗时的职业健康检查；定期为在岗员工进行体检	（1）不符合一项扣1分； （2）不符合一项扣1分； （3）不符合一项扣1分； （4）不符合一项扣1分； （5）不符合一项扣2分； （6）不符合一项扣1分； （7）不符合一项扣1分； （8）不符合一项扣2分； （9）不符合一项扣2分； （10）无免费供应开水设备或设备损坏未及时维修扣1分，无免费供应开水公告牌的扣0.5分； （11）未定期对员工健康进行体检，一人次扣0.5分

续上表

考核内容	考核工作标准	评分标准
企业形象	(12)进行1次/每月的顾客满意测评; (13)严格执行《河南省高速公路服务区从业人员工资指导意见》与《劳动法》; (14)定期(每季度)进行以提高管理效率为目的的经济活动分析	(12)未进行的扣1分,无保留原始记录的扣0.5分,无统计数据的扣0.5分,无满意度分析的扣0.5分; (13)未按要求缴纳三金的每人次扣0.5分(员工本人不愿缴纳的要有本人书面证明,本月内新进员工尚未办理的不扣分); (14)不符合一项扣1分
档案管理	(1)各种规章制度(人事管理、劳动保障、财务类、安全类、经营类、职责类、维护类)齐全、上墙,工作计划内容详实、完整; (2)各项档案健全、规范,档案资料必备有:上级来文、会议记录、计划总结、职工考勤、目标责任书、学习培训(包括年度培训计划)、内部考核、固定资产、精神文明、三项体系认证等材料及时归档; (3)各类记录(巡查类、登记类、日常维护类、维修及故障处理类)填写规范,内容完整; (4)收、发文程序规范,承办及时; (5)建立健全工作例会制度,会议要有记录; (6)坚持值班经理制度,值班期间保持通信工具畅通,认真填写交接班记录及巡查记录; (7)每月30日前各部门报送本月工作总结和下月工作计划,由办公室汇总并报服务区经理审阅后存档; (8)对考核中发现的问题进行记录,要有时间、责任人、检查人,责令当事人立即整改或限期整改,并要有复查时间,跟踪验证问题是否整改完毕; (9)收集相关方投诉和申诉,投诉、申诉记录的建立和分析,有顾客满意调查表和顾客意见本,能识别和处理顾客投诉	(1)不符合一项扣1分; (2)不符合一项扣1分; (3)不符合一项扣0.5分; (4)不符合一项扣0.5分; (5)无工作例会制度、会议记录的一项扣0.5分; (6)不符合一项扣1分; (7)不符合一项扣1分; (8)不符合一项扣0.5分; (9)未进行处理的一项扣1分;抽查顾客满意调查表和顾客意见本,不能识别和处理顾客投诉的,不符合一项次扣1分
节能降耗	(1)严格按照《中华人民共和国节约能源法》、《节约用电管理办法》等国家规定及公司规定执行; (2)严禁出现任何形式浪费水、电、物品、食品等现象	(1)不符合一项扣1分; (2)不符合一项扣1分
广场管理	(1)降温车道设施完好,周边环境良好; (2)服务区内绿化美观,绿化植物无干枯,死亡后及时补栽; (3)广场、停车场、绿化区、庭院、走廊、边坡边沟、上下道口等区域地面无垃圾、无杂物杂草、无积水、无油污	(1)不符合一项扣1分; (2)不符合一项扣1分; (3)不符合一项扣1分

续上表

考核内容	考核工作标准	评分标准
广场管理	(4)外场物品堆放有序,休息桌椅、阳伞、活动售货亭等设施整洁; (5)公共场所垃圾桶内垃圾严禁超过2/3,保持外观整洁,无异味,并定期消毒; (6)停车场免费停车,车辆按规定要求排列整齐,设专职车辆疏导员; (7)服务区下水道、边沟、窨井定期检查维修,保证畅通; (8)中央联络通道24小时落锁,设专人管理,严禁车辆随意进入,工作车辆进出,要有详细的通行车辆记录; (9)围墙保持完整洁净	(4)不符合一项扣1分; (5)不符合一项扣1分; (6)不符合一项扣1分; (7)不符合一项扣1分; (8)无落锁扣1分,无专人值守扣0.5分,无登记记录扣1分; (9)不符合一项扣1分
卫生间管理	(1)卫生间标识灯箱、指示标牌完好无损; (2)卫生间免费使用,按规定的时间供暖或供冷,空调温度设置标准:夏季不得低于26℃;冬季不得高于20℃;设有无障碍通道、残疾人专用卫生间,设施完好无损、整洁卫生; (3)卫生间有专人负责清扫,一客一清,24小时值班; (4)公示保洁人员工作职责,保洁人员仪容仪表整洁干净,工作期间不得脱岗	(1)不符合一项扣1分; (2)不符合一项扣1分; (3)不符合一项扣1分; (4)不符合一项扣1分
宿舍管理	(1)严格遵守宿舍各项管理规定; (2)各类设施、物品完好,摆放有序,干净整洁; (3)宿舍公共区域内卫生环境整洁	(1)不符合一项扣1分; (2)不符合一项扣1分; (3)不符合一项扣1分
设施设备管理	(1)各类设施设备整洁、完好,设备使用完毕后应及时归位,定时巡查,认真填写巡查报告,严格执行保养制度,明确使用人和管理责任人; (2)服务区内的建筑物、广场地坪定期进行清洗维护,防水防漏,广场地坪、匝道无碎板、坑槽;内、外墙和地面干净、无破损,天花板干净、无破损,门窗干净、无损坏,房顶防水完好,无漏水现象;专人负责每天进行巡查,有巡查记录; (3)服务区卫生间化粪池适时清理,确保不超过容积的4/5; (4)污水处理系统操作、保养规范,每季度清理一次,并在季度内经常检查使用情况; (5)取水井内设备定期检修,对地下水进行定期消毒处理工作,服务区饮用水有过滤消毒环节,饮用水达到国家标准; (6)供水系统管线及洗手龙头等相应设施出现问题后,应在3小时内维修完毕,问题严重的应在24小时内解决完毕,维修期间设置公告牌; (7)车辆管理执行派车单制度,专人管理,定期检修; (8)服务区建立设施设备台账; (9)配电房交接班记录完整	(1)不符合一项扣0.5分; (2)不符合一项扣0.5分; (3)不符合一项扣1分; (4)不符合一项扣1分; (5)不符合一项扣1分; (6)不符合一项扣1分; (7)不符合一项扣1分; (8)不符合一项扣0.5分; (9)信息不完整的一项扣1分

续上表

考核内容	考核工作标准	评分标准
监控管理	(1)监控室内环境卫生整洁,物品摆放整齐,监控室内禁止吸烟; (2)监控室内各种设施设备要定期清洁、维护、保养,保证正常运转,及时汇报设备异常情况; (3)监控员要熟练掌握监控设备的操作技能,认真填写值班记录; (4)做好监控资料安全工作,未经上级主管领导批准,值班人员不得向外界透漏有关监控录像资料,有关监控资料按规定保存; (5)严禁无关人员未经批准进入监控室,实行进出人员登记制度; (6)监控室实行24小时值班制度,监控台多屏幕监视器保持24小时运行; (7)禁止擅自使用外来移动存储设备连接到监控机器上	(1)不符合一项扣1分; (2)不符合一项扣1分; (3)不符合一项扣1分; (4)不符合一项扣1分; (5)不符合一项扣1分; (6)不符合一项扣1分; (7)不符合一项扣1分

1.1.2　服务区经营管理二级考核工作标准暨评分标准

考核内容	考核工作标准	评分标准
餐厅管理	(1)餐厅内环境整洁,物品摆放整齐,墙壁无蛛网,室内无鼠、无蝇、无蚊虫,有防蝇、防尘、防鼠等设施; (2)餐厅、后厨每晚下班前当班人员做好卫生打扫工作,并在指定位置喷洒灭蝇药,严格执行交接班制度; (3)保证早、中、晚餐的数量、质量和花色品种,并注意饭菜保温,快餐品种热菜8种以上,凉菜6种以上,汤类2种以上,主食5种以上,饮料1种以上,荤素比例各占50%; (4)有专用加工场地和食品验收人员; (5)严禁使用三无产品(无生产厂家、无生产日期和保质期、无质量合格证),严禁使用腐烂、变质或过期的食物; (6)按照规定执行餐饮价格,明码标价,不得任意提价;按照规定执行餐厅营业时间; (7)生熟分开、荤素以容器分开,用具干净,并有标记;净菜上架,摆放有序; (8)严格执行伙食标准,职工餐要向员工公布每周菜谱; (9)餐厅、后厨工作人员必须执有健康证方可上岗; (10)餐厅应取得卫生许可证,并悬挂在明显位置; (11)后厨油烟排放、处理系统运转正常,表面无油污; (12)后厨地面排水沟畅通,设有隔油池	(1)~(8)不符合一项扣1分; (9)无健康证每人扣0.5分; (10)无证扣1分,超范围经营扣0.5分,未悬挂许可证(可制作影印件双区悬挂)扣0.5分; (11)不符合一项扣0.5分; (12)不符合一项扣0.5分; (13)无更衣室扣0.5分,无洗手间扣0.5分,无冷菜间扣0.5分,无紫外线灯扣0.5分,凉菜间使用木质案板扣0.5分,无单独存放熟食冰箱扣0.5分,工作人员不戴口罩和厨师帽一项扣0.5分,无消毒酒精喷壶扣0.5分

续上表

考核内容	考核工作标准	评分标准
餐厅管理	(13)后厨洗手间(洗手消毒)、更衣室、冷菜间设置、管理及操作符合规定; (14)原料供方应进行评价并明确质量要求,原料应从合格供方处采购; (15)建立并执行食品留样制度; (16)肉类食品采购有合格肉类检疫报告; (17)执行餐具消毒制度; (18)收银员收款时,能做到唱收唱付	(14)不符合一项扣0.5分; (15)无制度扣1分,未执行扣1分; (16)无合格肉类检疫报告扣1分; (17)抽查一周记录,每缺一项扣1分; (18)不符合一项扣0.5分
超市管理	(1)超市24小时营业,不能无故中断营业,保持超市整体购物环境干净整洁,无杂物; (2)保证所售定型包装食品及酒类商品的外包装上依照国家标准带有QS标识,符合食品卫生法有关规定要求; (3)营业收款必须使用收银系统,收银系统操作权限控制规范;禁止私自销售超市外商品; (4)商品分类摆放,陈列美观、整齐、清洁,严格遵循商品陈列原则进行上货补货,无缺货现象; (5)服务员业务熟练,熟知所售商品的品种、价格及特征; (6)商品种类丰富,设有地方特色产品的专柜,有对其地方特色和文化背景的宣传介绍; (7)禁止销售过期变质、瘪听、真空包装受损坏、商标脱落、包装破旧、严重锈蚀、严重玷污等商品; (8)所有商品要有严格的进销存账目; (9)必须进行交接班盘点,做到日清月结,详细记录并由相关人员签字,存档备查; (10)交接班记录中显示每天发生的特殊情况,以及各种设备设施完好情况; (11)取得烟草、图书、音像制品销售许可证及食品流通许可证,必须在有效期内,并悬挂明显位置; (12)与食品直接接触人员应取得健康证; (13)条码扫描设备完好,条码初始化满足要求;除工艺品、散装食品及现加工食品外,其他商品均应有条码; (14)出售健康、正版书籍和音像制品,不得出售有损形象、危害公共秩序、损害公共利益的物品; (15)严格遵守财务制度,做到现金、账单、盘存表、实物(商品)相符; (16)对于验收和储存中发现的不合格品处置及存放环境符合规定; (17)超市内无三无产品(无生产厂家、无生产日期和保质期、无质量合格证)	(1)不符合一项扣1分; (2)不符合一项扣1分; (3)不符合一项扣1分;对于使用相同密码的扣0.5分; (4)~(7)不符合一项扣1分; (8)不符合一项扣1分; (9)不符合一项扣0.5分; (10)不符合一项扣1分; (11)无证扣1分,有证但没有此经营项目的不扣分;未悬挂许可证(可制作影印件双区悬挂)扣0.5分;过期未年审一项扣1分; (12)无健康证一人扣0.5分; (13)不符合一项扣1分; (14)不符合一项扣1分; (15)不符合一项扣0.5分; (16)无商品退、换货手续一项扣1分,未注明商品退、换货原因一项扣0.5分,未设置不合格品单独存放区域的扣1分; (17)不符合一项扣1分

续上表

考核内容	考 核 工 作 标 准	评 分 标 准
汽修管理	(1)提供全天24小时维修服务,具备紧急救援能力,保证维修质量; (2)汽车维修站标识应统一,具有《道路运营许可证》和营业执照,机动车维修资质证,并悬挂明显位置,禁止过期;维修人员达到相应资格要求,维修工具有资质证书,汽修工、电焊工持证上岗; (3)严格遵守汽车维修行业法规制度,汽车维修实行合同制,执行汽修价格规定,明码标价,免费项目服务承诺公示,正确开据正式商业税务发票,主动接受社会监督; (4)汽车维修站汽车备件及相关商品保证质量,严禁出售假冒、伪劣配件和"三无"产品; (5)汽车维修站环境卫生干净整洁,备品、备件物品储存中,标识清楚,摆放整齐有序; (6)建立健全账册、账目,做好各类营业报表; (7)严格执行交通部令[1991]28号《汽车维修质量管理办法》; (8)维修设备与维修项目匹配,并规范使用; (9)公示维修人员及值班负责人的名单和照片,维修人员熟知各种维修工具、设备使用方法和本部门免费服务承诺内容; (10)空压机、砂轮机、电焊机、举升机、轮胎平衡机等设备配有安全操作规程; (11)设备安全操作规程内容覆盖所有危险源的控制要求	(1)不符合一项扣1分; (2)无相关证件一项扣1分,外包汽修厂营业执照、资质经营单位名称与其公章不一致的扣1分,未悬挂(可制作影印件双区悬挂)(自营汽修厂可不悬挂营业执照)许可证扣0.5分; (3)不符合一项次扣0.5分; (4)~(7)不符合一项扣1分; (8)不符合一项扣0.5分; (9)不符合一项次扣1分; (10)不符合一项扣0.5分; (11)不符合一项扣0.5分
客房管理	(1)客房房间和公共区域内环境卫生整洁,物品摆放整齐,室内空气清新,无异味; (2)客房放置物品损坏赔偿价格表; (3)客房内各种设施设备洁净、无损坏,保证正常使用; (4)客房内洗手间必须保证无异味、无灰尘、无污渍,保证一客一消毒; (5)外来住宿人员,要有本人身份证或有效证件进行登记后,方可入住; (6)客房内物品电器、物耗用品按标准配备; (7)当日营业额当日解缴,台账记录准确; (8)取得公共场所卫生许可证,并悬挂明显位置; (9)房间内配有应急疏散图; (10)服务指南内容准确; (11)房间内所使用的电热水器定期组织防漏电测试,有CCC标志	(1)~(6)不符合一项扣1分; (7)不符合一项扣1分; (8)无证扣1分,未悬挂许可证(可制作影印件双区悬挂)扣0.5分,过期未年审扣1分; (9)不符合一项扣1分; (10)不符合一项扣1分; (11)不符合一项扣1分

续上表

考核内容	考核工作标准	评分标准
客房管理	(12)离房检查中发现顾客遗失的贵重物品必须进行登记,并由综合办暂时保管; (13)工作人员取得健康证	(12)不符合一项扣0.5分; (13)无健康证一人扣0.5分
仓库管理	(1)仓库商品验收、出库、储存、保管、数据报送等工作严格按照程序执行,各项账表齐全; (2)仓库内环境卫生良好,物品摆放整齐,设有防蝇、防鼠、温控等设施; (3)在仓库内严禁嬉戏、玩牌、吸烟、住人等,从事与仓库储藏无关的活动; (4)仓库内严禁存放任何有毒有害、易燃易爆、易污染的商品	(1)~(4)不符合一项扣1分

1.1.3 服务区安全生产管理二级考核工作标准暨评分标准

考核内容	考核工作标准	评分标准
安全生产管理	(1)各类安全防火重地无易燃、易爆等危险物品,要有严禁吸烟、严禁火种等防火标识,有闲人免进标志; (2)要做好重点部门的安全防范,票款和物品保管严密,防范措施完善,无丢失,要有报警装置,达到"三专六防"; (3)对服务区内的承包单位、承租商签订合同中含有安全生产内容; (4)成立安全生产工作领导小组,各类安全检查台账记录齐全,各项安全生产制度上墙; (5)有各类预防安全生产事故发生的紧急预案,有演练记录; (6)每星期由专人对服务区各种用电设施、安全防火巡查一次,巡查记录规范;每月组织一次安全检查; (7)服务区各类消防器材配备齐全,确保正常使用,灭火器压力表指针不得在红色区域,并在有效期内; (8)柴油气化炉、液化气瓶、乙炔气瓶、氧气瓶,阀门使用良好,按规定操作; (9)配电房门窗要有防雀网、防鼠板等设施,设有工作人员进出登记记录; (10)严禁发生顾客食物中毒事件; (11)要层层签订安全目标责任书; (12)下班后非必要电气设备应完全断电; (13)各岗位如有服务员患有流行性疾病,应及时调整岗位; (14)员工熟悉和掌握消防知识和消防器材的使用	(1)不符合一项扣2分; (2)不符合一项扣2分; (3)未包括安全责任内容扣2分; (4)无领导小组扣1分,不符合一项扣2分; (5)无应急预案演练计划扣2分,年度计划应包含所有应急预案,每缺少一项扣1分,无演练记录扣2分,记录不符合一项扣1分; (6)不符合一项扣2分; (7)不符合一项扣2分; (8)不符合一项扣2分; (9)不符合一项扣2分; (10)出现食物中毒的一次扣5分,由于食物中毒导致1人以上死亡的,实施"一票否决"制; (11)不符合一项扣2分; (12)不符合一项扣2分; (13)不符合一项扣2分; (14)1人回答不正确扣2分

续上表

考核内容	考 核 工 作 标 准	评 分 标 准
安全生产管理	(15)每月不少于2次关于劳动保护、防火防盗等安全管理工作的培训教育； (16)各部门、营业场所消防通道畅通、标识清晰、易于识别； (17)员工定期参与消防演习； (18)事故事件的调查处理资料完整；并对事故事件进行评审	(15)不符合一项扣2分； (16)不符合一项扣2分； (17)不符合一项扣2分； (18)无调查报告扣2分，无处理结果扣2分，无记录扣2分

1.1.4　服务区财务资产管理二级考核工作标准暨评分标准

考核内容	考 核 工 作 标 准	评 分 标 准
现金管理	(1)现金使用范围：严格按照国务院颁布的《现金管理暂行条例》中规定的范围使用； (2)现金库存限额：根据银行核定的数额确定，每日清点，超额部分及时送存银行； (3)支付现金严格执行审批手续：每笔现金付款都应附有合法的原始凭证，并有经办人员及所属部门负责人签字，经财务审核后，报经理审批方可付款； (4)经常核对、检查库存现金与账薄是否相符，严禁以“白条”抵库存； (5)财务报表编报及时、准确、全面、真实，并有统计分析及建议，各种记录、表、卡、账、薄齐全准确； (6)实行财务监督，自觉接受监察、审计等相关部门和群众的监督； (7)按规定开具发票(大票)，餐饮、超市和加油站必须开具付款凭证(小票)，防止弄虚作假； (8)不得截留、挪用资金，每日营业额及时解交，日结日清，做到账款相符； (9)现金保险柜中不允许放置私人物品； (10)严格实行财务管理制度，建立健全票款管理制度； (11)现金、票据的保管与使用必须严格登记，备有找零款	(1)～(11)不符合一项扣2分
资产管理	(1)设置专职资产管理人员； (2)启用资产管理专用章、明确使用范围； (3)资产卡片录入、登记及时、信息齐全；资产账、卡、物相符； (4)低值易耗品等备查账齐全； (5)按期组织资产盘点清查工作； (6)资产的新建、改建、扩建、移交、拆除、购置、验收、调拨、转让、捐赠、出租、报废、盘盈、盘亏严格按照规定办理，手续齐全	(1)不符合扣2分； (2)不符合扣2分； (3)不符合一项扣2分； (4)不符合一项扣2分； (5)不符合扣2分； (6)不符合一项扣2分

续上表

考核内容	考核工作标准	评分标准
资产管理	(7)建立土地台账、信息规范； (8)存货采购严格按程序办理，入库手续齐全，专人保管	(7)不符合一项扣2分； (8)不符合一项扣2分
阳光采购	(1)加强“阳光采购”的监督管理，完善所购物品的名称、单价、数量、金额、规格、品牌、采购责任人、批准人及采购地点、门市、联系电话等凭证管理，跟踪调查，参加采购活动的人员要签字认可，在服务区醒目位置进行公示，全面实行监督；采购小组人员必须从全体员工中公选出来(每季度一次)，人数不能少于3人；严格采购、验收、入库、出库、使用等管理环节； (2)加强物品采购的质量管理，对餐饮原材料的供应商，应要求其交纳质保金； (3)采购商品时必须向商家索要营业执照、卫生许可证、检验合格证明等资料备案存档，严禁采购腐烂、变质、过期及标识不全的商品，所有采购的物品及原材料由采购小组组长、组员等验货后签字； (4)应分时段、分季节，对市场进行调查，建立动态的价格数据库，从而掌握市场价格变化的第一手资料，根据资料及时调整合理供应商； (5)采购小组根据供货商提供的商品信息，在同等质量下选择价格最低者作为采购商家，在采购过程中，严禁出现有吃、拿、卡、要供货商的钱财和物品的行为； (6)采购原料符合《物资采购分类和质量验收标准》	(1)不符合一项扣2分； (2)不符合扣2分； (3)不符合一项扣2分； (4)不符合一项扣2分； (5)不符合一项扣5分，两次以上实施“一票否决”制； (6)不符合扣2分

1.2 服务区党群工作二级考核工作标准暨评分标准

考核内容		考核工作标准	评分标准
党的建设和思想政治(35分)	工作机制(7分)	(1)重视党建思想政治工作，认真落实党建工作责任制和思想政治工作领导责任制度；对党建工作部署有传达、有落实、有记录； (2)党建工作按上级安排部署进行落实； (3)党支部开展各项活动的场所、时间得到保障； (4)按时上报党员统计报表、党建工作信息、各类学习和工作会议等材料，完成上级单位安排的各项工作任务	(1)会议未传达的一项扣0.5分，记录不规范、不完整一处扣0.5分，制度未落实的一项扣0.5分； (2)未落实一项扣1分； (3)党支部活动时间、地点未得到保障的扣1分； (4)党建工作信息、各类学习和工作会议等材料未按要求及时、准确上报的，一次扣0.5分，工作任务不落实的扣1分

续上表

考核内容		考核工作标准	评分标准
党的建设和思想政治（35分）	思想教育（6分）	（1）落实支部委员及班子理论学习和会议制度：①理论学习每月不少于1次，学习有记录；②支部委员和班子成员个人学习半年不少于3次，学习笔记不少于3篇，心得不少于1篇； （2）利用“三会一课”形式或其他形式开展党员教育活动	（1）①领导班子理论学习不落实一次扣1分；无记录的一次扣0.5分；②领导班子成员个人学习缺一次学习笔记或少一篇学习心得扣0.5分，学习笔记、心得体会别人代写的每人次扣0.5分； （2）未开展党员教育活动的扣1分
	组织建设（10分）	（1）党支部充分发挥政治核心作用，群众满意率90%以上； （2）落实支部民主生活会制度：每半年召开一次符合程序的支部民主生活会，会议有议题、有征集群众意见、记录完整、按时上报； （3）每月按时收缴党费，党费收缴本填写规范； （4）及时规范办理调动党员的组织关系接转手续	（1）群众满意率低于90%的，每下降1个百分点扣0.5分； （2）民主生活会缺少一次扣3分，未按要求和程序的一处扣0.5分； （3）未按时收缴党费的一人次扣0.2分，党费收缴本填写错一处扣0.5分； （4）调动党员的组织关系超过一个月未及时办理的一人次扣0.5分，办理程序不规范的一人次扣0.1分
	党员管理（6分）	（1）党员档案规范，要建立党员信息表和入党积极分子统计表，并及时更新； （2）对入党积极分子、发展对象进行培养，手续完整、档案齐全规范； （3）按照“在优秀人才中发展党员”的指导思想，发展党员，严格执行“培训制、公示制、审查制、责任追究制”，做到“七公开”，把好“四关”； （4）按照要求和程序，认真做好每年一次民主评议党员工作，党员合格率达95%； （5）认真落实党员联系群众制度、党员汇报制度（党员每半年至少向党支部书面汇报一次），建立落实各项制度记录； （6）发挥党员先锋模范作用，党员无违纪违规事件发生	（1）统计表内容缺一项扣0.5分，未建立档案的扣2分，不及时更新的扣1分； （2）档案或培养手续不完整、不规范一处扣0.5分，无培养档案的扣2分； （3）发展党员工作不符合发展程序的一处扣1分； （4）党员合格率每下降1个百分点扣0.2分，没有开展评议工作的扣1分； （5）落实各项制度记录不规范、不健全一处扣0.5分，制度不落实的一项扣2分； （6）党员中发生违纪违规，受到上级纪检监察部门处理的扣5分
	创先争优（6分）	积极开展创先争优活动，有方案、计划、措施；各类活动扎实有效开展	（以公司文件为准）活动缺少一项扣3分，方案、计划、措施缺少一项扣1分

续上表

考核内容		考核工作标准	评分标准
精神文明和企业文化（15分）	文明创建（10分）	（1）创建机构健全，创建计划和目标合理可行； （2）积极参加创建活动，档案资料整理齐全规范（含工会、团组织活动档案）	（1）创建机构不健全扣2分，无创建计划和目标的扣1分； （2）活动缺一项扣2分，档案不齐全、不规范一处扣1分
	企业文化（5分）	（1）单位企业文化建设氛围浓，符合公司统一要求和实际； （2）群众参与度和认可度高，熟知公司企业文化相关内容，理解企业精神、理念、发展战略等相关知识	（1）无企业文化氛围扣2分，不符合公司要求和实际的扣2分； （2）随机抽人了解公司企业文化相关知识，不熟知扣1分，不能正确理解企业精神、理念含义的扣2分
工会建设（30分）	组织建设（6分）	（1）工会（小组）管理制度健全，认真贯彻落实上级工会工作安排； （2）对会员登记造册，按月缴纳会费； （3）积极落实"职工小家"建设活动方案，会员或会员代表"评家"满意率在95%以上	（1）管理制度不健全扣1分，未贯彻落实的一项扣1分； （2）会员管理台账不齐全扣1分，会费交纳不及时一次扣1分； （3）未落实的扣2分，满意率低于95%的扣1分
	队伍建设（8分）	（1）积极组织参加上级工会开展的活动； （2）积极开展上级工会安排的创建活动，做到有组织、有实施； （3）积极开展职工道德教育，实施女职工素质教育工程，搞好"四自"教育； （4）积极开展健康文明、形式多样、职工喜闻乐见的文体活动，促进职工身心健康，每年结合本单位实际组织1~2次文体活动	（1）未参加活动的一次扣1分； （2）未开展活动的一次扣2分； （3）未开展教育活动的一次扣2分； （4）未开展文体活动的扣1分
	民主管理（8分）	（1）根据公司召开职代会的要求，及时选举职工代表，并落实职代会议精神； （2）工会小组民主管理、民主参与、民主监督，制定伙食管理制度、物品采购制度等民主管理制度，每月对伙食进行民主测评	（1）未按规定进行选举职工代表的扣1分，职代会精神落实不到位扣1分； （2）无管理制度扣1分，伙食民主测评满意率达不到80%扣1分
	关爱职工（8分）	（1）落实关爱职工的制度并建立档案，及时掌握广大职工的呼声并按规定及时上报，督促落实解决，并为职工办好事，办实事； （2）贯彻落实"金秋助学"、"特困帮扶"工作；建立特困、困难职工档案并实行动态管理； （3）扎实开展建设"绿色家园"活动，有台账、有资料	（1）制度不落实一次扣2分，未建立档案的一项扣1分，未及时上报的扣1分，未为职工办好事、办实事的扣1分； （2）无具体活动的扣1分，未建立档案的扣1分，未及时更新的扣0.5分； （3）无台账、资料的一项扣1分

续上表

考核内容		考核工作标准	评分标准
工会建设（30分）	关爱职工（8分）	（4）做好女工的"四期"保护工作，依法维护女工的特殊利益，并落实公司有关女职工保护的具体措施	（4）未落实的一人次扣0.2分
团的建设（20分）	基础工作（10分）	（1）团员管理规范，按时足额缴纳团费，并有记录； （2）认真按照上级工作安排积极开展工作； （3）聘请党支部书记作为团支部的政治辅导员，每半年为团支部上团课不少于1次，利用"三会一课"或其他形式对团员进行思想教育； （4）抓好团员青年的素质培养，团员学习笔记和心得体会每季度不少于1篇	（1）无团员花名册扣1分，团费收缴不及时、不规范一人次扣0.5分； （2）制度不健全扣1分，未落实的一次扣0.5分； （3）未聘请政治辅导员的扣1分，未开展团员教育的扣1分； （4）无学习笔记和心得体会的一人次扣0.2分
	青年活动（10分）	（1）有固定青年活动场所，有挂牌、室内有团徽、有团的标语，活动设施能正常使用； （2）积极开展创先争优活动；做到组织健全、档案齐全、措施到位； （3）积极开展志愿者活动，半年开展此类活动不少于1次（含公司组织活动）	（1）没有固定青年活动场所的扣2分，未挂牌、团徽、标语不全的一处扣1分，活动设施不能正常使用的扣1分； （2）未开展活动的一次扣2分，组织、档案、措施不健全的一处扣1分； （3）活动少一次扣1分

1.3　服务区反腐倡廉二级考核工作标准暨评分标准

考核内容		考核工作标准	评分标准
党风廉政建设责任制落实情况（30分）	履行责任制情况（15分）	（1）把反腐倡廉工作纳入服务区总体工作规划，半年、年度工作计划中有反腐倡廉工作部署，与业务工作同要求、同检查； （2）成立反腐倡廉建设组织机构，党支部书记履行反腐倡廉建设第一责任人职责	（1）无工作部署的扣2分，未开展检查的扣2分； （2）无反腐倡廉建设组织的扣1分
	实施责任考核和责任追究情况（15分）	（1）落实上级单位反腐倡廉建设工作年度目标，并责任到人； （2）党支部每季度不少于1次会议，进行一次廉政建设有关工作落实情况的自我考评和总结	（1）未落实的扣2分； （2）未开展的缺一次扣1分

续上表

考核内容		考核工作标准	评分标准
推进工作情况（70分）	教育（15分）	(1)开展职工警示教育活动每年至少1次； (2)把反腐倡廉理论作为党支部理论学习内容,单位负责人每年讲廉政课不少于1次； (3)结合实际加强廉洁文化建设,思路清晰； (4)对职工的反腐倡廉教育每季度不少于1次； (5)信息报送:每半年报送本服务区廉政活动开展情况的图文资料不少于3次,报送题目为“某某服务区廉政活动资料”	(1)未开展警示教育活动的扣2分； (2)未开展的扣1分； (3)未开展廉洁文化建设活动的扣1分； (4)反腐倡廉教育少一次扣2分； (5)以邮箱显示的报送内容及时间为准,少一次扣2分
	制度落实（10分）	(1)落实“三重一大”制度要求,执行民主集中制； (2)落实《国有企业领导人员廉洁从业若干规定》等反腐倡廉规章制度要求	(1)未执行的扣2分； (2)单位负责人出现违反《国有企业领导人员廉洁从业若干规定》未落实的扣2分
	监督（5分）	注重监督,支持各社会监督主体发挥作用,每年召开不少于1次社会监督员参加的座谈会	未建立社会监督员制度的扣2分;未召开座谈会的扣2分
	纠风（10分）	(1)落实行风建设责任制,开展公路“三乱”等治理工作； (2)整改落实公路“三乱”及有关问题	(1)出现公路“三乱”问题的扣5分； (2)对存在不正之风问题未整改和落实的扣2分
	内部稽查（30分）	(1)反腐倡廉建设领导小组及单位主要负责人,支持内部稽查、工作纪律检查等活动,每季度不少于一次； (2)严格按照监督稽查管理办法及各项业务工作规范对违规违纪行为进行处理； (3)支持执纪执法机关、上级监督部门履行职责,配合做好本单位内部有关违法违纪问题的调查	(1)未组织开展内部稽查活动的每次扣1分； (2)对发现的违规违纪行为不处理的每次扣2分； (3)出现不配合执纪执法机关办案及上级监督部门履行职责情况的,每起扣5分

1.4　服务区管理分公司所属基层单位负责人考核评价要点及评分标准

考评内容	考评指标	考 评 要 点 及 标 准
综合素质（10分）	政治素质	政治立场坚定,旗帜鲜明,注重学习,与时俱进,牢固树立科学发展观和正确的政绩观;坚持原则,顾全大局,维护团结,党性观念和组织纪律观念强
	职业素质	爱岗敬业,具有强烈的事业心和责任感,有开拓精神,品行端正,具有良好的职业道德,遵守法律法规和公司章程;熟悉现代企业管理,具备扎实的业务知识和丰富的管理经验
	廉洁从业	艰苦奋斗,勤俭节约,维护公司权益,自觉遵守党和国家关于党风廉政建设的各项规定和企业规章制度;作风正派、严于律己,自觉接受组织和职工群众监督
履职能力（10分）	决策能力	思路清晰、方向明确,决策科学民主,能够针对公司形势变化,及时调整思路和对策;对重大问题和突发事件,反应敏捷,判断准确
	执行能力	认真贯彻落实上级精神,具备驾驭全局、应对复杂局面、解决疑难问题的能力;大胆管理,敢于承担责任;善于优化资源配置,协调各方力量,有序推进各项工作
	创新能力	学以致用,不断创新、大胆管理,增强可持续发展能力;勇于创造,大力推动科技进步,不断增强企业发展的动力和核心竞争力
个人贡献（10分）		公司班子成员重点评价:执行公司决议、自主创新、管理效能、人力资源管理、财务管理、安全生产、完成工作目标等方面的情况。 机关各科室负责人重点评价:保证监督党的路线方针政策和国家法律法规贯彻执行、参与重大问题决策、选人用人和人才队伍建设、党组织建设、思想政治工作、党风建设和反腐倡廉工作、精神文明和企业文化建设、维护职工合法权益和企业稳定等方面的工作
经营业绩（70分）		经营业绩突出,完成上级下达任务及质量情况,日常工作的开展情况等考核指标

1.5　服务区管理分公司机关考核工作标准暨评分标准

项目	序号	工 作 标 准	评分标准	分值	备注
工作计划	1	每季度末部室工作计划未按时完成的	未完成一项扣10分(特殊情况经分管领导签字认可后不扣分)	此项内容总分100分，若有加分可突破	
	2	对本季度工作中有创新或取得明显成效(经领导班子认可)	一项加10分		
	3	各部室于每季度末25日前将本季度工作完成情况及下季度的工作计划报考核审计监察部	迟交一天扣10分		

续上表

项目	序号	工作标准	评分标准	分值	备注
综合管理办法	1	考核审计监察部根据各部室报送内容，对综合管理考核中发现问题的整改落实情况进行复查，复查单位为当月抽签产生的服务区	发现报送内容虚假，一次扣10分	此项内容总分100分	
	2	综合管理办法中的遗留问题必须在表格中注明未整改落实原因，并得到分管领导的认可签字	无合理原因，每个问题扣10分		
	3	每月向综合管理部交纳综合管理检查报告的当日，向考核审计监察部报送《综合管理检查中问题情况汇总表》	迟交一天扣10分		
上级来文管理	1	按上级来文工作完成情况表及时登记汇总	漏登记一份扣10分	此项内容总分100分	
	2	未处理完成的公文应写出情况说明，并有部门主管及分管领导的认可签字	无合理原因，每个问题扣10分		
	3	各部室于每季度末25日将上级来文工作完成情况表报考核审计监察部	迟交一日扣10分		
签呈管理	1	按签呈工作完成情况表及时登记汇总	漏登记一份扣10分	此项内容总分100分	
	2	未处理完成的签呈应写出情况说明，并有部门主管及分管领导的认可签字	无合理原因，每个问题扣10分		
	3	各部门于每季度末25日将签呈工作完成情况表报考核审计监察部	迟交一日扣10分		
考勤管理	1	市内公差必须打卡；市外公差必须出具缺勤证明，证明上必须有时间、公差内容、服务区公章及部门主管和分管领导的签字	缺勤证明不完整，一次扣10分	此项内容总分100分	
	2	迟到或早退（以考勤机数据为准）	违反一次扣10分		
廉洁自律情况	1	机关各部室人员不得在工作时间内饮酒	违反一次扣10分	此项内容总分100分	
	2	就餐时要吃自助餐或驿馨美食内餐饮品种	违反一次扣10分		
	3	不得借机到服务区报销应由个人支付的费用；不得接受被检查指导单位馈赠的礼品、礼金	违反一次扣10分		
	4	机关各部室到服务区出差的，必须在服务区内住宿，不得违规外宿	违反一次扣10分		
	5	不得借机到歌厅、酒吧等娱乐场所和参加其他违反廉洁规定的高消费活动	违反一次扣10分		

续上表

项目	序号	工作标准	评分标准	分值	备注
服务区评议		由服务区对各部室工作情况进行打分评议	计分标准以《服务区对机关各部室工作情况打分表》为准		
环境卫生检查情况		每月考核审计监察部联合综合管理部、人力资源部对机关各部室进行两次卫生检查工作	计分标准以《服务区管理分公司机关内务卫生检查》为准	此项内容总分100分	
周例会交办完成情况		周例会领导提出工作要求,每季末上报一次完成情况	未完成一项扣10分,迟交一天扣10分(特殊情况经分管领导签字认可后不扣分)	此项内容总分100分	
二分之一工作法	1	各科室每月至服务区工作不得少于15日(以"服务区管理巡查记录表"登记时间为准)	缺少一天扣10分	此项内容总分100分	
	2	"服务区管理巡查记录表"中必须注明检查日期	缺少一天扣10分		
	3	"服务区管理巡查记录表"必须填写规范	一处不规范扣10分		
	4	各部室于每月25日前将"服务区管理巡查记录表"报考核审计监察部	迟交一天扣10分		
合计					

2 服务区三级绩效考核评价办法

第一章 总 则

第一条 为进一步规范服务区对全体员工的绩效考核评价工作,建立科学有效的激励约束机制,依据《服务区管理分公司绩效考核评价办法》,结合服务区实际情况,制定本办法。

第二章 考 核 目 的

第二条 考核的目的是督促服务区各岗位人员认真履行职责,有计划地做好各项管理工作,完成工作目标;为员工评先、绩效工资评定等提供依据;增强全体人员工作责任感和竞争意识,落实各项制度,全面提高管理水平,提升企业竞争力。

第三章　考 核 原 则

第三条　绩效考核应遵循的原则

1. 公开、公平、公正;
2. 现场考核与调阅录像相结合;
3. 个人考核和班组考核相结合;
4. 日常考核与阶段考核相结合;
5. 综合考核和岗位考核相结合;
6. 素质考核和能力考核相结合。

第四章　考核机构及工作职责

第四条　组织机构:

(一)服务区成立三级考核领导小组,由单位领导班子成员、中层管理人员组成。服务区领导小组下设考核办公室,全面负责服务区三级考核工作。

(二)三级考核的主要工作职责

1. 根据二级绩效考核评价办法并结合本单位的实际情况,制定三级考核评价办法,完善三级考核制度。

2. 负责对本单位所属各部门及员工各项日常工作的开展情况进行考核,日考核结果在次日公示,时间不得少于3天。

3. 负责对考核结果汇总、通报、奖罚。

4. 接受并处理本单位员工对考核结果的申诉、复议。

5. 建立健全三级绩效考核档案管理制度。

6. 负责对上级检查发现的问题,结合服务区实际,合理的划分责任人,督促整改;根据二级及二级以上考核所开具的考核限期整改通知书24小时内上报整改结果及处理结果。

7. 按时上报各项资料数据。每月25日前报送上月20日至当月19日期间的三级考核工作月报;每周上报当周监控抽查记录;每日上报当日日清评估工作情况及其他相关内容。

第五章　考核方式及考核内容

第五条　考核方式

服务区考核办对服务区各部门和全体员工(划分为餐饮部、超市、物业、后勤四部分）进行日考核月排名。各部门和全体员工的年度考核以月度考核累计分值的均值核算考核结果。一级考核、二级考核发现的问题由服务区纳入三级考核计分。

（一）日考核：三级考核人员与考核领导小组成员联合，每日对各部门和当班人员进行不少于两次的考核。

（二）专项考核：除日常考核外，考核小组每月不少于四次针对餐饮、超市、物业、后勤等专项工作进行考核。

第六条　考核内容

（一）综合管理

服务区日常工作纪律、档案管理、节能降耗管理、宿舍管理、广场和卫生间管理、设施设备管理、监控管理等。

（二）经营管理

服务区餐厅、超市、物业、汽修、客房、仓库等日常经营管理情况。

（三）安全生产管理

服务区餐厅、超市、客房、物业、仓库、宿舍、监控等方面的安全生产情况。

考核小组各阶段工作重点和新增加的考核内容通过公示或会议方式提前通知各岗位人员。

第六章　考核结果的应用

第七条　服务区日常考核结果参照《服务区管理分公司绩效考核评价办法》相关规定执行奖罚（三级考核的奖惩办法由各服务区根据自身员工人数、员工工资水平、业务部门工作量等实际情况自行制定并上报公司考核审计监察部，经公司绩效考核管理委员会审批后，方可执行）。

第八条　考核结果的运用

（一）对月度内排名倒数第一的部门，对部门负责人进行经济处罚并通报批评；对月度内排名第一的部门，对部门负责人进行奖励并通报表扬。

（二）考核评价作为星级员工评定的依据。

（三）在个人考核评价中对连续两次排名倒数第一的员工，给予通报批评。

第九条　出现下列情况之一的，在月考核中直接列为末位。对相关责任人实行"一票否决"，取消年终评先资格。"一票否决"由分公司绩效考核管理委员会依据国务院《生产安全事故报告和调查处理条例》、《特别重大事故调查程序暂行规定》等相关法规及省交通投资集团、高发公司的有关规定进行认定。

（1）发生重大安全责任事故的；

(2)计划生育出现重大问题的;

(3)出现严重违法违纪问题的。

第七章　三级考核的公示与申诉

第十条　为保证绩效考核评价工作公开、公平、公正,三级考核以当月25日至次月24日为一个月,每月25日由考核办将当月考核结果予以公示,公示不得少于3天。如对三级考核结果持有异议,应在公示之日起3日内向三级考核领导小组提出复议。对复议结果仍有异议的,可向上一级考核机构申诉。

第八章　考核工作要求

第十一条　为保证考核工作的独立性、公正性,考核人员要严格执行考核工作纪律和廉政建设方面各项规章制度。

第十二条　现场考核人员不得少于两人,考核结果须双方签字方可生效。

第十三条　考核人员收集各类数据信息要实事求是、准确完整,考核资料要真实有效,不得弄虚作假。

第九章　附　　则

第十四条　因实际工作情况需调整考核内容的,须向上级考核备案。

第十五条　本办法自下发之日起实施。

2.1　服务区综合管理三级考核工作标准暨评分标准

考核内容	考核工作标准	评分标准
工作纪律	(1)熟练掌握业务技能,牢记岗位职责,主动为儿童、孕妇、老年人、残疾人提供帮助; (2)经营场所不准着工装吸烟、嬉笑打闹、大声喧哗、哼唱歌曲、吹口哨、吃东西、叉腰抱臂、修指甲、梳头、照镜化妆、手插衣袋等不雅行为; (3)员工能够遵守劳动纪律,坚守工作岗位,工作期间不准无故迟到或早退、脱岗、睡岗、串岗、会客、聚堆聊天,不擅自离岗,不私自调换班次;严禁私自更改、调换、伪造考勤记录;服务员严禁携带现金上岗; (4)上岗前及工作期间不准喝酒,保持口气清新,工作期间禁止玩弄手机、接打私人电话、看书籍、杂志或听收音机(MP3)、看电视等与工作无关的事情	(1)不符合一项扣0.5分; (2)不符合一项一人次扣0.5分; (3)不符合一项扣0.5分,发现携带现金1人次扣5分; (4)不符合一项一人次扣0.5分

续上表

考核内容	考核工作标准	评分标准
工作纪律	(5)严禁在工作区域存放个人物品； (6)严禁故意损坏设施设备； (7)严禁向驾乘人员索要物品，私自接受礼品，拾到遗失的物品要及时交公； (8)认真履行岗位职责，禁止销售服务区外商品，谋取非法收入； (9)员工工作期间仪容仪表整洁，按规定统一着装，在左胸前醒目位置佩戴工号牌，衣着整洁，精神饱满；男士经常修面，不留长发、胡须和光头，不留长指甲，女士不披肩散发、不留长指甲、不浓妆艳抹、不染指甲；上岗时不准穿球鞋、凉鞋，鞋子的颜色要为黑色；严禁佩戴饰物（包括耳环、项链、戒指、手链等）； (10)员工工作期间讲普通话，始终坚持文明服务、礼貌待客，严禁怠慢客人、拒客、逐客，与顾客发生争吵或其他不文明行为； (11)各部门负责人、岗位员工清楚相应岗位职责和各项信息；各岗位员工对体系认证的管理方针和内涵熟悉了解； (12)各部门制订自己部门的经营计划和工作总结，执行例会、班前、班后会制度； (13)根据上月顾客满意度调查结果，部门经理上月工作总结和本月工作计划中应涵盖上月本部门工作满意度较低方面的总结教训和纠正措施； (14)填写岗位流程自检表，涉及员工仪容仪表、作业规范、岗位职责履行情况； (15)部门经理、财务主管、出纳、采购员、保管员采用近亲回避制度； (16)服务区、社会督导员、上级监督部门电话必须公示	(5)不符合一项一人次扣0.5分； (6)不符合一项扣0.5分； (7)不符合一项扣0.5分； (8)不符合一项扣2分； (9)不符合一项一人次扣0.5分； (10)不符合一项一人次扣0.5分； (11)不符合的一人次扣0.5分； (12)无计划扣0.5分，无总结扣0.5分；抽查当月工作例会记录，不符合一项次扣0.5分； (13)工作总结中不包括满意度调查的扣0.5分，计划中不包括纠正措施的扣0.5分； (14)不符合一项扣0.5分； (15)不符合一项扣0.5分； (16)不符合一项扣0.5分
档案管理	(1)上墙各种规章制度（财务类、安全类、经营类、职责类、维护类）干净整洁，完好无损； (2)各项紧急预案齐全（包括火灾、触电、雷击、中毒、高温中暑、伤亡事故、治安事件、化学品灼伤、恶劣天气保通、交通堵塞、停电停水等应急预案），编制年度应急预案演练计划，应急预案演练计划应包含所有指定应急预案内容，针对消防重点部位明确预案；按计划对应急预案进行演练，应	(1)不符合一项扣0.5分； (2)不符合一项扣0.5分

续上表

考核内容	考核工作标准	评分标准
档案管理	急预案演练记录填写应符合规范;对预案的有效性进行评价,提出预案改进建议;组织机构及时更新; (3)建立健全各类设施设备、物资台账、安全生产记录、日常考核记录,分类清晰,记录准确;各类维护维修记录、工作日志填写(填报)规范,内容完整;各类资料及时存档; (4)服务区营业执照和各项资质齐全,经营范围齐全(包括营业执照、税务登记证、组织机构代码证、消防核准意见书、防雷检测报告、地下水取水许可证、社会保险登记证、用人单位职工缴纳失业保险基金审验证、特种行业许可证),均在有效期内; (5)根据重要环境因素和主要危险源内容建立年度《环境/健康安全管理方案》,并按规定完成; (6)车辆技术档案的管理符合规范;定期组织车辆年审,并保证年审合格; (7)建立驾驶员档案,并定期组织驾照审核(车辆技术档案中建档); (8)绘制服务区鼠药投放平面图,并定期检查清理动物尸体; (9)特殊工种人员(电工、电焊工、汽修工、驾驶员、厨师)持证上岗,证件应在办公室备档; (10)制订年度培训计划,并按照服务区年度培训计划实施培训; (11)上级发文的接收登记、阅批及督办情况符合规定	(3)不符合一项扣0.5分; (4)证照不全扣1分,经营范围不全每缺少一项扣0.5分,证照过期一项扣0.5分; (5)不符合一项扣0.5分; (6)每缺一项扣0.5分;抽查车辆派车审批和安全教育教育记录,每缺一项扣0.5分;抽查车辆年审表,对于未及时组织年审(包含尾气检测合格的证据)每缺一项扣0.5分; (7)每缺一项内容扣0.5分; (8)无平面图的扣1分,未及时清理动物尸体扣0.5分; (9)持证上岗率不足100%的扣5分,证照无备档、过期的一人次扣0.5分; (10)未制订年度培训计划的扣1分,不符合一项扣0.5分; (11)不符合一项扣0.5分
节能降耗	(1)早、晚根据日光、季节长短开闭电灯; (2)按规定时间供暖、供冷,夏季室内有人状态下空调温度设置不得低于26℃,冬季室内有人状态下空调温度设置不得高于20℃; (3)严禁出现长流水、长明灯现象,人走灯灭电器关	(1)不符合一项扣0.5分; (2)不符合一项扣0.5分; (3)不符合一项扣0.5分
宿舍管理	(1)禁止带外来人员在宿舍过夜,严禁男女混住,有特殊情况者需报服务区经理批准; (2)宿舍内外无蚊蝇、无垃圾、无异味,墙面、地面、天花板、各类设施、物品干净整洁,各种物品摆放整齐有序	(1)不符合一项扣2分; (2)不符合一项扣0.5分

续上表

考核内容	考 核 工 作 标 准	评 分 标 准
宿舍管理	(3)宿舍公共区域内楼梯、走廊、地面、墙面无杂物、垃圾、污渍,楼道禁止停放自行车、电动车等交通工具;公共卫生间内保持卫生良好;对公共区域定期进行消杀工作; (4)禁止在窗台摆放鞋袜、窗外乱挂衣物,向外抛洒杂物; (5)宿舍由办公室统一分配和管理,职工一律按分配的房间和床位居住,不得私自调换房间和床位,更不得擅自抢占宿舍和床位;宿舍门后公示值日表、床号及员工姓名; (6)严禁在宿舍内赌博、饮酒、打架、斗殴、从事色情活动和反动活动;禁止在宿舍做出影响他人休息的活动; (7)爱护公物,宿舍内外一切设备、设施,严禁破坏、调换;不得在宿舍墙壁、门窗、桌椅等公共设施上乱涂、乱画,损坏公物照价赔偿; (8)员工入住要有登记记录;员工调离或调换宿舍,要验收家具、钥匙等设施,一切手续齐全后方可办理; (9)铺面上用品:被子竖叠三折,横叠四折,叠口朝前,有棱有角,线条平直,被面平整,无皱折置于床铺一端中央(同宿舍位置、方向一致),床单铺设平整	(3)不符合一项扣0.5分; (4)不符合一项扣0.5分; (5)不符合一项扣0.5分; (6)不符合一项扣0.5分; (7)不符合一项扣0.5分; (8)不符合一项扣0.5分; (9)不符合一项扣0.5分
广场管理	(1)停车场免费停车,车辆按车型分区排列整齐,严禁停放在通道内;广场设置专职车辆疏导员; (2)提供降温加水服务,并有专人管理,统一着装,按规定收费;降温用水及时更换,保持降温池内清洁无杂物,降温通道周边5米内清洁卫生,无临时建筑物和杂物堆放; (3)绿化区内无杂物,严禁出现死树、大面积枯草,草坪严禁出现一平方米以上的空白地;花木、草坪定期喷修剪、洒农药,树木定期粉刷,周边干净整洁; (4)垃圾箱设置情况应满足要求;垃圾箱定期清理冲洗,定时喷洒药物,保持清洁无异味,周围无蝇虫,并定期消毒,垃圾箱内垃圾不得超出垃圾箱三分之二的界线;垃圾池、垃圾房、化粪池按规定时间进行清运、消毒,保持周围清洁无杂物	(1)不符合一项扣0.5分; (2)不符合一项扣0.5分; (3)不符合一项扣0.5分; (4)垃圾箱设置不满足需求每处扣0.5分;不符合一项扣0.5分

续上表

考核内容	考 核 工 作 标 准	评 分 标 准
广场管理	(5)厨房操作间沉淀池及时清理; (6)广场宣传栏、休息桌椅、健身器材、标识、标牌等必须保持干净、整洁、齐全完好;外场明显处无乱搭乱放现象; (7)交通疏导岗在指定区域并穿着安全警示服;交通疏导队每天24小时按规定时间、路线巡逻,巡查记录填写详细完整;严格执行交接班制度(包括物品交接记录); (8)广场洗手池保持供排水顺畅,无堵塞、无污渍、无杂物、镜面干净;雨棚严禁存放杂物,没有明显的灰尘和蜘蛛网;天台、雨篷无垃圾,无积水,无青苔,无杂物;国旗杆整洁完好; (9)服务区广场、停车场、草坪、大厅及两区通道、匝道、护栏板保持干净卫生,没有丢弃的烟头、饮料瓶、纸屑等杂物;主楼门厅、走廊、卫生间干净整洁;楼道及楼道内设施清洁、无灰尘; (10)广场各类标线完好;广场混凝土地面无断板、碎板、翻浆唧泥等现象	(5)不符合扣1分; (6)不符合一项扣0.5分; (7)抽查记录不符合一项扣0.5分; (8)不符合一项扣0.5分; (9)不符合一项扣0.5分; (10)不符合一项扣0.5分
卫生间管理	(1)卫生间屋内无漏水现象,铝扣板吊顶无脱落、变色现象;下水管道无堵塞现象; (2)卫生间内无蚊蝇、无蛛网、无杂物,定期喷洒药物; (3)按规定点香或放置除臭物品,经常通风,保持洗手间内无异味; (4)洗手池台面、洗手盆、镜面清洁无污垢,无水渍;水池、龙头、便池、地漏、电灯、烘手机、防滑垫、门把手、感应器等设备完好无损; (5)便池用后冲洗,无积垢、不堵塞;纸篓内杂物达三分之二时及时清理; (6)洗手间门口处卫生干净整洁,无痰渍、污渍,无异味;地面、瓷面、隔板清洁完好无变形、无涂抹、无积水; (7)清洁地面过程中,应在工作地段放置"小心路滑"告示牌;设置保洁工具柜,清洁用品、用具按规定摆放在指定位置	(1)~(7)不符合一项扣0.5分

续上表

考核内容	考核工作标准	评分标准
设施设备管理	(1)严禁在计算机、收款机等设备上玩游戏、听音乐等做与工作无关的事情； (2)不准私自搬移设备,改变机具设备参数设置;严禁私自拆卸机具设备部件及电源； (3)配电室设施、广场照明设施、机房设施完好,运行正常； (4)配电室、机房消防设施、绝缘垫、防雨、防鼠、防雀设施设备齐全； (5)配电设备机房工作环境清洁,温湿度正常,各种工具摆放整齐； (6)内、外墙无脱落、空裂现象;地面、楼面地板砖或花岗岩无空鼓、破损现象;天花石膏板或铝塑板无裂纹、脱落现象;围墙及上、下匝道隔离栅栏完好无缺失,围墙外侧无随意搭建和违章经营现象； (7)室内门无变形、合页脱落、锁坏现象,窗户无锁坏、推拉扇不顺、密封胶开裂现象； (8)排水系统无管道、阀门出现渗漏现象,冬季水管做好保温措施； (9)按照污水处理系统使用说明,定期对污水处理设备进行检修保养、添加药品,保障系统正常运转； (10)对变压系统的油温控制、变压器油的更换周期的控制符合规范； (11)消火栓供水系统配有消防池、一备一用加压泵； (12)各种设备设施原始技术档案齐备,技术信息符合现状； (13)定期对中央空调管道系统进行清洗； (14)每周对服务区各种用电设施、重要设备、标识标牌、工程维护等内容巡查一次,发现问题及时处理； (15)每月对应急设施设备进行一次检查(包括灭火器、消火栓、消防锨、消防沙、应急灯等设施),无过期、损坏、缺失现象,记录规范	(1)~(8)不符合一项扣0.5分； (9)~(11)不符合一项扣1分； (12)不符合一项扣1分； (13)不符合一项扣0.5分(无中央空调的检查壁挂、台式机维修记录或设施设备维修台账)； (14)不符合一项扣0.5分； (15)无记录扣5分,不符合一项扣0.5分;无清洗扣1分,无记录扣1分

续上表

考核内容	考核工作标准	评分标准
监控管理	(1)监控室内、外场设施完好,运行正常,各类数据完整; (2)机房和设备干净整洁,温湿度正常,严禁吸烟,不得私自拆装设施设备;设备维修维护情况做好登记,对维护维修人员巡检及设备维修情况签字确认;监控室内设有消防器材和防鼠措施; (3)非监控人员进入监控室必须登记,监控资料未经批准不准私自借出或调阅,各项记录规范、齐全、完整; (4)监控室内交接班记录规范,监控管理制度上墙,有关文件、资料等按规定存档; (5)对外播音设备在晚上9点以后要关闭总电源,应急广播系统正常; (6)定期对监控设备、UPS电源进行维护,任何人不得关闭设备电源,保证监控录像系统24小时不间断运行	(1)不符合一项扣0.5分; (2)不符合一项扣0.5分; (3)不符合一项扣0.5分; (4)不符合一项扣0.5分; (5)不符合一项扣0.5分; (6)不符合一项扣0.5分

2.2 服务区经营管理三级考核工作标准暨评分标准

考核内容	考核工作标准	评分标准
餐厅管理	(1)餐车内人员必须戴口罩、手套;包装人员在包装前要清洗双手,采取一定的消毒措施; (2)餐厅、后厨内墙壁无蛛网,室内无鼠、无蝇、无蚊虫;保持空气清新,无异味;地面、台面、设备干净整洁,无积水、无油污、无污渍、无杂物,食用物品不得使用非食品用袋盛装; (3)加工后食品原料要放入清洁容器内(肉禽、鱼类要用不透水容器),不落地,有保洁、保鲜设施; (4)食品应分类、分架、隔墙隔地存放,各类食品有明显标志,有异味或易吸潮的食品要密封保存或分库存放,易腐食品要及时冷藏、冷冻保存; (5)刀板、容器、衡器每次使用前进行清洁消毒,班前紫外线灯无人状态下照射30分钟,进行空气消毒; (6)盛放食品容器、餐具用具清洁卫生,有消毒措施	(1)~(6)不符合一项扣0.5分

续上表

考核内容	考核工作标准	评分标准
餐厅管理	(7)清洗池上下水通畅，有分次清洗标识（一冲、二洗、三涮、四消毒）； (8)非直接入口的食品和需重新加工的食品及其他物品，不得在凉菜（熟食）间存放； (9)橱柜下、内侧及厨房地面无油污、垃圾；垃圾桶有盖，做到当天清运，每天内外彻底清洁、消毒一次； (10)餐厅垃圾桶内垃圾严禁超过2/3，每天清洁一次；后厨垃圾桶、泔水桶不得放置在菜品制作间内； (11)冰柜内整齐、清洁，定期除霜，做到无味、无锈斑、无油污； (12)设置蔬菜、肉、水产、水果专用清洗池或清洗桶，后厨粗加工与食品加工不得在同一区域； (13)餐厅内设置可供免费使用的残疾人轮椅和婴幼儿推车； (14)红、黄、蓝抹布的使用符合要求； (15)冰柜、冰箱、消毒柜、灭蝇灯等设备齐全、完好，餐厅音响、电视机、照明设备完好，冷暖空调、无障碍设施、桌椅、餐具、酒具、保温车、餐车等设施设备完好； (16)餐厅配有垃圾桶和公共场所禁烟标识、节约宣传标语、严禁酒后驾驶宣传画等警示标识； (17)后厨冰柜温度指示正常显示，保证冷冻温度在-1～27℃，冷藏温度在0～10℃； (18)菜品验收台秤每年到质量监督局进行检定； (19)餐台做到一客一清理； (20)菜品验收符合程序。服务区仓库保管验收菜品数量、后厨厨师长验收菜品质量、餐厅经理验收菜品价格、考核办人员对整个验收过程进行监督，所有验收人员签字确认； (21)餐厅按规定时间供冷、暖气，空调温度设置适宜、符合要求，夏季不得低于26℃，冬季不得高于20℃； (22)每餐、每样食品取样留足50g，分别放入专用留样盒内；取样后立即放入完好的食品罩内；冷却后用保鲜膜密封好或加盖；登记信息后立即存入留样冰箱内；留样食品需标明日期、品名、餐次、留样人信息，记录上注明留样时间、食品名称、留样分量、记录人、保存时间；保留48小时后方可倒掉	(7)～(16)不符合一项扣0.5分； (17)冰柜不能正常显示温度的要配备带保护壳的温度计（防止温度计破碎后水银外泄），定期测量冰柜温度，不符合扣0.5分； (18)无当年度检定合格证扣0.5分； (19)不符合一项扣0.5分； (20)不符合扣0.5分； (21)不符合一项扣0.5分； (22)未执行扣3分，无密封容器盛放留样食品扣1分；未单独隔离专用存放区域的扣1分，其余不符合一项扣1分

续上表

考核内容	考 核 工 作 标 准	评 分 标 准
超市管理	(1)超市购物环境干净整洁;营业前要做到五清:即保持自身、商品、地面、货架、玻璃橱窗清洁;地面无垃圾、无污迹、无水迹等;天花板、灯具、墙面、窗台、门帘、门头、门窗洁净,无污迹、无水渍、无蜘蛛网、无鼠、无蝇、无蚊虫; (2)工作时间保持站立服务,收款时实行唱收唱付,导购员应积极主动介绍营销商品; (3)理货员根据货架上商品陈列状况,认真准确地填写领货单; (4)严禁出售有损形象、危害公共秩序、损害公共利益的物品及三无产品(无生产厂家、无生产日期和保质期、无质量合格证); (5)严禁无关人员进入超市收银区域、仓库和保管室; (6)所有陈列商品整齐摆放;超市内中小型商品要分类、分架,离墙离地存放;严禁商品未上架拆箱散乱放置于超市内;易腐食品要及时冷藏、冷冻保存; (7)超市内未按照自定价销售的陈列商品有大标签,要与商品位置相对应;贵重商品使用特殊标价卡或使用特殊的展示卡,不得直接打贴在包装盒上; (8)盛放商品容器清洁卫生消毒;超市内冰箱及时除霜,按类存放,防止串味; (9)按照超市管理办法和认证要求将临期商品及时下架,超市退换过期、变质食品隔离存放并及时处理,商品退货必须注明退货原因; (10)各类用具干净,各类设施设备齐全、使用正常;垃圾桶内垃圾不得超过2/3,每天桶内外彻底清洁一次; (11)超市商品账、实相符; (12)商品采购入库时应检验商品的生产日期、质量和数量等; (13)交接班时填写《销售日报表》、"日清"记录表、"月结"记录表,相关人员签字认可	(1)不符合一项扣0.5分; (2)不符合一项扣0.5分; (3)不符合一项扣0.5分; (4)不符合一项扣0.5分; (5)不符合一项扣0.5分; (6)不符合一项扣0.5分; (7)不符合一项扣0.5分; (8)不符合一项扣0.5分; (9)不符合一项扣0.5分; (10)不符合一项扣0.5分; (11)看库存与实际数量是否相符,不符合扣1分; (12)不符合一项扣0.5分; (13)不符合一项扣0.5分

续上表

考核内容	考 核 工 作 标 准	评 分 标 准
汽修管理	(1)汽修厂内外屋顶、墙面、台面、桌面、门窗、货架、空调等设施设备洁净无积灰、无污渍、无杂物、无蛛网、无异味、无鼠、无蚊蝇,有防蝇、防鼠等设施;各种广告牌、宣传牌等设施干净整洁,无污渍、无油渍; (2)维修车间地面保持干净,无油污、无垃圾,货架及柜台无灰尘,门窗洁净;维修设施设备干净整洁,无油污、无灰尘;配件无灰尘、油污;车间、地沟内无积水、油污、杂物; (3)严格执行汽修等级价格标准,严禁任意定价;材料、配件明码标价,未按照自定价销售的陈列商品有大标签;结算出具正式发票; (4)账册、账目规范,做好各类营业报表; (5)油品储存满足要求;废油污集中装存,废旧配件合理处置; (6)提供驾乘人员临时休息室和免费热水; (7)举升机、空压机等设备安全装置齐全,保险可靠,定期进行保养;空压机、砂轮机、电焊机等设备线路无裸露现象;空压机、砂轮机、电焊机、举升机、轮胎平衡机等设备应配有安全操作规程;气压表定期进行校准; (8)保证一机一闸,在总闸处安装漏电保护器; (9)维修过程应配备防止千斤顶支护过程中溜车的掩木,设置防止高压胎充气过程中钢圈飞出的安全控制设施,维修过程中保证废油液不抛洒; (10)工作场所内严禁吸烟,有禁烟标识; (11)车辆维修前签订《汽修厂维修项目确认表》;车辆维修合格后,及时填写维修记录、内容齐全,保存期限应达到3年以上;并让驾驶员对维修员工的技术和服务质量进行考评; (12)修理作业结束后,做到一车一清理,及时清理工作区域地面油污、杂物,整理维修工具,按规定摆放; (13)对各种物品配件等进行整理、盘点,做好记录	(1)不符合一项扣0.5分; (2)不符合一项扣0.5分; (3)每少一次扣0.5分; (4)不符合一项扣0.5分; (5)不符合一项扣0.5分; (6)不符合扣1分; (7)不符合一项扣0.5分;无保险扣1分; (8)不符合一项扣0.5分; (9)不符合一项扣0.5分; (10)不符合一项扣0.5分; (11)不符合一项扣0.5分; (12)不符合一项扣0.5分; (13)不符合一项扣0.5分

续上表

考核内容	考核工作标准	评分标准
客房管理	(1)根据客人证件如实登记入住信息,填写房间登记卡; (2)宾客退房时检查客房内设施设备是否完好,物品是否有人为损坏,是否消费有价物品,是否有顾客遗失物品,并做好登记,汇报总台;记录客房清洁整理情况; (3)按规定清理房间卫生,完毕后,确认房门、壁柜、行李架(柜)、写字台、梳妆台、电视机、灯具、窗台、圈椅、水壶(瓶)、沙发、茶几、床头柜、装饰画、空调等家具、电器、墙角线、开关设备完好整洁,关好门窗; (4)走廊及大厅配备应急灯,使用正常; (5)房间内的食品、饮料禁止存在过期、变质的情况,有偿使用物品必须明码标价; (6)客房公共卫生区无蛛网、无积灰、无垃圾杂物、无烟头,墙壁无斑迹,无油漆脱落现象; (7)房间内无蛛网、无蚊蝇、无昆虫、无积灰、无垃圾杂物、无烟头,墙壁无斑迹、无油漆脱落现象,空气清新,干净整洁;布草洁白无灰尘;物品完备、归位摆放整齐,设施设备可正常使用; (8)浴缸内外清洁,浴缸塞、淋浴器、排水阀和水管开关等清洁完好,浴帘干净完好,浴帘扣齐全;整体浴室玻璃干净、无水渍,淋浴器、浴室门、把手完好无损; (9)室内所有的家具、设备干净、整洁、无尘,镜面擦拭不留布毛和手印、水渍,清洁用具禁止留在客房内; (10)卫生间环境干净整洁,无污渍、无水迹、无异味,无毛发和残渣,设置塑料或橡胶防滑垫;面盆、坐便表面光滑无污渍,坐便器里外清洁,无损坏,冲水流畅,有消毒标志; (11)房间做到一客一清扫,床上用品及一次性用品做到一客一清一换,非一次性用品做到一客一消毒,并做好消毒记录,并保证茶杯、口杯无指痕(包括茶杯、口杯、床上用品、毛巾、浴巾、坐便器、非一次性拖鞋等物品); (12)被褥、床单、枕头、枕套表面光洁、透气性良好,无污渍、无毛发、无异味、无破损;窗帘应分两层,其中一层为遮光帘; (13)彩色电视机不低于21英寸、图像清晰,能接收不少于12个频道	(1)不符合一项扣0.5分; (2)无记录扣1分,不符合一项扣0.5分;抽查记录,清扫的进出时间,布草、服务用品的使用和补充情况以及需要维修的项目和特别事宜等,记录不全一项扣0.5分; (3)不符合一项扣0.5分; (4)不符合一项扣0.5分; (5)不符合一项扣0.5分; (6)不符合一项扣0.5分; (7)不符合一项扣0.5分; (8)不符合一项扣0.5分; (9)不符合一项扣0.5分; (10)每个房间不合格扣0.5分; (11)不符合一项扣0.5分; (12)、(13)不符合一项扣0.5分

续上表

考核内容	考 核 工 作 标 准	评 分 标 准
客房管理	(14)电热水器有国家强制性CCC认证标志,带漏电保护功能,热水器容量不低于50升,提供热水的温度不低于60度; (15)饮水机一台或电热水壶一个,功能完好; (16)中央空调或壁挂空调具有制冷、制热功能,功率不小于1匹,功能完好; (17)灯具不少于五盏,即走廊灯、顶灯、床头灯、梳妆台灯、卫生间灯,功能完好无损; (18)房间的房门应牢固,配有防盗链或插销、应急疏散图,门锁应完好; (19)配置有毛巾、浴巾、牙膏、牙具、香皂、洗发水、沐浴液、梳子等洗漱用品; (20)设置请勿卧床吸烟、小心触电、冷热水标识、出门请关灯、收费物品价格牌等提示卡,内容清晰; (21)提供服务指南,包括:服务区简介、顾客须知、地区风景介绍、市内交通图、服务电话、使用网络说明(针对可提供网络服务的服务区)、服务项目介绍、损坏物品赔偿清单等,内容准确	(14)~(21)不符合一项扣0.5分
仓库管理	(1)严格控制仓库内的温度、湿度,保证通风良好,防止因温度过高或受潮引起库存物品过早过期霉变,并设置防鼠板和防鼠设施; (2)商品出库要有登记,日清月结,坚持"先进先出"原则; (3)商品出库前必须对物品的名称、规格、数量、质量状况做好检查,有发霉、变质、腐败和标识不全的食品和原料,严禁出库;库房内过期变质食品必须隔离并及时处理; (4)及时报送各类报表,收付存报表、材料耗用汇总表、三个月以上积压商品报表、货到票未到商品明细表,并于每月27日前上报财务; (5)库存商品物资清查盘点中,如属短缺和需报废处理的,必须按审批程序经部门领导审核批准后才可进行处理,不准自行调整;发现商品物资缺失或质量上的问题(如超期、受潮、生锈、老化、变质,腐烂或损坏等),要及时以书面形式向相关部门汇报; (6)仓库严禁吸烟并有禁烟标识,严禁使用违禁、违章电器	(1)不符合一项扣0.5分; (2)无记录扣1分,记录不准确扣0.5分; (3)不符合一项扣0.5分; (4)无记录扣1分,记录不准确扣0.5分; (5)无记录扣1分,记录不准确扣0.5分; (6)无禁止吸烟标识扣1分;使用违禁、违章电器扣1分

2.3 服务区安全生产管理三级考核工作标准暨评分标准

考核内容	考核工作标准	评分标准
餐厅安全管理	(1)刀、砧板、盆、抹布用后清洗消毒;择洗、切配、解冻、加工工艺流程必须规范,各工序必须严格按照操作规程和卫生要求进行操作,确保食品不受污染; (2)有密闭的餐具保洁柜,数量充足; (3)废弃油脂必须按国家《食品生产经营单位废弃食用油脂管理的规定》进行管理,设专人负责; (4)建立食品索证登记档案(证件包括:供应方的有效营业执照、卫生许可证和产品卫生检验报告合格证明的复印件,食品种类包括:米、面、油、畜禽肉类、定型包装罐头类食品、蔬菜食品、食用菌类、食品添加剂、酒类、饮料、乳制品等)以备查,索证要有专人负责管理; (5)各类灯具必须加灯罩,特殊环境下必须加防护措施;厨房灶台周边各类设施设备有相应的安全防护措施; (6)灭鼠、灭蝇药品使用过程中严禁存在污染食品的情况; (7)蔬菜类食品有合格农残检测证明;当地方农贸市场不具备提供蔬菜农残检测证明时,服务区采取多浸泡、多清洗的方法去除蔬菜农药残留,保障食品安全;有合格农药检测证明的蔬菜正常浸泡3分钟,清洗2遍;无农药检测证明的蔬菜浸泡8~10分钟,清洗3遍; (8)有预防安全生产事故发生的紧急预案;针对已辨识的潜在中毒事件编制应急预案,预案中包含食品留样控制、呕吐物、排泄物控制要求、交通工具准备和对社会资源的利用等; (9)能够提供防止隔油池的废油产生二次污染的证据(①可与当地环保部门签订垃圾清理协议;②让清运垃圾人员出具当地环保部门对其开具的垃圾清理委托书,服务区与清运垃圾人员签订垃圾清理协议,协议中要写明要求乙方对垃圾按照国家规定处理、不得二次利用等条款,以此证明餐饮废油的流向与处理合格,没有被二次利用); (10)各种用电设施电源配备符合安全要求,应急设备配备齐全,液化气供应商具备资质、钢瓶安全性符合国家规定	(1)不符合一项扣1分; (2)不符合一项扣0.5分; (3)不符合一项扣1分; (4)不符合一项(包括索取证件过期未更换)扣1分; (5)不符合一项扣0.5分; (6)不符合扣1分; (7)无农残证明的要求后厨人员熟悉蔬菜多浸泡、多清洗的方法,不符合一项次扣0.5分; (8)无应急预案扣1分,应急预案不完善一项扣0.5分; (9)不符合扣0.5分; (10)不符合一项扣0.5分

续上表

考核内容	考核工作标准	评分标准
超市安全管理	(1)商品保鲜保质的各工序严格按照操作规程和卫生要求进行操作,确保商品不受污染,不腐坏变质; (2)要建立食品索证登记档案(证件包括:供应方的有效营业执照、卫生许可证和产品卫生检验报告合格证明的复印件,采购进口食品必须有中文标识及相关证明;食品种类包括:米、面、油、畜禽肉类、定型包装罐头类食品、蔬菜食品、食用菌类、食品添加剂、酒类、饮料、乳制品等);索证要有专人负责管理; (3)货架上的物品摆放不得超过5层的安全高度; (4)定期对水电、消防、电器设备等进行检查; (5)定期对超市的各项安全防火标识、用电标识进行检查,标识模糊的及时更换; (6)安全防火重地无易燃、易爆等危险物品; (7)设置预防超市安全生产事故发生的紧急预案	(1)不符合一项扣1分; (2)不符合一项(包括索取证件过期未更换)扣1分; (3)不符合一项扣1分; (4)无台账扣1分,记录不规范扣0.5分; (5)不符合一项扣1分; (6)现场观察,不符合一项扣1分; (7)无应急预案扣1分,应急预案不完善扣0.5分
客房安全管理	(1)清洁用工具、容器、设备必须经常清洗,保持清洁,直接接触使用的用具、容器必须消毒;不得随便处理废弃洗漱用品; (2)药物消毒要有固定场所(间),要按消毒药物有效浓度配比,按时消毒、冲洗、保洁;使用环保型清洗液(清洗液中总酸度不得超过12%);顾客入住前严禁使用敌敌畏等刺激性气味大的药剂; (3)定期对客房的各项防火标识、安全用电、环保标识(如请勿卧床吸烟、冷热水标识、小心触电等)进行检查,标识模糊的及时更换并保证标识齐全; (4)定期对电器设备、水电等进行排查,电源、插座应满足安全控制要求; (5)禁止客房内存在易燃、易爆等危险物品; (6)设置预防客房安全生产事故发生的紧急预案	(1)不符合一项扣1分; (2)不符合一项扣1分; (3)不符合一项扣0.5分; (4)不符合一项扣0.5分; (5)不符合一项扣1分; (6)无应急预案扣1分,应急预案不完善扣0.5分

续上表

考核内容	考核工作标准	评分标准
物业安全管理	(1)严格遵守防火制度,不得动用明火,以免发生火灾;不得私自开启任何机器设备; (2)液化气房、配电房有严禁吸烟、严禁火种等防火标识,有闲人免进标志;安全防火重地无易燃、易爆等危险物品; (3)柴油气化炉、液化气瓶、乙炔气瓶、氧气瓶等器材以及阀门使用良好,按规定操作; (4)定期对公共区域打药,并在打药后提示; (5)设置危险化学品车辆专用停放区域,危险化学品运输车辆停车区设有消防沙池、消防铁锨、消火栓或灭火器; (6)饮用水水井必须加锁,公共区域开水器有防止顾客随意打开顶盖的有效措施,实行专人管理; (7)自备蓄水井中加漂白粉或氯片消毒,并定期清理	(1)~(6)不符合一项扣1分; (7)不符合一项扣0.5分
仓库安全管理	(1)仓库内严禁存放任何有毒有害、易燃易爆、易污染的商品; (2)仓库物品的摆放高度不得超过3米; (3)定期检查电器线路、插座、插头、防鼠板、防潮设施; (4)定期检查物品,防止过期食品上货架	(1)~(4)不符合一项扣1分
宿舍安全管理	(1)员工应严格遵守各项消防安全制度,禁止卧床吸烟或乱扔烟头; (2)严禁私拉、偷接电线,使用大功率电器(如电炉、电饭锅、热得快、酒精炉等电器设备和煤炉等生火设备); (3)老化电线、开关、插座、电器设备及时上报、维修; (4)严禁将易燃、易爆、剧毒、毒品、管制刀具等危险品存放在宿舍内	(1)~(4)不符合一项扣1分
监控安全管理	(1)监控室内严禁有火源,禁止吸烟,地面和设备禁止有积水; (2)高温设备应时刻检查温度是否超标; (3)所有带电线路要定期检查,防止漏电现象发生; (4)禁止在监控室操作台面放置存有液体的物品	(1)不符合一项扣1分; (2)不符合一项扣0.5分; (3)不符合一项扣1分; (4)不符合一项扣0.5分

附录四　项目建设公司绩效考核评价办法

1　项目建设公司经营业绩考核评价实施细则

第一条　为进一步提高河南高速公路发展有限责任公司（以下简称“高发公司”）所属高速公路建设项目管理水平，规范管理行为，建立健全有效的激励约束机制，结合公司实际情况，制定本细则。

第二条　项目建设公司是高速公路建设项目的组织实施机构，全面负责项目的建设管理工作。其组织机构和人员须满足省交通运输厅相关规定，并建立健全工程质量、安全生产、合同管理、投资控制、环境保护、监督检查等管理制度。

第三条　本细则是指项目建设公司的经营业绩考核，包括管理业绩和工程质量业绩。管理业绩包括人员履约、项目管理、质量及创优、投资及进度、合同及财务、安全及环境；工程质量业绩包括实体质量抽检、安全生产及文明施工的现场管理。

第四条　各项指标的考核，依据高发公司与所属项目建设公司签订的年度目标责任书、安排的临时性工作、招标文件及相关合同约定，并参照河南省交通投资集团、高发公司的有关规定。

第五条　考核方式包括年度、半年度和日常考核。

年度、半年度考核由高发公司统一组织实施，对项目建设公司的管理业绩进行综合考核评价；根据项目建设公司的节点计划及形象进度完成情况，按一定比例对监理代表处及标段实体质量、安全生产及文明施工的现场管理等进行抽检。

日常考核由高发公司及项目建设公司组织实施，重点对人员履约、造价控制、资金安全、工程创优、安全生产、文明施工、现场管理、环境保护、首件认可、样板工程等进行考核检查，以现场抽检为主。

考核主要采取明察、暗访的形式，通过施工单位的自检资料、监理单位的抽检资料及工程实体质量抽检等方法取得数据和信息，作为考核评价的依据。

第六条　经营业绩考核的计分方法：经营业绩采用百分制计分，其中管理业绩占60%权重,工程质量业绩占40%权重。管理业绩采用百分制计分,其中人员履约10分,项目管理15分,质量及创优25分,投资及进度20分,合同及财务15分,安全及环境15分。工程实体质量抽检采用百分制计分,对抽检的不合格项实行倒扣分制,即从100分直接减去不合格项的分值,为该项最终得分。

上级安排的临时性、阶段性(一个月以上)本项目建设任务以外的重点专项工作,由各单位报高发公司考核督察办公室初审,经高发公司绩效考核管理委员会审定,能够按要求完成的每项(次)加0.2分,不能按要求完成的每项(次)扣0.2分。上级安排的重点专项工作、上级检查通报的问题、一级考核明查的结果,直接按照评分标准从经营业绩总分中进行加(减)分。

新技术(新材料、新工艺)的推广应用、省级样板工程评选取得成效,受到高发公司通报表扬的一项(次)加0.5分,受到河南省高管局、河南省省交通投资集团等上级单位通报表扬的一项(次)加0.8分,受到河南省交通运输厅等上级单位通报表扬的一项(次)加1分,同一项被多级单位通报表扬的,只计算最高分值。

年度考核结果中,河南省交通投资集团组织的年度考核评价成绩占考核结果的50%,高发公司组织的年度考核评价成绩占考核结果的50%。高发公司组织的年度考核评价成绩,上、下半年考核结果各占50%。

第七条 考核结果采用A、B、C、D、E评分分级制。考核综合得分在95分(含)以上的为A级,95~90分(含)为B级,90~80分(含)为C级,80~70分(含)为D级,70分(不含)以下为E级。

年度考核结果与荣誉称号、奖惩挂钩(详见河南高速公路发展有限责任公司绩效考核评价办法第七章)。

第八条 发生下列情况之一的,实行"一票否决"制,直接评定为E级,在半年度、年度排名中,列为末位。

1. 发生三级(含三级)以上安全责任事故的;
2. 发生重大工程质量事故的;
3. 稳定工作出现重大问题的;
4. 投资计划完成率小于80%的;
5. 未按期通车的;
6. 计划生育出现重大问题的;
7. 出现违法、违纪、违规现象的;
8. 受省部级政府部门书面通报批评的。

第九条 本细则自下发之日起实施。

第十条　本细则由高发公司考核督察办公室负责解释。

1.1　项目建设公司经营业绩考核目标值暨评分标准

考核内容		目标值	评分标准
管理业绩（60%）	人员履约(10分)	满足相关法律、法规、施工规范及合同	评分标准见1.2《项目建设公司管理业绩考核工作标准暨评分标准》
	项目管理(15分)		
	质量及创优(10分)		
	投资及进度(35分)		
	合同及财务(15分)		
	安全及环境(15分)		
工程质量（40%）	工程实体质量	满足相关法律、法规、施工规范及合同	评分标准见1.3《项目建设公司工程质量抽检考核工作标准暨评分标准》
	原材料检验		
	内业资料		
	安全生产		
	文明施工		

注:工程质量评分采用倒扣分制。

1.2　项目建设公司管理业绩考核工作标准暨评分标准

考核内容	考核工作标准	评分标准
人员履约（10分）	(1)项目建设公司主要管理人员的从业资格、任职情况满足相关要求； (2)施工单位项目经理、总工,监理单位总监、专职安全员、质检、合同、试验检测工程师满足合同要求； (3)按照上级要求,项目建设公司对监理、施工单位的人员从业资格进行检查,对施工、监理单位进行综合履约情况检查,对不满足要求的按程序及时进行更换； (4)项目建设公司劳动用工合同、社会保险等管理规范	(1)项目建设公司中层及以下人员资质、构成比例不符合要求的,每降低1%扣1分;人员资质不符合要求的一人次扣1分； (2)施工单位项目经理、总工、监理单位总监不满足要求的一人次扣3分;专职安全员、质检、合同、试验检测工程师、高级驻地不满足要求的一人次扣2分； (3)项目建设公司每月对施工单位、监理单位的人员从业资格进行检查,对不满足要求的按程序及时更换,不进行检查的扣3分,一人或一项不满足要求未更换的扣1分;每季度对施工单位、监理单位进行一次综合履约检查,对不满足要求的按程序及时更换,不进行检查的扣3分,一人或一项不满足要求未更换的扣1分； (4)未及时签订劳动用工合同、未按要求缴纳社会保险的一人或一项扣1分

续上表

考核内容	考核工作标准	评分标准
项目管理 (15分)	(1)严格执行基本建设程序,及时完成各项报批手续; (2)及时完成征地拆迁工作,按规定采取环保、水保措施; (3)及时协调处理重大技术问题; (4)建设单位不得拖欠工程款,施工企业不得拖欠农民工工资; (5)工程设计变更管理规范; (6)信用评价按要求进行; (7)信息报送及时; (8)及时分解目标任务,全面开展考核工作	(1)项目建设审批手续不齐全的(工可、土地、初步设计、施工图、施工许可等),缺一项扣3分; (2)未建立征地拆迁协调问题台账的扣3分,征地拆迁延误影响建设的,每起扣5分;未按规定采取环保、水保措施,造成一般水土流失、环境影响的,每起扣3分; (3)未及时协调处理技术问题造成工程损失的,每起扣5分; (4)项目建设公司或施工单位拖欠工程款或农民工工资的,每起扣3分;未建立农民工花名册(工资发放)、工程款结算台账的扣2分;农民工集体上访并造成恶劣影响的,每起扣5分; (5)未建立变更台账的扣2分,变更依据、工程量及单价认定不合理的一次扣2分,未按程序报批或先实施后报批变更手续的一项扣3分; (6)信用评价根据要求按月进行,并将评价结果上报,每缺一项次扣1分,未进行的扣3分; (7)信息报送及时,每月上报不少于3条图文信息和1条视频信息,并被采纳每月不少于2条;每少1条图文信息扣0.01分,视频信息扣0.05分;每多1条图文信息加0.01分,视频信息加0.05分;好的做法、经验、事迹、人物等被省级媒体(不含网络媒体)正面报道的加0.02分,被国家级媒体正面报道的加0.05分(同一事件被多家媒体报道的,只计算最高媒体的分数,不累计加分);加分项目合并计算后最多加1分; (8)未分解工作目标的扣3分;无考核资料、未下发考核通报、整改通知或计划调整的一项扣1分;对施工、监理单位的管理制度执行情况进行定期检查、不定期抽检,没有记录或检查台账的一项次扣1分;下发通知未落实的一项次扣3分;发现质量问题,限期内未整改的、未闭合的一项次扣5分,整改而未反馈的或整改不落实的一项次扣3分
质量及创优 (10分)	(1)建立健全质量保证体系,定期检查实体质量	(1)质量机构、体系、制度不健全或不能有效开展的一项扣3分;结合节点计划,对工程质量按规范要求进行定期抽检,未建立抽检台账或记录不全、发现问题未整改的一项扣1分

续上表

考核内容	考核工作标准	评分标准
质量及创优（10分）	(2)杜绝发生重大质量事故，有效防止一般质量事故，基本消除质量通病； (3)健全创优组织机构，落实创优措施及首件工程认可制和样板工程评审制、三级技术交底、隐蔽工程验收； (4)制订标准化施工措施并执行	(2)发生一般质量事故，按照等级一起扣1～6分；有较严重质量通病的一项扣1分； (3)组织机构不健全的扣3分；首件工程认可、样板工程评审、三级技术交底、隐蔽工程验收未落实的一项扣5分，落实不力的一项扣3分； (4)无标准化施工措施的扣2分，执行不力的扣1分
投资及进度（35分）	(1)严格执行上级批准的概算； (2)编制月、季节点目标、形象进度计划并有效控制	(1)按年度、半年度编制概算控制计划并检查执行情况，没有分解计划的扣5分，没有定期考核的一项扣1分； (2)没有节点目标、形象进度计划的一项扣5分，未完成计划的扣10分
合同及财务（15分）	(1)严格履行合同，严禁非法分包、转包工程； (2)严格执行国家和有关基本建设财务管理制度，健全财务规章制度；规范使用建设资金，监管建设项目资金流向，保证建设资金安全； (3)计量、资金支付及时	(1)违反合同约定事项的一项扣2分，非法分包、转包工程的扣5分； (2)①项目建设公司：财务规章制度不健全的扣1分；财务部门的保险柜存放私人物品的扣2分；资金流向监管不力的扣2分；未编制管理费支出预算的扣1分；计量已批复，支付时间超过三个工作日的，一起扣2分；违反规定多头开设银行账户的，多开一个账户扣1分；违反相关制度要求借款的一次扣3分；固定资产卡片账登记不及时的一张扣1分，信息不齐全的一张扣1分，卡片账、实物不相符的一项扣1分；未建立征地台账的扣3分； ②项目施工单位：没有独立财务管理部门，未进行独立会计核算的扣3分；财务规章制度不健全的一项扣1分；财务人员配置违反财务制度要求的扣3分；财务人员无会计证的，一人次扣1分；未设立银行账户的扣5分；抽逃、挪用建设资金的一笔扣5分；抽逃、挪用建设资金，未及时收回的一笔扣5分；未按照施工企业会计制度进行会计核算的扣3分；擅自购置固定资产，未履行报批手续的扣3分； (3)计量从监理审查至支付时间，超过2个月的，一期扣1分；支付程序、台账记录不完善的一项扣1分

续上表

考核内容	考核工作标准	评分标准
安全及环境（15分）	(1)落实安全生产责任制，严格执行安全生产管理规章制度，防止发生三级及以上工程建设重大安全事故； (2)定期进行安全隐患排查，建立不同等级的危险源分类管理、监控及风险评估制度，现场安全责任到人，安全操作规程齐全，专职安全人员有效开展工作； (3)严格执行环境保护法规制度，做好环境保护工作，取得《环境影响报告书》、《水土保持评价方案》的批复手续； (4)定期进行环境保护工作的检查，施工单位项目经理部、拌和站、预制场等临时用地，需按规定办理用地手续并取得县级以上人民政府或土地管理部门的批准； (5)做好水土保持、边坡防护、拌和站、预制厂等临时用地复耕工作；对临时排水、生活垃圾、泥浆池、施工便道等维护并做好环境保护工作； (6)按规定合理选取安排取土场及弃石、弃土场； (7)运输易扬尘和散落材料时，采取封闭措施	(1)安全机构不健全的扣1分；项目建设公司对施工单位安全经费的监管措施、安全经费使用计划及落实情况，不全的每项扣1分；应急预案及演练记录不完整的扣1分；定期安全检查（检查有方案、有记录、有结果）、各层次安全管理目标协议、其他各项安全管理措施，不全的每项扣1分；安全监理计划、定期安全检查制度及执行、落实情况，安全监理日志、安全施工监理指令落实情况，不全的一项扣1分；出现四级工程建设重大安全事故的，每起扣5分； (2)安全隐患排查记录、危险源分类管理、监控制度、风险评估、现场安全责任人、安全操作规程、安全技术交底记录、现场安全人员的监管，一项不落实的扣2分； (3)环境保护的监管措施、经费使用计划及落实情况，不齐全的每项扣1分；未取得《环境影响报告书》、《水土保持评价方案》的批复手续或手续不齐全的，缺一项扣2分； (4)定期进行环境保护检查（检查有方案、有记录、有结果）、各层次环境保护目标责任书及协议、其他各项环境保护措施，不齐全的每项扣1分；临时用地未按规定办理用地手续、未取得县级以上人民政府或土地管理部门批准的，一项不落实的扣1分； (5)没有环境保护措施或防护措施不符合要求的，一项扣1分；对环境造成严重影响或破坏的，一项扣5分；临时用地在停用后一个月内未按规定及时复耕的，一项扣3分，复耕不符合要求的，一项扣1分； (6)未按规定选取取土场、弃石弃土场的，一项扣5分；弃石、弃土场未进行绿化或绿化不符合要求的，一项扣3分； (7)运输易扬尘和散落材料时，未采用封闭车辆运输或未采取覆盖措施的扣3分

1.3　项目建设公司工程质量抽检考核工作标准暨评分标准

考核内容		考核工作标准(方法及频率)	评分标准
路基	外观质量	路基表面平整、临时排水设施完善、路拱度符合规范要求、边线顺直	1处不合格扣1分
	路基压实度(或沉降观测)	每个标段3个点(或沉降观测3个断面×4点),检查路基顶层的下一层	1点压实度不合格扣1分(沉降观测点不合格或反弹扣1分)
	台背回填压实度	每标段1个涵洞或通道抽检1点	
	击实标准	对每标段的土场抽检复核1个	复核误差超出0.03g/cm^{2}扣1分
路面底基层、基层	外观质量	现场取芯,每个标段3点	表面跑毛未及时清扫扣1分,芯样松散扣2分,芯样不密实、离析的扣1分
	厚度	现场取芯,每个标段3点	1点不合格扣1分
	强度	现场取芯,每个标段3点	
路面	平整度	每个标段3处,每公里为一评定段	1段不合格扣1分
	厚度	现场取芯,每个标段3点	1点不合格扣1分
	压实度	现场取芯,每个标段3点	
结构物	外观质量	质量评定标准	1处不合格扣1分
	几何尺寸	每个标段50个数据(桥面宽度、立柱间距及竖直度、盖梁宽度及高度、梁板顶腹板厚度、涵通宽度及涵长)	1处不合格扣1分
	混凝土强度	回弹仪检测,每个标段检测10个测区	1处不合格扣1分
	钢筋保护层厚度	钢筋保护层厚度测定仪检测,每个标段40个数据(梁板、立柱、盖梁)	以100%为基准,每低10%扣1分
排水防护工程	外观质量	质量评定标准	砂浆不饱满扣1分;强度明显不足扣2分
	厚度	每个标段3处	1处不合格扣2分
	坡度	每个标段3处	1处不合格扣1分
	平整度	每个标段3处	1处不合格扣1分

续上表

考核内容			考核工作标准(方法及频率)	评分标准
原材料	砂、石料	常规检测项目	根据需要检测筛分、针片状含量、含泥量、压碎值、砂当量,每项目建设公司任取一个料场抽检1次	每单项不合格扣1分
	水泥	凝结时间、安定性	按GB试验,每项目建设公司抽检1次	
		胶砂强度	按GB试验,每项目建设公司抽检1组	1组不合格扣2分
	钢筋	拉伸、弯曲	按GB试验,每项目建设公司抽检2组	1组不合格扣2分
	钢绞线	外观、力学性能、松弛试验	力学性能试验:每批次进场检测一次,其代表数量不得超过60t;松弛试验:同一生产厂家,每一规格或型号检验1次,任取3盘,每盘取1根做拉伸试验、1根做松弛试验,每根长度大于70厘米,取样数量3根	通过试验每项指标或每个单项不合格扣2分
	沥青	沥青三大指标	按GB试验,每项目建设公司抽检1组	1组不合格扣2分
内业资料		试验资料及开工报告	试验报告、试验台账、分项开工报告、试验段资料、报验资料(包括监理抽检资料)	资料不齐全的一项扣1分,虚假资料一项扣2分
		质量保证体系	(1)质保体系合理、完善并上墙; (2)各项施工有相应的质保措施; (3)有专职质检员	(1)体系不完善扣1分,未上墙扣2分; (2)路基、路面、底基层、基层、桥梁等分项工程,无质保措施的缺1项扣1分; (3)无专职质检员扣3分
安全生产		制度	(1)制订完善的安全保障体系; (2)制订隧道、结构物施工等应急预案; (3)制订安全生产责任制、安全教育培训	1项或1处不符合要求的扣1分
		保障措施	(1)结构物现场施工人员均应佩戴安全帽; (2)桥涵施工时采用多层作业或桥下通车、行人等立体施工时,应布设安全网; (3)挖孔桩施工设备应规范,应有反锁制定装置,挖孔暂停时应设置罩盖及标志,孔内应有通风设备;深度超过1米的基坑四周布置安全栏带	未佩戴安全帽的、高空作业人员未系安全带的,1人次扣1分; 其他不符合要求的,一处(项)扣2分

续上表

<table>
<tr><th colspan="2">考 核 内 容</th><th>考核工作标准(方法及频率)</th><th>评 分 标 准</th></tr>
<tr><td rowspan="3">安全生产</td><td>保障措施</td><td>(4)便道路基超过四周地表2米的两侧设栏杆;
(5)高空作业区应设防护网、作业人员应系安全带;
(6)洞口高出地面的围栏、护壁混凝土应按规范施工,洞内人员均应佩戴安全帽、安全绳,三角架应牢固;
(7)预应力钢束张拉,两端须设防护栏或挡块;
(8)用电线路不得有乱拉、乱扯、裸露、破损现象,配电箱应加盖加锁;
(9)工地和办公地点应配备有效的消防器材;
(10)隧道施工各班组应建立完善的交接班制度,进入隧道工地的人员必须佩戴安全帽,按规范要求设置通风设备并应有专人管理,应有进出隧道工地的人员登记台账,隧道洞内照明电压为12~36V,掘进平台有防护措施;
(11)爆破作业及器材必须严格按照国家现行的"爆破作业安全规程"执行,爆破作业人员(爆破员、保管员、安全员)至少各2名并纳入属地公安部门的监管;
(12)电焊工作业时应佩戴眼睛护罩</td><td>未佩戴安全帽的、高空作业人员未系安全带的,1人次扣1分;
其他不符合要求的,一处(项)扣2分</td></tr>
<tr><td>警示标志</td><td>(1)用电设施上应有用电警示标志,周围设栏带;
(2)道路交叉及危险点处应设置警示灯或警告牌;
(3)隧道洞口安全警示标志齐全</td><td>不符合要求的,一处(项)扣1分</td></tr>
<tr><td>人员</td><td>(1)施工单位应有安全生产许可证,应按要求配备专职安全员并佩戴胸卡;
(2)在与道路交叉的结构物吊装现场应配备不少于两名的专职保通员并佩戴醒目标识;
(3)特种岗位如电(焊)工、机械操作手应持证上岗;
(4)安全监控措施可操作性强,应急预案齐全,有演练记录</td><td>(1)无证或未配备专职人员的扣5分,少1人扣2分;未佩戴胸卡的扣1分;
(2)少1人扣3分,未佩戴醒目标识的扣1分;
(3)无证或不符合要求的1人次扣2分;
(4)安全监控措施或应急预案不齐全的,1项扣2分,无演练记录的扣4分</td></tr>
</table>

续上表

<table>
<tr><th colspan="2">考核内容</th><th>考核工作标准(方法及频率)</th><th>评分标准</th></tr>
<tr><td>安全生产</td><td>人员</td><td>(5)开展危险源排查工作,落实责任人,并有记录;
(6)层层签订《安全生产目标责任书》,落实安全生产岗位责任制和责任追究制;
(7)定期组织安全教育或培训并有记录,定期召开安全工作会议和办公会议并有记录</td><td>(5)不符合要求的扣2分;
(6)未签订的扣3分,不符合要求的扣2分;
(7)不符合要求的扣2分</td></tr>
<tr><td rowspan="3">文明施工</td><td>承包商驻地</td><td>(1)办公、住宿分离,卫生整洁,卫生间应为水冲式公厕,保持洁净;
(2)办公区标牌清晰,各项规章制度,部门职责、岗位职责上墙</td><td>不符合要求的一处扣2分</td></tr>
<tr><td>料场及预制场</td><td>(1)料场有隔离墙、不混料,料场标识、标牌清晰;
(2)钢筋制作场地要有顶棚,钢筋放置应有支垫并覆盖;
(3)料场场地排水顺畅,场地无积水、无坑槽;
(4)厂区材料堆放场地应硬化;
(5)场区道路进出顺畅,宽度不小于6米;
(6)材料堆放整齐,预制件的存放有效高度不超过3米;
(7)易燃易爆物品分类存放,专人保管;
(8)龙门吊应有合格证、检测合格证;
(9)张拉操作台周围应设置防护网;
(10)机械停放有序,所有机械应严格按照规程操作(操作手证件齐全);
(11)电缆线架空,按三级配电要求配备总配电箱、分配电箱、开关箱</td><td>钢筋制作场地无顶棚、场地未硬化的扣2分;
龙门吊无合格证的扣1分,无检测合格证的扣3分;
其他项达不到要求的一处扣2分</td></tr>
<tr><td>便道</td><td>(1)便道硬化,单侧设置时宽度不低于6.5米,双侧设置时,单侧便道宽度不低于4米(或按照招标文件的约定);
(2)便道方向变更指示标牌齐全(须在转弯处设立标示);
(3)便道应达到坚实、整洁、顺畅,晴天不扬尘,雨天不泥泞;
(4)施工便道与省道、国道平交道口应设置明显的安全警示标志</td><td>便道不符合要求的,一处(项)扣2分;标志、标牌缺一处扣2分</td></tr>
</table>

续上表

<table>
<tr><th colspan="2">考 核 内 容</th><th>考核工作标准(方法及频率)</th><th>评 分 标 准</th></tr>
<tr><td rowspan="3">文明施工</td><td>人员</td><td>施工人员、监理人员应佩戴胸卡,持证上岗</td><td>不符合要求的 1 人次扣 1 分</td></tr>
<tr><td>结构物</td><td>(1)结构物施工现场设置标志牌;
(2)基坑周围应设置 1 米以上高度的护栏;
(3)高空作业防护:离地 2 米以上的施工作业,应有悬挂安全带的悬索、有操作平台、有上下的梯子或其他形式的通道;
(4)结构物施工现场应有旁站监理</td><td>不符合要求的一处扣 2 分</td></tr>
<tr><td>路基及路面</td><td>(1)施工现场周围与干线道路交叉处应设置一定高度的护栏、防护网;
(2)临时用电电杆必须架设在专用电杆上,架空线一般应离地 4 米以上;
(3)路基、路面施工现场标识应清晰、齐全(桩号、层数、压实度等);
(4)边坡整齐,设临时急流槽和挡水埝;
(5)已报验路基、面层应清扫干净,无扬尘</td><td>不符合要求的一处扣 1 分</td></tr>
</table>

注:其他考核内容按照《公路工程质量检验评定标准》(JTG F80/1—2004)中规定,一项未达到要求的扣 1 分。

2　项目建设公司党群工作考核评价实施细则

一、考核评价内容包括:党的建设和思想政治、精神文明和企业文化、工会建设,以及上级单位党群部门安排的专项工作和检查。

二、考核评价办法:明查和暗访相结合。

参照工作标准和评分标准,采取听取组织汇报、征求党内外群众意见、查看日常原始记录的方式,并现场提取影像、记录等资料。按照日常工作开展情况、上级单位党群部门要求的阶段性工作开展情况进行考核。

三、考核计分办法:采用百分制计分,党群部门成绩占 20%,考核督察办公室成绩占 80%。

党群工作成绩 = 党群部门成绩 + 考核督察办公室成绩(所属单位明查得分 + 暗访得分)

四、各项评分标准以考核内容分值为扣分上限。

五、考核内容中的各项规范,以上级单位党群部门下发的工作手册和相关规定为依据。

项目建设公司党群工作一级考核工作标准暨评分标准

考核内容		考核工作标准	评分标准
党的建设和思想政治(55分)	工作机制(12分)	(1)党组织与行政机构同步组建,设置合理,党组织班子健全; (2)领导重视,工作机构健全、人员到位,认真落实党建工作责任制和思想政治工作领导责任制度,党建和思想政治工作制度健全;每半年召开一次党群工作专题会议,会议要有议题、有记录; (3)根据上级党组织工作安排,制订明确的年度党建工作计划,并贯彻落实,半年和年终有总结	(1)党组织和班子不健全扣1分,未建立党组织扣5分; (2)落实各项制度记录不规范、不健全一处扣0.5分,无制度或制度不落实一项扣1分,会议缺一次扣1分; (3)无工作计划和总结的一项扣1分
	思想教育(8分)	(1)坚持中心组学习制度,制订并认真落实集体学习和个人自学计划:①中心组每半年一次集中理论学习;②领导班子成员理论学习半年不少于3次,学习笔记不少于3篇,学习心得不少于1篇;③坚持党组织成员上党课制度:党委(总支、支部)领导班子成员上党课每季度不少于一次; (2)按上级要求,围绕中心任务开展主题鲜明的教育活动; (3)每半年组织一次党员和群众参加的政治学习; (4)利用网络平台、手机短信等形式开展经常性的思想教育活动,每月不少于2次	(1)①领导班子理论学习不落实一次扣1分;没有学习计划、记录不健全的一项扣0.5分;②领导班子成员个人学习缺一次学习或少一篇学习心得扣0.2分;③党课制度未落实一次扣1分; (2)未开展活动的扣2分; (3)未开展的扣2分; (4)少一次扣0.5分
	组织建设(10分)	(1)每半年(6月、12月)召开民主生活会,做到符合程序、准备充分、主题突出、效果明显,记录完整、会议纪要按时上报; (2)加强基层党支部书记和党务工作者的理论学习、研讨和业务培训,培训班或以会代训每半年不少于1次; (3)按时、规范收缴党费; (4)及时规范办理调动党员的组织关系接转手续	(1)民主生活会缺少一次扣3分;未按要求和程序召开的一项扣1分; (2)基层党支部书记和党务工作者培训或会议少一次扣1分; (3)未按时、不规范收缴党费一人次扣0.1分; (4)调动党员的组织关系超过一个月未及时办理的一人次扣0.2分,办理程序不规范的一人次扣0.1分

续上表

考核内容		考核工作标准	评分标准
党的建设和思想政治（55分）	党员管理（20分）	（1）基础管理规范，建立有申请人、入党积极分子、发展对象和党员档案； （2）积极做好培养对象和党员发展工作，做到标准严格、程序规范、公开监督； （3）发挥党员先锋模范作用，每年开展不少于1次的主题实践活动； （4）建立党员联系群众制度、党员汇报制度	（1）缺一项档案扣0.5分，不规范、不完整一处扣0.5分； （2）培养对象和发展党员工作未按规定进行，不符合发展程序的扣1分； （3）未开展主题实践活动的一次扣0.5分； （4）缺一项制度扣0.5分
	创先争优（5分）	根据上级工作要求，积极开展党内创先争优各类活动和评先表彰工作，有相应的方案、计划、措施	未开展创先争优活动的一项扣2分，方案、计划、措施缺少一项扣1分，资料不齐全、不规范的一项扣0.5分
企业文化（10分）		（1）单位企业文化建设氛围浓厚，有符合省交通投资集团、高发公司统一要求和自身特点的具体方案和措施； （2）群众参与度和认可度高，熟知企业文化相关内容，理解企业精神、发展战略等相关知识	（1）方案或措施缺少一项扣3分； （2）职工不熟知企业文化相关内容、不理解企业精神和发展战略的一人次扣1分
工会建设（35分）	组织建设（7分）	（1）工会各级组织健全，工会专（兼）职干部配备到位，岗位职责明确；会员、会籍管理规范，正式在编职工入会率达到90%； （2）工会工作制度健全，年度工作有计划、有落实、有总结； （3）积极开展“职工之家”建设活动，有方案、计划和措施；会员或会员代表“评家”满意率在95%以上	（1）组织机构不健全扣5分，会员和会籍管理台账不齐全、不规范一处扣0.5分，入会率达不到90%扣1分； （2）工会管理制度不健全扣1分，无年度计划、总结的一项扣0.5分； （3）无方案、计划、措施的一项扣1分，不落实的扣2分，满意率低于95%的扣1分
	队伍建设（9分）	（1）按上级要求，积极组织开展劳动竞赛（技术比武、岗位练兵、技能培训等）群众性经济、技术创新活动，做到有组织领导机构、有实施方案、有先进典型、有明显成效； （2）按上级要求，积极开展“创建学习型组织，争做知识型员工”、“工人先锋号”等创建工作，做到有方案、有组织、有实施	（1）无相应实施方案的扣1分，未开展活动的扣1分； （2）无相应实施方案的扣1分，未开展活动的扣1分

续上表

考核内容		考核工作标准	评分标准
工会建设（35分）	队伍建设（9分）	(3)积极开展职工思想道德和职业道德教育，实施女职工素质教育工程；制订巾帼文明岗、示范标兵创建方案，做到有计划、有目标、有落实； (4)认真做好先进模范人物和先进集体的评比、选拔、宣传和管理工作； (5)积极开展健康文明、形式多样，职工喜闻乐见的文体活动，促进职工身心健康；每年结合本单位实际，组织1~2次有一定规模的文体活动	(3)无教育活动的扣0.5分，无创建方案的扣0.5分，无落实创建活动的扣0.5分； (4)未开展先进评比活动的扣1分，对先进集体和人物无管理措施的扣0.5分； (5)未开展有规模文体活动的扣1分
	民主管理（6分）	(1)及时召开职代会或职工大会，并做好职代会决议的执行监督； (2)职工代表积极参与企业重大问题研究，开展合理化建议活动； (3)实施企务公开，工作规范，公开内容真实、全面、及时，群众满意率达80%以上	(1)未及时召开职代会和职工大会的扣1分，会议精神不落实的扣0.5分； (2)未开展合理化建议活动的扣1分； (3)未及时公布财务收支状况的扣1分，公布内容不真实、不全面扣0.5分
	关爱职工（8分）	(1)维护职工合法权益，积极参与调解和事前处理各类群体性事件，无群体性事件发生； (2)积极做好“金秋助学”、“特困帮扶”等工作，制订有帮困扶贫的制度和具体措施，并贯彻落实；建立特困、困难职工档案并实行动态管理； (3)“六必访”、职工体检、职工疗养等工作有计划、有落实、有档案； (4)做好女工的“四期”保护工作，依法维护女工的特殊利益，并落实公司有关女职工保护的具体措施	(1)有群体性事件发生的扣2分； (2)无相应制度和措施的扣0.5分，未开展具体活动的扣0.5分，未建立特困职工档案的扣1分，未进行动态管理的扣0.5分； (3)无计划扣0.5分，档案缺一项扣0.5分，未开展扣1分； (4)未落实的一人次扣0.5分
	工会财务管理（5分）	(1)工会设有专(兼)职人员负责工会财务工作；工会资产专人管理，实物、账实相符，保管完好； (2)依法落实工会经费的上缴、拨付工作，及时上缴工会经费，无拖欠、滞交工会经费； (3)工会财务制度、经费审查制度健全；工会经费和会员会费管理规范，无违纪开支现象；专项经费做到专款专用，无挪用、占用现象	(1)无专人负责财务或资产扣1分，账务不规范的扣1分； (2)会费上缴、拨付不规范扣1分，不及时扣0.5分； (3)制度不健全扣0.5分，经费和会费管理不规范扣1分，违纪开支、挪用、占用专项经费的扣3分

3 项目建设公司反腐倡廉工作考核评价实施细则

一、考核评价内容包括:党风廉政建设责任制落实情况、推进工作情况、采取措施以及上级纪委监察部门安排的专项工作和检查。

二、考核评价办法:明查和暗访相结合。

参照工作标准和评分标准,采取听取组织汇报、征求党内外群众意见、查看日常原始记录的方式,并现场提取影像、记录等资料。按照日常工作开展情况、上级纪委监察部门要求的阶段性工作开展情况进行考核。

三、考核计分办法:采用百分制计分,纪委监察部门成绩占20%,考核督察办公室成绩占80%。

反腐倡廉成绩=监察部门成绩+考核督察办公室成绩(所属单位明查得分+暗访得分)

四、各项评分标准以考核内容分值为扣分上限。

五、考核内容中的各项规范,以上级纪委监察部门下发的工作手册和相关规定为依据。

项目建设公司反腐倡廉工作一级考核工作标准暨评分标准

考核内容		考核工作标准	评分标准
党风廉政建设责任制落实情况(30分)	党委(总支、支部)履行责任情况(10分)	(1)把反腐倡廉工作纳入总体工作规划,半年、年度工作会议有反腐倡廉工作部署,与业务工作同要求、同检查; (2)党委(总支、支部)每半年不少于1次会议,专题研究反腐倡廉工作,分析廉政形势和各责任主体履职情况	(1)会议中无工作部署的扣5分,未开展检查的扣2分; (2)专题会议少一次扣2分,会议内容不全面扣1分
	纪检监察机构履行职责情况(10分)	(1)履行职责,加强监督,到所属单位开展反腐倡廉建设工作落实情况的检查,每季度不少于一次; (2)认真履行同级监督职责,对规定项目进行全面监督	(1)日常监督检查少一次扣1分; (2)应有纪检监察参与而未参与的每起扣2分
	实施责任分解、责任考核和责任追究情况(10分)	(1)党委(总支、支部)制定反腐倡廉建设工作年度目标,并进行任务分解,层层签订目标责任书; (2)党委(总支、支部)对反腐倡廉建设工作进行半年和年度检查考核	(1)无年度目标的扣2分,未进行任务分解的扣2分,未签订目标责任书的扣2分; (2)半年和年度述职述廉考评缺一次扣2分

续上表

考核内容		考核工作标准	评分标准
推进工作情况（65分）	教育（5分）	（1）反腐倡廉教育列入党委（总支、支部）年度工作要点，开展党员干部警示教育活动每年不少于1次； （2）把反腐倡廉理论作为党委（总支、支部）中心组理论学习内容，单位主要负责人每年讲廉政党课不少于1次； （3）结合实际，扎实开展企业廉洁文化建设活动	（1）未列入年度工作要点的扣1分，未开展警示教育活动的扣1分； （2）中心组理论学习无反腐倡廉内容的扣1分，单位主要负责人廉政党课未进行的扣1分； （3）未开展活动的扣1分
	加强领导干部廉洁自律和作风建设（10分）	（1）严格落实"三重一大"制度，执行民主集中制，重大问题集体研究、集体决策； （2）落实《国有企业领导人员廉洁从业若干规定》等制度，按上级规定对落实及执行情况进行检查； （3）执行重大事项报告、礼品礼金上缴登记规定	（1）违反"三重一大"制度落实的每次扣2分； （2）单位班子成员出现违反《国有企业领导人员廉洁从业若干规定》的每人次扣1分，未开展监督检查的扣1分； （3）未执行重大事项报告、礼品礼金上缴登记规定的一人次扣1分
	监督（10分）	（1）建立领导干部廉政档案，落实诫勉谈话制度要求； （2）监督制约重点领域和关键环节权力行使； （3）设立监督电话，监督渠道畅通，注重发挥各监督主体作用； （4）对用人失察失误责任人员进行追究	（1）未建立领导干部廉政档案的扣2分，应诫勉谈话但未进行诫勉谈话的扣1分； （2）重点领域和关键环节权力行使方面出现问题的每次扣1分； （3）未设监督电话扣1分，监督渠道不畅通的扣1分； （4）对用人失察失误责任人员未追究的扣2分
	纠风（5分）	（1）落实行风建设责任制，按要求专题安排部署纠风工作； （2）加大纠风工作力度及时整改落实反馈问题	（1）未部署纠风工作的扣1分； （2）对存在不正之风问题未整改和落实的扣2分

续上表

考核内容		考核工作标准	评分标准
推进工作情况（65分）	违纪查处(30分)	(1)建立举报登记制度； (2)单位主要负责同志阅批重要信件,研究案情,支持纪检监察机构依法依纪办案； (3)对上级批办的举报件及违纪线索,及时进行初核；年度办结率不低于90%； (4)加强违纪问题查处的组织协调,执行"一案两报告"制度	(1)未建立的扣1分； (2)未建立案件请示和阅批档案的每件扣1分； (3)对批办的举报件未及时初核的每件扣1分,案件结案率低于90%的扣1分； (4)未执行"一案两报告"制度的每件扣2分
	其他工作(5分)	按照公司有关要求,扎实开展专项工作	未按要求开展的,每个专项活动扣1分
采取措施情况（5分）	惩防体系建设工作任务落实(4分)	按照"惩治和预防腐败体系工作规划实施办法"要求,组织本单位廉洁风险防控工作的落实	未建立组织机构的扣1分,未开展工作的扣1分
	反腐倡廉建设运用科技手段及工作创新情况(1分)	结合实际,采取新举措推进惩防体系建设工作,或提出建设性意见并上报	未提出建设性意见的扣0.5分

附录五　附属单位负责人年度考核评价要点及标准

1　所属单位负责人年度考核评价要点及标准

考评内容	考评指标	考评要点及标准
素质	政治素质	政治坚定，旗帜鲜明，坚定不移地走中国特色社会主义道路；注重学习，与时俱进，牢固树立科学发展观和正确的政绩观；坚持原则，顾全大局，维护团结，党性观念和组织纪律观念强
	职业素质	勤勉敬业，具有强烈的事业心和责任感，有开拓精神和创业激情；品行端正，具有良好的职业道德，遵守法律法规和公司章程；熟悉现代企业管理，具有敏锐的市场意识、扎实的业务知识和丰富的管理经验
	廉洁从业	艰苦奋斗，勤俭办企业，自觉维护股东权益；诚实守信、依法经营，自觉遵守党和国家关于党风廉政建设的各项规定和企业规章制度；作风正派、严于律己，严格约束亲属和身边工作人员，自觉接受组织和职工群众监督
能力	决策能力	思路清晰、有前瞻性，善于把握国际国内经济趋势和行业发展规律，具有战略意识和发展眼光；决策科学民主，能够针对形势变化，及时调整思路和对策；对重大问题和突发事件，反应敏捷，判断准确
	执行能力	认真贯彻落实上级精神，具备驾驭全局、应对复杂局面、解决好企业改革发展稳定重点问题的能力；大胆管理，敢于承担责任；善于优化资源配置，协调各方力量，有序推进各项工作
	创新能力	学以致用，不断推动企业体制创新、机制创新、管理创新，增强可持续发展能力；勇于创造，大力推动科技进步和自主创新，不断增强企业发展的动力和核心竞争力
个人贡献		董事会成员重点评价：制订战略规划、科学民主决策、实施风险管控、执行国有资本经营预算、健全选人用人机制和推动可持续发展等方面的情况。 经理班子成员重点评价：执行董事会决议、组织生产经营、自主创新、管理效能、人力资源管理、财务管理、安全生产、完成经营效益目标等方面的情况。对未设立董事会的经理班子成员，还应当评价对董事会成员评价的内容。 党委成员重点评价：保证监督党的路线方针政策和国家法律法规贯彻执行、参与重大问题决策、选人用人和人才队伍建设、党组织建设、思想政治工作、党风建设和反腐倡廉工作、精神文明和企业文化建设、维护职工合法权益和企业稳定等方面的工作
经营业绩		经营业绩突出，完成利润总额、成本费用利润率等经营业绩考核指标

2　所属单位负责人年度考核评价表

单位名称：　　　　　　　　　　　　　　　　　　　　　　　　　年　　月　　日

考评内容 \ 姓名					
素质	政治素质	[10][9][8][7][6] [5][4][3][2][1]	[10][9][8][7][6] [5][4][3][2][1]	[10][9][8][7][6] [5][4][3][2][1]	[10][9][8][7][6] [5][4][3][2][1]
	职业素质	[10][9][8][7][6] [5][4][3][2][1]	[10][9][8][7][6] [5][4][3][2][1]	[10][9][8][7][6] [5][4][3][2][1]	[10][9][8][7][6] [5][4][3][2][1]
	廉洁从业	[10][9][8][7][6] [5][4][3][2][1]	[10][9][8][7][6] [5][4][3][2][1]	[10][9][8][7][6] [5][4][3][2][1]	[10][9][8][7][6] [5][4][3][2][1]
能力	决策能力	[10][9][8][7][6] [5][4][3][2][1]	[10][9][8][7][6] [5][4][3][2][1]	[10][9][8][7][6] [5][4][3][2][1]	[10][9][8][7][6] [5][4][3][2][1]
	执行能力	[10][9][8][7][6] [5][4][3][2][1]	[10][9][8][7][6] [5][4][3][2][1]	[10][9][8][7][6] [5][4][3][2][1]	[10][9][8][7][6] [5][4][3][2][1]
	创新能力	[10][9][8][7][6] [5][4][3][2][1]	[10][9][8][7][6] [5][4][3][2][1]	[10][9][8][7][6] [5][4][3][2][1]	[10][9][8][7][6] [5][4][3][2][1]
个人贡献		[10][9][8][7][6] [5][4][3][2][1]	[10][9][8][7][6] [5][4][3][2][1]	[10][9][8][7][6] [5][4][3][2][1]	[10][9][8][7][6] [5][4][3][2][1]

注：10～9 分为优秀，8～7 分为称职，6～5 分为基本称职，4 分以下为不称职。请在各项指标后您认为合适分值的对应“[ ]”内画“○”。

参 考 文 献

[1] 方振邦. 战略性绩效管理[M]. 2 版. 北京:中国人民大学出版社,2007.
[2] 陈树文. 人力资源管理[M]. 北京:清华大学出版社,2010.
[3] 涂云海. 人力资源管理——原理与应用[M]. 大连:东北财经大学出版社,2008.
[4] 加里·德斯勒. 人力资源管理[M]. 刘昕,吴雯芳,译. 北京:中国人民大学出版社,1993.
[5] 李宝元. 绩效管理:原理·方法·实践[M]. 北京:机械工业出版社,2009.
[6] 袁蔚,杨加陆,方青云,等. 人力资源管理教程[M]. 上海:复旦大学出版社,2008.
[7] 李大连,刘新芳. 高速公路绩效考核[M]. 北京:新华出版社,2007.
[8] 胡勇军. 绩效考核与管理[M]. 北京:机械工业出版社,2008.
[9] 祝昭. 高速公路绩效管理研究[D]. 西安:长安大学,2005.
[10] 颜飞,周国光. 日本高速公路民营化及高速公路公司社会责任[J]. 交通企业管理,2007(11).
[11] 张世德,晏中明. 高速公路管理中的社会责任[J]. 学习月刊,2006(12).